政治文化视域的政治生态演化机理与优化路径

陈义平 著

图书在版编目（CIP）数据

政治文化视域的政治生态演化机理与优化路径 / 陈义平著 . -- 北京：当代中国出版社，2024. 12.
ISBN 978-7-5154-1359-4

Ⅰ . D0-05
中国国家版本馆 CIP 数据核字第 2025WU3194 号

出 版 人	蔡继辉
责任编辑	周显亮　柯琳娟
责任校对	贾云华　康　莹
印刷监制	刘艳平
封面设计	宋　涛　鲁　娟
出版发行	当代中国出版社
地　　址	北京市地安门西大街旌勇里 8 号
网　　址	http://www.ddzg.net
邮政编码	100009
编 辑 部	（010）66572180
市 场 部	（010）66572281　66572157
印　　刷	中国电影出版社印刷厂
开　　本	787 毫米×1092 毫米　1/16
印　　张	20 印张　1 插页　293 千字
版　　次	2024 年 12 月第 1 版
印　　次	2024 年 12 月第 1 次印刷
定　　价	98.00 元

版权所有，翻版必究；如有印装质量问题，请拨打（010）66572159 联系出版部调换。

国家社会科学基金重点项目"政治文化视域下的政治生态演化机理与优化路径研究（17AZZ004）"结项成果

目录

绪 论

一、政治文化、政治生态的研究现状 / 3
    （一）政治文化研究现状 / 3
    （二）政治生态研究进展 / 9
    （三）对政治文化与政治生态的关联性研究进展 / 20

二、当前研究政治文化与政治生态的意义 / 25

三、研究对象与总体框架 / 26

四、基本思路与研究方法 / 29

第一章 政治文化与政治生态

一、政治生活中的文化及其功能 / 32
    （一）政治文化的内涵 / 34
    （二）政治文化的基本结构与功能 / 38

二、政治系统的生态发展 / 48
    （一）政治生态的内涵 / 48
    （二）政治生态的系统分析框架与良性运行 / 51

三、政治文化与政治生态的关联 / 61
    （一）政治文化与政治生态的耦合维度 / 61

（二）政治文化视角下的政治生态发展 / 67

第二章 政治文化影响政治生态演化的机理与案例考察

一、政治文化影响政治生态的作用机制 / 74
    （一）政治文化影响政治生态的宏观图景 / 74
    （二）政治文化作用于政治生态的四种机制 / 77
    （三）政治文化影响政治生态的非对称效应 / 86

二、政治文化影响下政治生态演化过程机理 / 87
    （一）政治文化状况：主体与场域 / 88
    （二）政治文化影响政治生态的强度差异 / 90
    （三）政治文化影响下政治生态的演化过程 / 94
    （四）政治生态的演化效度及障碍因素 / 97

三、苏联东欧社会主义国家后期政治文化演化对政治生态的影响及教训 / 99
    （一）苏联东欧社会主义国家后期政治文化演化对政治生态的影响机理 / 100
    （二）苏联东欧社会主义国家后期政治文化演化影响政治生态的教训 / 109

四、政治文化影响政治生态演化的实证分析：基于2018年A省村委会换届选举观察 / 117
    （一）村庄选举中的政治文化与政治生态现状 / 117
    （二）村民政治文化对村庄政治生态的影响机制 / 131
    （三）政治文化影响下的村庄政治生态演化与优化 / 136

第三章 政治文化视角下优化政治生态的宏观战略

一、世界大变局时代弘扬全人类共同价值推动构建国际政治生态发展战略 / 146
    （一）"百年未有之大变局"与国际政治生态问题 / 147

（二）世界大变局下对当前影响较大的政治文化思潮的批判性分析 / 154

（三）以全人类共同价值推动构建和平发展开放包容的国际政治生态 / 165

二、强国建设、民族复兴征程中主导政治文化推进构建政治生态发展战略 / 175

（一）强国建设、民族复兴征程中，政治文化发展与政治生态构建的辩证关系 / 176

（二）通过引导多样化的政治亚文化构建协调有序的政治生态发展战略 / 186

（三）通过主导政治文化引领构建充满活力的政治生态发展战略 / 193

三、党内政治文化体系建设引领构建党内政治生态发展战略 / 202

（一）构建积极健康的党内政治文化体系 / 202

（二）庸俗腐朽政治文化的表现及其对党内政治生态的影响 / 209

（三）以先进党内政治文化体系引领风清气正党内政治生态发展战略 / 213

第四章　政治文化视角下优化政治生态的具体路径

一、发展中国特色社会主义民主政治体系文化引领推动政治生态制度化 / 225

（一）以公正严明的政治制度文化加强对政治内生态的制度规导 / 226

（二）以公平正义的法治文化推动对政治内生态的法理形塑 / 229

（三）以健康良善的政治伦理文化推进对政治内生态的道德润化 / 231

二、建设政治过程文化推进政治生态环境净化 / 234

（一）以民主科学的政治决策文化形塑政治作风生态 / 237

（二）以理性认同的网络政治文化营造良好网络政治生态 / 240

（三）以清明向善的廉政文化浸润政治生态氛围 / 243

三、增进政治文化认同，夯实政治生态的社会基础 / 248

（一）培育参与型政治文化认同，夯实政治生态的社会心理基础 / 252

（二）增强主导型政治文化认同，夯实政治生态的社会思想基础 / 264

（三）厚植协同型政治文化认同，夯实政治生态的社会力量基础 / 273

附录一：村民政治文化与村庄选举政治生态调查问卷 / 281

一、基本信息（定位村民所在阶层）/ 281

二、村民政治文化状况 / 281

三、村庄政治生态状况 / 283

四、村民政治文化对村庄政治生态的影响机制 / 285

附录二：访谈提纲 / 288

参考文献 / 289

绪　论

习近平总书记在党的十八届六中全会第二次全体会议上的讲话中指出："党内政治生活、政治生态、政治文化是相辅相成的，政治文化是政治生活的灵魂，对政治生态具有潜移默化的影响。"①习近平总书记在党的十九大报告中提出了"十四个坚持"，在"坚持全面从严治党"中进一步指出："发展积极健康的党内政治文化，全面净化党内政治生态"②。2023年1月9日，习近平总书记在二十届中央纪委二次全会上的讲话中再次强调："涵养积极健康的党内政治文化，持续净化党内政治生态，汇聚激浊扬清的强大正能量，使党永远不变质、不变色、不变味。"③政治文化、政治生态及其相互关联已成为观察政治生活的独特视角，这是现代政治发展走向深入的客观要求和必然趋势，也是新时代中国政治发展走向清明廉洁的历史自觉和文化自觉。在政治生活的宏大背景下来观察政治生态与政治文化的相辅相成关系，可以发现，先进的政治文化犹如清水，润泽心灵，柔而有力，有助于涵养风清气正的政治生态；先进的政治文化又如烈焰，熔铸信念，刚且坚定，有助于形塑健康廉洁的政治生态。由此，本书聚焦一个独特的视角，即从政治文化视角观察其对政治生态发展的影响，具有重大的学术研究价值和实践指导意义。

本书旨在对国内外关于政治文化与政治生态及其相互关系的研究成果进行梳理，特别是从政治文化视角考察其影响政治生态发展的前沿研究和存在的不足。在马克思主义政治学理论指导下，本书综合运用政治学、文化生态学、社会学等学科理论，构建了一个"政治文化—政治生态"的系

---

① 习近平：《习近平在党的十八届六中全会第二次全体会议上的讲话（节选）》，《求是》2017年第1期。

② 习近平：《决胜全面建成小康社会 夺取新时代中国特色社会主义伟大胜利》，《人民日报》2017年10月28日。

③ 习近平：《时刻保持解决大党独有难题的清醒和坚定，把党的伟大自我革命进行到底》，《求是》2024年第6期。

统分析框架。通过这一框架，探讨了"政治文化—作用变量—政治生态"和"政治内生态—政治生态环境"的关系和演化规律，梳理了政治文化对政治生态影响的历史经验和教训，探究政治文化影响下的政治生态演化机理并开展实证分析。

进一步地，本书指出政治文化视域下影响当代中国政治生态良性发展的基本问题，并从宏观战略、具体路径两大视角出发，围绕实现政治生态制度化、净化、修复、重构等目标，系统深入研究如何推进政治生态优化。本书特别强调政治文化、政治生态的互动关系，分析当代中国政治生态建设中的政治文化功能及价值，并从作用机制（核心变量）、影响强度、演化规律等层面，分析特定场域的政治文化在政治生态发展时的影响机理和政治生态生成中的演化逻辑，探索在政治生态的演化和优化中如何深刻体现出主导政治文化的作用机理、影响力量和引领智慧。在理论层面，本书尝试为政治生态学研究提供新的分析模式，为政治生态学学科建设作出贡献；在实践层面，本书以解决实际问题为旨归，创新政治文化视角下不同地区、部门、基层、网络的政治生态建设和优化路径，探索以先进政治文化涵养、修复、重构政治生态的对策。

一、政治文化、政治生态的研究现状

（一）政治文化研究现状

现代政治科学已取得突飞猛进的发展，研究领域、研究方法、分支学科等相较于传统政治学都发生了重要的变化和演进。政治文化研究作为一个重要分支和新研究领域，体现着人们对现代政治生活中的精神世界生成和发展的日益增长的关注。国外，自20世纪50年代起，随着行为主义政治学和比较政治学等的发展，以阿尔蒙德（G.A. Almond, 1956）、维巴

（Sidney Verba, 1963）、派伊（Lucian W. Pye, 1966）等学者为代表，将政治文化作为主题论域进行专门研究。他们的研究侧重于公民文化研究、政治社会化研究、政治心理和实证分析，从而形成了"基于政治科学范式的政治文化研究"的主流传统。① 这一时期可视为政治文化研究的早期，大致可分为两个阶段：

一是，创立及兴盛阶段（20世纪50年代中期至70年代初期）。1956年8月，阿尔蒙德在美国《政治学杂志》发表《比较政治体系》一文。文中首先提出"政治文化"一词并对其加以界定："每一个政治体系皆镶嵌于某种对政治活动指向的特殊模式之中，我认为可把它叫作政治文化。"② 他将社会学理论中的"亚文化""角色文化"概念用于政治文化研究中，以充实政治文化模式分析和政治社会化理论分析。1960年，阿尔蒙德和科尔曼（James S. Coleman）出版了《发展中地区的政治》一书，倡导在政治学中开展行为研究，主张用新概念代替旧概念，比如用政治系统取代国家，用功能取代权力，用角色取代职位，用结构取代机构，用政治文化取代公共舆论，用政治社会化取代公民训练。1963年，阿尔蒙德和维巴出版了《公民文化》一书，进一步拓展了政治文化研究途径。在这本书中，他俩提出了"政治文化"的一个经典定义："内化于民众之认知（cognitions）、情感（feelings）和评价（evaluation）之中的政治制度。"③ 他们还讨论了两种政治亚文化的表现形式：政策性亚文化和结构性亚文化。该书在对意大利、英国、美国、德国和墨西哥五国进行"典型人物和生活历史调查"的基础上，总结出五个国家公民文化的"类型"特点，开创了"经验—比较主义的类型学"和"评价的类型学"等对后来影响深远的研究方法。书中指出，在当今世界，难以存在纯粹形态的政治文化类型，现代民主社会都是不同方式的混合型文化。1966年，阿尔蒙德和鲍威尔（G. B. Powell Jr.）出版了《比较政治学：发展研究途径》一书，尝试着将政治文化放在与政治体系、政治发展密切

---

① 参见丛日云主编：《当代西方政治文化复兴》，东方出版社2018年版，第2页。
② G.A.Almond, "Comparative Political Systems", *The Journal of Politics*, Vol.18, Aug.1956, p.396.
③ G.A.Almond and S.Verba, *The Civic Culture: Political Attitudes and Democracy in Five Nations*, Princeton University Press, 1963, p.14.

关联的更宽视域进行探讨。①他们在同年出版的另一本著作《比较政治学：体系、过程和政策》中，进一步提炼出政治文化的概念内涵：政治文化是一个民族在特定时期流行的一套政治态度、信仰和感情。这个政治文化是在本民族的历史和现实社会、经济、政治活动的基础上形成的。人们在过去的经历中形成的态度类型对未来的政治行为有着重要作用。政治文化影响各个担任政治角色者的行为、政治要求内容和对法律的反应。②这一定义后来被长时间广泛采用。

二是，政治文化研究受到质疑并陷入低潮阶段（20世纪70年代至80年代初期）。一方面，在20世纪60年代至70年代，美欧地区左翼社会思潮兴起。这一思潮认为，一定社会历史条件下人们的政治态度反映的是其阶级和种族地位，或者说是学校、传媒、政治团体等机构灌输的虚假意识。因而他们对当时流行的政治文化研究的正当性和科学性提出质疑。另一方面，受20世纪60年代经济学影响，公共选择学派和理性选择理论认为，从事政治活动的人们，都是追求理性化的和短期利益最大化的个体。他们认为基于这样的理论能够准确地预言人们的政治行为，因此，政治文化研究在很大程度上是不必要的，甚至是浪费资源的。③在政治学界，S.伍林（Sheldon S. Wolin）于1964年撰文批评了科学化的方法论。他认为，《公民文化》代表了政治科学中的自由主义以及实证主义的方法论趋向。他呼吁一种理论家的生存方式，关注对整个政治世界的宏观研究和整体考量，为现实寻找历史的教训，而不是依赖量化分析漠视环境因素，怀疑理论和历史的重要性。C.泰勒（Charles Taylor）也认为，单纯依靠分析主观态度难以穷尽一种文化的深层意义。20世纪70年代，一批政治学研究者开始批评将政治文化理解为仅属于政治心理、政治态度层面的观点，批评了将政治心理与政治行为割裂开来研究政治文化的做法。S.怀特（Stephen White）认为，"政治文化

---

① 参见丛日云、王辉：《西方政治文化理论的复兴及其新趋向》，《政治学研究》2000年第1期。
② 参见［美］加布里埃尔·A.阿尔蒙德、小G.宾厄姆·鲍威尔：《比较政治学——体系、过程和政策》，曹沛霖等译，上海译文出版社1987年版，第29页。
③ 参见王乐理：《政治文化导论》，中国人民大学出版社2000年版，第12页。

可以被定义为政治体系植根其中的态度和行为的基质"①。D.保罗（David W. Paul）明确地把政治行为模式纳入政治文化的概念内涵，将政治文化看作"构成一个社会政治基础的价值、象征以及态度和行为模式的结构"②。

到了20世纪80年代末，政治文化研究走出边缘化状态，开始出现复兴动向。其时，西方政坛的右倾势力和影响力增强，政治文化的研究者们更加注重探讨政治态度、价值观等要素与制度体系转型、经济增长、政府变革之间的紧密关系。

最早提出"政治文化复兴"的是R.英格尔哈特（Ronald Inglehart）。1988年，英格尔哈特发表《政治文化的复兴》一文，指出"现在是矫正社会分析中的偏向的时候了"，"政治文化可能是经济发展与民主间关键的联系环节"。亨廷顿（Samuel Huntington）、维尔达夫斯基（Aaron Wildavsky）、艾克斯坦（Harry Eckstein）、派伊等政治学领域的重要人物此时也都聚焦政治文化研究并出版了论著。到了1993年，阿尔蒙德和达尔合作主编的《发展中国家的政治文化与民主》一书的序言标题即为"政治文化的回归"。

正如柏林特（Michael Brint）所说，政治文化研究"从复兴那一刻起就意味着过去的再生、重释和再创造。它不是简单的转变，而是由被领悟到的现实需要所激发的历史的转变"，"它不应该被简单地理解为仅仅回到阿尔蒙德的科学研究的起点上"③。这种超越表现在：第一，政治文化的概念内涵得到不断扩展，已突破单纯的政治心理层面，而是政治心理和政治行为模式两方面的统一。研究者们重新构建了政治文化的研究框架，他们认为政治文化通常包括政治态度、政治价值和政治行为。其中，政治态度是指人们对政治过程的以现实为基础的取向，政治价值是指一个政治体系构建和运作所遵循的理想化的规范，政治行为则指个人或团体在具体情境下，根据其政治态度和政治价值所采取的表现方式。④第二，政治文化在政治结

---

① Stephen White, *Political Culture and Soviet Politics*, Macmillan, 1979, p.1.

② David W.Paul, "The Cultural Limits of Revolutionary Politics: Change and Continuity in Socialist Czechoslovakia", *East European Quarterly*, 1979, p.3.

③ Michael Brint, *A Genealogy of Political Culture*, Westview Press, 1991, p.132.

④ Roland H.Ebel, Raymond Taras and James D. Cochrane, *Political Culture and Foreign Policy in Latin America: Case Studies from the Circum-Caribbean*, State University of New York Press, 1991, p.10.

构变迁中所体现的持续性与变革性等特征引起了研究者的关注。艾克斯坦认为政治文化具有可变性，有时表现为维持或适应性转变，有时则会因为社会剧烈变革而促使新的政治文化模式形成，比如"革命带来的激变会导致社会出现政治文化的断裂"。英格尔哈特等则对20世纪后半期的发达工业社会文化变革现象进行分析，认为这个时候公民的价值观已经由重视物质性的思考转变为更加关注非物质需求，公民的参政态度和方式也在向积极参与政策过程的方向转变，因而，"历史经验和变化了的社会化模式的结合，大大改变了发达工业社会的政治文化"[①]。第三，采取了全新的文化分析模式来解释政治内容、政治结构和政治过程，将文化、制度与偏爱（即价值取向）结合起来，更加关注偏爱从何处来，以及如何解释它们。维尔达夫斯基认为，政治偏爱的形成是内生的，它来源于一个社会的"文化"和"生活方式"，一个人有什么样的偏爱，是由其"文化"和"生活方式"决定的。[②] 杜赞奇（Prasenjit Duara）更是深入到制度结构层面讨论权力结构对政治文化变迁的推动作用。[③] 第四，重视对非西方国家的政治文化研究。一些研究者开始关注各国本土文化在政治现代化中的积极作用。本土化的讨论打破了以西方民主国家公民文化为单一模式的思维定式。20世纪90年代以来，随着亨廷顿所称的"第三波民主化浪潮"的发展，研究者们对一些非西方国家的研究，开始从对其政治制度的关注转向对政治文化问题的探讨，重视对政治文化的建设，由此带来了对非西方国家政治文化研究的空前繁荣。[④]

国内对政治文化的研究，自20世纪80年代开始逐步展开，最初受到国外相关研究的启发，尤其是受到20世纪50—70年代国外政治文化研究成果的显著影响。此时研究者关注的主题集中在这些方面：政治文化从传统向现代转型、公民（个体）政治文化、群体（阶层或阶级）政治文化、比较政治文化、政治亚文化等。20世纪90年代至今，国内学界对政治文化的研

[①] 姜涌：《政治文化简论》，山东大学出版社2002年版，第43页。

[②] Aaron Wildavsky, "Choosing Preferences by Constructing Institutions: A Culture Theory of Preference Formation", *The American Political Science Review*, Vol.81, No.1（March, 1987）.

[③] 参见［美］杜赞奇：《文化、权力与国家：1900—1942年的华北农村》，王福明译，江苏人民出版社2018年版。

[④] 参见姜涌：《政治文化简论》，山东大学出版社2002年版，第50页。

究进入全方位的探索与深入阶段。研究队伍以政治学学科专业的研究者为主干，文学、历史学、社会学、法学、哲学、新闻传播学、管理学、教育学、马克思主义理论、党史党建等学科专业的研究者也渐次加入，从多学科领域丰富了政治文化研究。一些专门的政治文化研究机构相继建立，专门的政治文化研究刊物、政治文化研究网站开始出现。研究成果涉及对当代中国政治文化的实证分析和理论体系建构，中国传统政治文化思想资源及其现代性转换，政治文化的分支学科如网络政治文化，公民、群体或阶层的政治文化，制度文化、政策文化、政党文化、外交文化、文化软实力与国家安全，比较政治文化，全球化与中国政治文化发展战略等诸多论域。

在政治文化的内在结构方面，分歧较多，通常认为，政治文化包含政治心理（政治认知、政治情感、政治态度）、政治思想两个主要层面。另外，有学者认为，政治文化由政治认知、政治态度、政治价值和意识形态四个要素构成，要素间互相影响，形成了政治文化的内在结构；同时，政治文化还与公共政策、政治制度、政治行为等要素互相影响，形成了政治文化的外在结构。①还有学者认为，政治哲学和政治思想不能直接被看作政治文化的内容。它们能否转变成为政治文化的组成部分，不仅取决于思想家的思想内容与社会需要的契合程度，更取决于国家的权力意志与意识形态偏好。②这些都是比较有代表性的观点。在实证研究方面，注重分阶层、分群体、分区域的政治文化状况研究。闵琦（1989）、张明澍（1994）、沈明明（2009）、卢春龙（2011）、范柏乃（2014）、肖唐镖（2016）、郑建君（2016）、张小劲（2017）、张海东（2017）、郑振清（2018）、郝宇青（2021）、吕书鹏（2023）等学者通过大规模抽样调查和田野调查，在政治认知、政治情感、政治态度、政治价值观、政治认同、政治信任等不同主题上作出了贡献，并且在数据采集统计分析方面取得了较多进展。

总体来看，国内对政治文化的研究已奠定了良好的基础，但在原创性、

---

① 参见佟德志：《政治文化学的理论与方法》，《政治学评论》2022年第2期。
② 参见杨阳：《观念史研究的政治思想史与政治文化意义》，《天津社会科学》2024年第2期。

本土化、拓展性等方面还存在一些不足之处：一是，对政治文化的定义、结构、功能等基本理论的研究，从西方学者那里借鉴的多，具有中国特色的原创理论不多见，对作为重要基础性问题的政治文化内在结构层次的探讨尚无统一看法，特别是对一国政治文化的内在结构中是否含有政治哲学、政治理论、政治意识形态等层面的研究成果不多，对政治文化在一个国家的现实表现形态是什么、有哪些，研究成果显得不足；对于个体或群体的社会成员的政治文化内在结构中是否含有政治行为取向或政治行为模式，尚无定论。关于政治文化理论的更具整体性和解释力的分析框架仍待发展。二是，在实证研究方面，行为主义方法对政治文化研究的主导性影响也带来了一些问题：研究者倾向于关注相对狭窄且易于测量的文化概念，这可能导致在将政治文化的概念拓展到其初始应用范围之外时，扭曲概念本身。这在比较政治文化研究中屡见不鲜。[①]三是，对政治文化与政治制度的关系研究有了一些成果，但关于制度文化、法治文化与政治伦理文化在政治文化中的同构的研究较少，对政治文化如何推动政治发展所展开的问题研究、对策研究尚显不足。四是，对本书所要探讨的政治文化与政治生态之间的相互影响关注不多，对于二者相互作用机制和演化机理等方面的理论研究成果较少，实证研究成果也不多见。

（二）政治生态研究进展

政治生态学是政治学的一个重要分支。其思想起源可追溯到古希腊柏拉图、亚里士多德提出的政体理论和城邦政治理念。他们从政治统治主体的人数多寡和品行优劣、城邦管理机构权力的内在约束程度等方面提出了判断一个政体是优良政体还是变态政体的标准，从德性政治视角探讨何为城邦优良的政治生活。此外，孟德斯鸠（1748）、卢梭（1762）等从地理环境、社会习俗、法律道德等方面探讨了与政治生态相关的问题。然而，"生态学"这一概念产生以后，人们才开始逐渐明确地关注起政治生态问题。

---

① 参见卢春龙：《中国政治文化研究的进步及其问题》，《政治学研究》2023年第3期。

经由勒特（Reiter，1865）和恩斯特·海克尔（Ernst Haeckel，1866）的建树，生态学（Ecology）这一概念得到了首次界定，海克尔将其明确定义为研究生物与其环境之间相互作用关系的一门科学①。之后，在生态学的发展进程中，"系统"概念也被引入，人们把生物群落与环境之间不断进行能量交换而形成的相互依赖和循环往复的有机整体称为"系统"。英国学者 A.G.坦斯利（Tansley）在 1936 年正式提出"生态系统"这一概念。②随着对生态系统的深入研究，人们逐渐认识到其所蕴含的整体性、平衡性、动态性、功能性和协同共进性等特征。1947 年，美国哈佛大学学者 J.M.高斯（John M. Gaus）在其出版的《政府生态学》一书中，较早地将生态学的观点与方法引入政治学和行政管理研究中，强调外部环境对政治生活、政府管理的重要作用。1961 年，美国著名行政学家 F.W.里格斯（Fred W. Riggs）在《公共行政生态学》中比较了不同国家的行政系统与其外部环境的关系，确立了行政生态学的理论体系。他认为，影响一个国家行政生态的要素是多样的，主要有经济要素、社会要素、沟通网、符号系统、政治架构。③政治学家拉斯韦尔（Harold D. Lasswell，1951）、伊斯顿（David Easton，1965）、阿尔蒙德（1987）从公共政策、政治系统、结构—功能主义等视角，分析政治生态相关问题。博登海默（Edgar Bodenheimer，1970）、乔西（Joseph S. Nye Jr., 1976）建议发展中国家从内生的历史文化、风俗习惯、地理环境等视角改良政治生态。美国绿党运动北卡罗来纳分部的创立者丹尼尔·A.科尔曼（Daniel A. Coleman）曾参与全美绿党纲领的制定，他于 1993 年出版《生态政治：建设一个绿色社会》一书。在书中，他驳斥了传统的环境危机论，以生态与政治相结合的全新视角深入探讨了环境危机的体制性和历史性根源，指出应该确立生态责任、参与型民主、环境正义、社区行动等价值观，对此公共领域和市场都责无旁贷，政府和公司要联手起来实施生态型政治

---

① Haeckel, *Generelle Morphologie der Organismen*, 2 vols. De Gruyter, 1988. I. "Allgemeine Anatomie der Organismen"；Ⅱ. "Allgemeine Entwicklungsgeschichte der Organismen".

② A. G.Tansley, "The Use and Abuse of Vegetational Concepts and Terms", *Ecology*, 1935, Vol. 16, No. 3.

③ F.W. Riggs, *The Ecology of Public Administration*, Asia Publishing House, 1961.

战略以改善生态危机。这本生态政治学的专著因提出了政治与生态共存于一个复杂的系统，应建构一种生态化的生活方式以实现可持续型社会等观点，为之后的政治生态学的建构与发展提供了诸多启发。[①]1994年，美国亚利桑那大学创办《政治生态学》期刊，鼓励全球研究者跨地区、跨学科思考政治权力与资源环境、社会文化的复杂互动关系。[②]1996年，美国生态政治学家J.海华德（J. Hayward）在《政治生态学的含义》一文中提出：如果政治生态学要取得特定的和有条理的含义，就必须能够包容生态学与政治学之间的关系，而不是简单地把其中一个归结为另一个。为此就必须抓住它们之间的真正关系，这样，政治生态学的定义就将表现为关于这些真实关系的一种理论。它可以被视为以生态的眼光看待政治学的领域，其中包括更为彻底的观点，即生态学不仅提供了政治性议事日程的内容，而且是政治事件可能的基础和制约条件，甚至决定着政治学的恰当形式。[③]以J.高斯、F.W.里格斯、A.科尔曼、J.海华德等为代表的国外学者针对政治生态学相关理论及政治系统的自然生态环境、社会生态环境和心理生态环境等问题进行了专门研究。他们提出了一系列研究概念与范式，为我们深入开展政治生态研究提供了宝贵的启发和参考。

自20世纪80年代末以来，国内对政治生态学的研究领域不断拓展，涉及行政生态、政党生态、国家（或地区）政治生态等。王沪宁撰写的《行政生态分析》是国内出版的第一部政治生态学方面的著作。该书主张借用生态学研究生命主体与环境的相互关系和作用的理论与方法，来研究行政系统与社会圈的相互关系，即通过模拟生态系统来研究行政系统。[④]王邦佐等编写的《中国政党制度的社会生态分析》，则是一部尝试运用生态学理论与方法进行政党制度专题研究的著作。[⑤]刘京希自20世纪90年代初期即开展对政治生态的研究。他认为，政治生态理论在内涵上和外延上均不同于

---

① 参见［美］丹尼尔·A.科尔曼：《生态政治：建设一个绿色社会》，梅俊杰译，上海译文出版社2002年版。
② 参见陈天林：《论生态政治学思维方式的拓展》，《甘肃理论学刊》2005年第4期。
③ 参见［美］J.海华德：《政治生态学的含义》，康立伟译，《世界哲学》1996年第C1期。
④ 参见王沪宁：《行政生态分析》，复旦大学出版社1989年版。
⑤ 参见王邦佐等编著：《中国政党制度的社会生态分析》，上海人民出版社2000年版。

国内学术界传统的生态政治理论,应将政治过程置于广阔的社会空间和自然领域来思考,而不是仅仅局限于政治体系内部的利益纷争。这种生态化的政治包括两个层面:一是政治体系的"内生态",二是政治体系的"外生态"。2007年,他出版了《政治生态论——政治发展的生态学考察》一书,这部作品在国内政治生态问题研究方面具有显著影响力。该书试图构建一个以政治体系为核心、"政治—社会—自然""三位一体"的政治生态理论体系,为建立一门新兴学科——政治生态学开辟新的探索路径。①

随着政治生态学在理论研究和实践应用方面的关注度不断提高,近些年来,尤其是自党的十八大以来,部分学者开始运用政治生态视角来探讨现实的政治发展问题,这一趋势促进了对政治生态相关概念和理论的新理解,并形成了一系列深刻的见解和洞见。

一是对政治生态的概念进行辨析。主要的代表性观点概括起来有:

从政治生态环境层面来理解政治生态。起初持这一观点的学者较多,他们把政治生态理解为政治环境、政治风气。有的学者认为,政治生态是一个国家各种政治制度、政治民主决策等政治环境综合要素的总和,是对一个国家的政治风貌,特别是政治生活状况、政治发展环境、政治进步水平的集中反映。②

从政治有机体、政治系统层面来理解政治生态。后来研究者们逐步认识到,应该深入政治生活内部才能观察到政治生态的全貌。有的学者认为,政治生态论作为一种理论和方法,应当用联系的、系统的观点来看待和分析政治现象,将政治系统、政治环境乃至整个社会系统看作一个相互融合的有机生命体。它包含两种关系形态,一种是政治系统内部的关系状态,另一种是政治系统与外部环境的关系状态。③有的学者认为,政治生态是由政治系统内部的各构成要素、各组成要素与次级结构之间、政治系统与外部环境之间,在一定的时空环境下相互作用、相互制约、相互影响而形

---

① 参见刘京希:《政治生态论——政治发展的生态学考察》,山东大学出版社2007年版。
② 参见胡鞍钢、杨竺松:《中国政治生态的独特性及四大制度要素》,《人民论坛·学术前沿》2013年第C1期。
③ 参见陈朋:《政治生态建设的中国语境与逻辑理路》,《马克思主义研究》2019年第5期。

成的生态化政治系统。政治系统与环境系统之间存在高度的关联性，并在相互作用的过程中形成一个有机整体的生态体系。其体系架构主要包含维护涵养体系、组织运行体系、防御免疫体系和内外环境体系四大主要组成部分。①

二是试图构建政治生态的基本理论。主要的代表性观点概括起来有：

从生态学等其他学科借鉴理论和方法来建构政治生态学。有的学者认为，政治生态学是一门借助生态学的知识和研究方法来解释和说明社会政治现象的理论。该理论主要体现为三个特性：多样—稳定性、动态—开放性、系统—平衡性。②有的学者认为，政治生态学已经成为多种研究范式和观点聚集的跨学科领域。政治经济学和生态分析是政治生态学发展的两个理论推动力，前者关注把权力分配与生产活动相结合，后者则关心生物与环境的广泛联系。③

从政治学理论和方法自身的改造和创新来建构政治生态理论。有的学者认为，政治生态论的提出改变了传统政治学理论研究的范式。国内对政治生态的研究已表现出三个研究特色：拓宽了国内政治学研究视角；促使人们开始关注政治发展与社会环境之间的生态联动；深化了反腐败领域的政治学研究，为全面加强党风廉政建设提供理论借鉴。④有的学者认为，从政治生态学的观点出发分析中国共产党政治生态的体系，可以看出党内生态系统及其与社会内部环境以及社会外部环境之间的交流互动，共同构成了中国共产党有机整体的政治生态体系。党内生态系统主要包含政治涵养体系、能量传输体系、防御体系和净化体系四个部分。中国共产党与社会内部环境的交流互动主要是，党与国内的行政体系、民主党派和其他社会环境之间的相互作用。中国共产党与社会外部环境之间的交流互动主要指党与国际环境之间的相互作用。⑤

---

① 参见孙枝俏：《我国当代政治生态体系架构分析》，《理论视野》2023年第11期。
② 参见苏晓伟、杨雪：《政治生态系统的理论渊源及其特性》，《知与行》2016年第11期。
③ 参见李永祥：《政治生态学研究述评》，《民族研究》2019年第4期。
④ 参见李斌雄、张银霞、兰洁：《重构当代中国政治生态的政治生态学智慧吸纳——基于近30年来中国学术界对政治生态学的理论探索》，《广州大学学报（社会科学版）》2016年第6期。
⑤ 参见信元：《论中国共产党有机整体的政治生态体系》，《湖南社会科学》2021年第6期。

三是结合当代中国发展实际,探讨政治生态建设的路径和方法。政治生态学有自身的理论范式和方法论,同时政治生态学又是一门实践之学,更应从丰富多彩的政治生活实践中去发掘和探寻政治生态的形成发展特点和规律,从而更好地提升政治生活水平。有的学者从反腐败角度探讨其与政治生态的关系,认为反腐需要建立稳定的政治生态平衡。当代中国遏制腐败的当务之急是通过对各种权力范围进行界定以及对新闻媒体监督权与社会参与权予以保护,建立起稳定的国家治理的政治生态平衡。①

有的学者从生态型政治的角度探讨当代中国政治生态建设,认为党的十八大与党的十八届三中全会的召开,实质是在建立一种生态型政治改革取向,立足于中国政治现实,应将系统性、整体性、关联性、协同性等生态法则运用于中国的政治实践,据此从建设"有为政治""合作政治""整体政治""民主政治""生活政治""开明政治",提高政治体系的适应性、维持性和创制力等方面,搭建起当代中国政治生态建设的基本架构与设想。②

有的学者从政治文化角度探讨当代中国政治生态发展,认为应破除官本位观念等庸俗腐朽的政治文化,净化政治生态。有学者分析认为,所有恶劣的政治生态的背后,必然存在一种共性:官本位观念和官本位现象。官本位的实质是权力本位,它是传统官本主义的一种流毒。当代中国政治生态的进步突出地表现为民主法治的进步和国家治理走向现代化。③

众多研究者从党内政治生态建设入手探讨当代中国政治生态建设,认为当代中国政治生态建设的根本是党内政治生态建设,进而以党内政治生态建设带动国家和社会的整体政治生态建设。关于如何加强党内政治生态建设,有学者认为,核心是抓住政治立场、政治纪律、政治作风这三个方面。其中,政治立场是政治生态之根,政治纪律是政治生态之本,政治作

---

① 参见李惠斌:《建立稳定政治生态平衡》,《南风窗》2014年第5期。
② 参见夏美武:《当代中国政治生态建设研究:基于结构功能分析视角》,中国社会科学出版社2014年版。
③ 参见俞可平:《破除官本位观念 净化政治生态》,《学习时报》2015年3月23日。

风是政治生态之要。①有不少研究者系统梳理了党的十八大以来党内政治生态建设的经验，普遍认为，党的十八大以来，党内政治生态通过全面从严治党得到了整体净化和系统优化，呈现出崭新气象。其采取的举措有：治标先行，通过狠刹不正之风营造风清气正的政治环境；巡视巡察发力，通过强化监督反腐形成祛邪扶正的强大震慑；德法融合，坚持依规治党与以德治党相结合，推进党和国家治理体系和治理能力现代化；文化育成，通过开展系列专题教育实现固本培元的治理成效。有的学者对新中国70年政治生态建设的基本经验进行总结认为，坚持鲜明的问题导向、把查处腐败问题作为有力抓手、坚持"面子"与"里子"一起抓，以及把握基本方向、注重系统谋划、重在政治建设是主要经验。②有的学者将目光聚焦基层政治生态建设，认为全面优化基层党内政治生态的艰巨性、复杂性和长期性不容低估，必须精准施策，系统推进微腐败治理"系统化"、从严治党"刚性化"、管党治党"法治化"和舆论监督"常态化"。③

如何始终保持风清气正的政治生态，是中国共产党必须解决的一个独有难题。有的学者认为，需要从坚持人民至上以夯实政治生态建设基石、坚持勇于和善于斗争赢得政治生态建设主动、坚持系统观念全面提升政治生态建设质量三个方面，积极推进政治生态的持续不断优化。④

随着学术界对政治生态研究的不断深化，"政治生态"这一概念已日益受到党和国家领导人的关注。党的十八大以来，习近平总书记发表了一系列关于政治生态建设的重要论述，拓展和丰富了政治生态理论内涵，有力地指导了政治生态建设实践，是对马克思主义政治学说的理论创新，是习近平新时代中国特色社会主义思想的重要组成部分。

---

① 参见刘汉俊：《政治生态关乎党的兴衰存亡》，《人民日报》2015年7月9日。
② 参见陈朋：《政治生态建设70年：历史经验、内在逻辑与前景展望》，《科学社会主义》2019年第5期。
③ 参见刘艳：《优化基层党内政治生态：价值意蕴、问题检视与实践进路》，《中州学刊》2022年第3期。
④ 参见蒋来用：《如何始终保持风清气正的政治生态》，《中国党政干部论坛》2023年第2期。

"营造风清气正的政治生态，是一项持久的工作。"①这是习近平总书记对新时代政治生态建设工作提出的基本要求。加强新时代全面从严治党，必须把营造风清气正的良好政治生态作为纵深推进的一项基础性工程。良好的政治生态，是国家治理具备并能够运用强大整合力、提升执行效能的基础和保障。

习近平总书记关于政治生态建设的重要论述，主要包括如下几个方面。

一是全面净化党内政治生态是党的政治建设的重要目标和重要任务。

关于党内政治生态建设与党的政治建设的相互关系。第一，二者是相辅相成、相得益彰的关系。党的政治建设决定着党内政治生态建设的方向和整体效果，党内政治生态状况集中反映着党的政治建设面貌，是党的政治建设环境和质量的整体展现。习近平总书记多次强调，马克思主义政党具有崇高政治理想、高尚政治追求、纯洁政治品质、严明政治纪律。党的政治建设是纲，纲抓好了，党内政治生态就会充满清风正气，反之，就会滋生蔓延歪风邪气。第二，加强党的政治建设，要把建设正气充盈、政治清明的党内政治生态作为一项战略性的奠基工作常抓不懈。习近平总书记着重从党内组织生态建设、党内廉洁政治生态建设、党内民主法治生态建设、党内政治文化生态建设、党内与党外的政治生态链互动等方面展开论述，认为只有全面净化党内政治生态，才能实现党的政治建设质量的整体提升。习近平总书记从执政环境的视角分析政治生态问题，着眼于提升治党管党能力的现实要求，充分显示了对中国政治发展的理性审视，展现出极高的政治自觉。②

关于如何以党的政治建设全面优化党内政治生态。第一，习近平总书记创造性地提出"全面净化党内政治生态"这个重大命题，围绕如何以党的政治建设全面优化党内政治生态提出了一系列原则和方法：系统性与层次性相统一的思维内涵、党性与人民性相统一的价值内涵、破与立相统一的方法内涵、历史与逻辑相统一的实践内涵。习近平总书记多次用"山清

---

① 《习近平李克强张德江俞正声刘云山张高丽分别参加全国人大会议一些代表团审议》，《人民日报》2017年3月9日。

② 参见习近平：《增强推进党的政治建设的自觉性和坚定性》，《求是》2019年第14期。

水秀的政治生态"与"风清气正的政治生态"来表述党内政治生态建设的总体目标。将政治生态用山清水秀、风清气正作形象的比喻，充分展现了习近平总书记在构建优良政治生态上高超的政治智慧。第二，习近平总书记提出了以党的政治建设全面净化党内政治生态的实践机制、实践路径，充分体现了其全面优化党内政治生态的实践智慧，主要包含四个方面：严肃党内政治生活，为全面优化党内政治生态营造政治局面；严明政治纪律和政治规矩，为全面优化党内政治生态提供政治保证；发展积极健康的党内政治文化，为全面优化党内政治生态塑造政治精神；突出政治标准选人用人，为全面优化党内政治生态树立政治标尺。

二是政治生态治理是推进国家治理现代化的新的着力点。

习近平总书记科学阐释了国家治理体系和治理能力的内涵和外延，指出国家治理体系和治理能力是一个有机的整体，推进国家治理体系现代化和增强国家治理能力是同一进程中两个相辅相成的方面。推进国家治理现代化的过程，是在中国独有的政治生态下启动、实施的，良好的政治生态成为实现国家治理现代化的有力保障。习近平总书记指出："做到干部清正、政府清廉、政治清明，永葆共产党人清正廉洁的政治本色。"① 这指明了当代中国廉洁政治的建设目标，也是政治生态建设的明确指向，是推进和完善国家治理现代化的重要任务。实现政治生态的有效治理，是政治生态建设的一个重要目标和着力点，包括以下几个方面：其一，坚定理想信念是实现政治生态有效治理的首要价值追求。党的政治生态建设实践充分说明，党员的理想信念、价值观念对其政治行为具有重大驱动作用。党员往往将自身认同的理想信念和价值观念作为优化政治生态的精神指引。其二，在政治生态治理的多元主体方面，领导干部这一群体是"关键少数"，领导干部队伍建设是一项"牛鼻子工程"，其政治素养、工作能力、行为作风在全党全社会具有示范效应和风向标作用。"打铁还需自身硬"，政治生态的治理要抓住"领导干部这

---

① 习近平：《紧紧围绕坚持和发展中国特色社会主义 深入学习宣传贯彻党的十八大精神》，《人民日报》2012年11月19日。

关键少数"。其三,在政治生态治理方式上,完善的制度体系作为政治生态的核心要件,是建设良好政治生态的内在保障。普遍认为,制度包括正式制度和非正式制度,既包括法律法规和各项规章制度,也包括长期约定俗成的共识性的道德观念、行为规范、风俗习惯。①习近平总书记强调,要"把权力关进制度的笼子里"②,让权力在制度中、在阳光下运行,形成不敢腐的惩戒机制、不能腐的防范机制、不易腐的保障机制,以制度建设作为政治生态建设的坚硬内核,保障政治生态良性有序发展。

三是要着力从作风层面建设清明清正的政治生态。

清正廉洁的党内政治生态,是形成党的优良作风的肥沃土壤,是保持党的勃勃生机的不竭源泉。习近平总书记多次告诫,"政治生态污浊,从政环境就恶劣;政治生态清明,从政环境就优良"③,"作风建设永远在路上"④,只有驰而不息地加强作风建设,才能为营造风清气正的政治生态提供优良环境。正因为政治生态对一个政党如此重要,习近平总书记在二十届中央纪委二次全会上将"如何始终保持风清气正的政治生态"列为我们这个大党必须解决的独有难题之一。自党的十八大以来,以习近平同志为核心的党中央为了从根本上改进党风政风,改善从政环境,进一步加强党同人民群众的密切联系,先后颁布实施了"八项规定""六项禁令",持续开展党的群众路线教育实践活动、"三严三实"专题教育、"两学一做"学习教育、"不忘初心、牢记使命"主题教育、学习贯彻习近平新时代中国特色社会主义思想主题教育、党纪学习教育等,大力整治形式主义、官僚主义、享乐主义和奢靡之风,不断增强自我净化、自我完善、自我革新、自我提高的能力,推动了政治生态建设的实践创新,营造了政治生态的"绿水青山",换来"海晏河清、朗朗乾坤"。第一,加强作风建设,净化政治生态,要求广大党员始终将纪律和规矩挺在前面。第二,加强作风建设,净化政治生态,

---

① 参见侯松涛:《中国共产党政治生态建设中的"开放包容"特质》,《求索》2024年第1期。
② 习近平:《在庆祝全国人民代表大会成立六十周年大会上的讲话》,《求是》2019年第18期。
③《习近平李克强张德江刘云山分别参加全国人大会议一些代表团审议》,《人民日报》2015年3月10日。
④ 习近平:《在庆祝中国共产党成立95周年大会上的讲话》,《求是》2021年第8期。

要求各级党组织和党员领导干部精准施治整饬作风，持续深化，久久为功。

习近平总书记关于政治生态建设的重要论述，为中国政治建设和党的建设领域的相关研究指明了新的方向，提供了新的动力。这些重要论述的原创性贡献表现在：一是充实和扩展了政治生态的内涵。通常认为，政治生态更多指的是政治生态环境，或者虽涉及政治生态的内在体系、结构层面，但很少从制度、权力等制约政治生态深层运行机理开展研究，重要论述对此进行了深化和扩充。习近平总书记关于政治生态建设的重要论述，既说明了政治生态与政治环境净化、作风建设息息相关，也探究了政治生态与国家治理体制机制、制度建设、国家权力运行等政治生活深层逻辑的紧密关联，进而深入系统地探讨了政治生态与执政党的政治建设、党内政治文化积极健康发展等的紧密关系，为更深入地把握政治生态的基本内涵、内在结构层次、功能作用层面，提供了思想理论指导和学理性分析价值。二是实现了政治生态治理理论的重大创新。习近平总书记的重要论述将政治生态建设与国家治理体系和治理能力现代化紧密联系起来，与当代中国政治发展和全面从严治党的伟大实践紧密联系起来，提出的重构、营造、净化、改善、优化政治生态等概念和判断，是对政治生态治理的理论和实践的丰富和发展，为从政治生态环境治理、政治制度生态治理、执政党政治生态治理等方面深化政治生态治理，提供了创新理论和实践遵循。三是提供了破解我们这个大党独有难题的原创性理论贡献和实践贡献。习近平总书记创造性地提出"全面净化党内政治生态"这个重大命题，为中国共产党破解"大党独有难题"作出了原创性贡献。从党内政治生态视角探索建设长期执政的马克思主义政党所蕴含的逻辑意蕴、实践向度和时代价值，从马克思主义建党学说的术语革命、党的领导与政党治理融为一体的范式创造、对党的自我革命理论已有成果进行深化性拓展的崭新命题打造等维度，对新时代中国共产党全面从严治党、破解大党独有难题作出了原创性贡献，标志着马克思主义党建理论发展到全新高度。良好的政治生态已成为检验我党自身能力建设的重要标尺，是保持党的政治性、时代性、原则性、战斗性的"试金石"，也是中国共产党执政能力与执政水平现代化的重要标准。

综合国内外学术界对政治生态的研究现状，特别是着重梳理习近平总书记关于政治生态建设的重要论述及其原创性贡献，我们可以看出，政治生态研究已经取得了丰硕成果，政治生态已成为观察国际政治发展、国家政治生活、政党政治运行、地方和基层政治面貌的一个新视角。党的二十大进一步提出新时代新征程中国共产党的使命任务是加快建设中国式现代化、全面推进中华民族伟大复兴，坚持和加强党的全面领导，到2035年基本实现国家治理体系和治理能力现代化，全过程人民民主制度更加健全。这些都要求我们在政治生活领域，按照政治生态系统的运行规律和发展要求来理顺各种政治关系，推进政治体系现代化，推动政治发展环境优化，增进政治文化繁荣发展，从而推动政治生活健康、有序发展。同时也迫切需要政治学界加强对政治生态理论体系的建构研究，特别是从政治文化这一独特视角探讨政治文化影响下的政治生态演化机制、演化效度和演化规律，分析存在的问题和成因，从而有助于从政治文化视域提出优化当代中国政治生态发展的路径和对策。

（三）对政治文化与政治生态的关联性研究进展

国内外将政治文化与政治生态直接联系起来的研究成果不多。通常是将政治文化与政治发展、政治制度等关联起来，试图探究它们之间的关系。

早在古希腊时期，柏拉图在《理想国》中就提出，居民的德性成分的不同和性情的不同，造成了不同的政体；亚里士多德在《政治学》中关注过促成城邦政治稳定和变革的各种"心态"。进入近代，马基雅维利在比较罗马共和国、罗马帝国和近代意大利人的素质差异时，论述了它们对政治发展的强盛与衰落的影响；卢梭在论证政体与立法体系的形成中，谈到了一定的制度往往与特定地域的居民性格有关；伯克用"习惯凝聚"来表达影响政治机构运行的文化因素；孟德斯鸠则讨论了民族文化，包括普遍精神、道德习俗等因素，对该民族政治生活有时候甚至能起到决定性的影响，并认为罗马共和国的胜利与公民的爱国情感紧密相关；托克维尔在考察美国的民主制度时，分析了民情、民族习惯、方式及观念对国家政体的作用。

到了20世纪50年代，阿尔蒙德在创建政治文化理论时提出，"政治价值观念能够成为经济结构及政治制度转变的催化剂"。派伊和维巴进一步指出，政治文化能够维护、引导、变革政治发展，给出制约政治系统行为的基本规则。20世纪80年代末，政治文化研究开始复兴，威尔达（Howard J. Wiarda）于1989年撰文阐述了这一时期政治文化复兴的表现中对文化因素的广泛关注。不仅政治学领域，人类学、经济学、社会学和精神分析领域都开始关注文化因素，他们把文化因素与阶级结构、政治制度、经济发展及其他因素一起作为解释变量。文化的变量作用表现在，文化像制度一样在现代化过程中有着持久的生命力，而文化的自我变革性能够较好地适应现代化过程。① 亨廷顿对此总结认为，此时的政治文化研究已开始关注两个重要问题：文化因素对经济和政治发展的影响达到何种程度，如何恰当地评估政治文化变量的作用？传统文化在现代化进程中会起到何种作用？② 此后，将政治文化作为政治发展（含政治生态发展）的影响因素乃至作用变量的研究成果逐渐多了起来。

自20世纪80年代国内政治文化研究热潮兴起至21世纪初，研究者们普遍关注政治文化对政治发展、政治制度的影响。但在观察政治生活、政治发展时，自觉地把政治文化作为直接的变量因素的研究成果并不多见。近些年来，随着对政治生态问题的日益关注，学界有意识地探究政治文化与政治生态关系的成果逐渐多了起来，也出现了将政治文化作为变量来观察其对政治生态发展的影响的研究成果。有学者在调研农民、大学生、公务员等群体的政治文化状况时，运用了政治价值观、政治信任等维度的变化来观察其对政治制度、政治生活的影响（严洁，2010；肖唐镖，2014）。也有部分成果是从党内政治文化与党内政治生态的关系的角度开展研究，认为前者对后者起着潜移默化的影响。赵周贤（2011）、陈志宏（2016）认为廉政文化对政治生态具有重要修复功能，毕京京（2017）提出加强党内政治文化建设是培厚政治生态土壤的深层次扶正祛邪工程，曹景文（2017）

---

① Howard J.Wiarda, "Political Culture and National Development", *The Fletcher Forum of World Affairs*, vol.13, No.2, 1989.

② 参见［美］塞缪尔·亨廷顿、劳伦斯·哈里森主编：《文化的重要作用：价值观如何影响人类进步》，程真雄译，新华出版社2010年版，前言，第3页。

认为要研究政治价值、认同等因素在政治生态中的作用，曲青山（2017）认为构建良好政治生态要依靠文化自信坚定理想信念。乔贵平（2020）等试图构建党内政治生态评价体系，将党内政治文化作为二级指标，通过对共产党人价值观的认同、党内文化教学课时比例、党员对主流政治文化的偏离程度、党员的归属感等方面的测量，对党内政治生态进行评估。王华华（2021）通过对党的百年历史经验的梳理，认为从分域与分层视角完善党内"纠偏型"制度，实现制度对不同领域不同层面党内政治生态的"精细纠偏"，更利于党内政治文化涵养良好的党内政治生态。侯松涛（2024）认为，政治生态是"存在于一定社会政治环境之中的党员干部之间以及党员干部与各级党组织之间，在长期政治生活中交互作用形成的"一种"整体状态和发展态势"，是由风气、作风、氛围、气候、环境等关键词组合而生成的一种"文化场"，本质上是一种政治文化的体现。

国内外学界的已有研究为本书从政治文化的视角探讨政治生态的演化和优化奠定了坚实基础。但整体来看，研究仍有相当大的空间。其一，把政治文化与政治生态结合起来，探讨政治文化视域下政治生态演化机理与优化路径的成果还很少，呈现零散性，缺乏系统性和学理性。其二，政治文化研究中，对不同主体、不同场域形成的不同类型、不同特性的政治文化影响政治生态的演化机制、演化效度和演化规律方面的研究成果还比较少，实证研究仍缺乏对变量的科学测度及变量间因果关系的科学分析。其三，政治生态优化路径研究中，多从净化政治生态环境着手，而在政治文化视角下从宏观的、制度化的、具体的多样化路径等方面开展的系统性研究成果还不多。

党的十八大以来，习近平总书记和党中央就政治文化和政治生态的关系，特别是党内政治文化和党内政治生态的关系，提出了一系列重要论断，丰富和拓展了政治文化和政治生态关系的理论内涵，对当代中国政治文化和政治生态的良性互动发展以及当代中国政治生活健康发展提供了有力指导。在党的十八届六中全会上，习近平总书记指出："党内政治生活、政治生态、政治文化是相辅相成的，政治文化是政治生活的灵魂，对政治生态具有潜移默化的影响。要注重加强党内政治文化建设，倡导和弘扬忠诚老实、光明坦荡、公道正派、实事求是、艰苦奋斗、清正廉洁等价值观，旗帜鲜明抵制和反对关系学、厚黑学、官场术、"潜规则"等庸俗腐朽的政治文化，不断培厚良好政治生态的土壤。"①这是我们党的中央全会第一次正式提出"党内政治文化"，也是第一次明确地指出了党内政治文化与党内政治生态的相互关系。在十八届中央纪委第七次全体会议上，习近平总书记进一步阐述了党内政治文化的内涵，提出了加强党内政治文化建设、维护好党内政治生态的具体要求。在2018年中央政治局第六次集体学习中，习近平总书记进一步对积极健康的党内政治文化进行了论述。他认为："党内政治文化'日用而不觉'，潜移默化影响着党内政治生态。要加强党内政治文化建设，让党所倡导的理想信念、价值理念、优良传统深入党员、干部思想和心灵。要弘扬社会主义核心价值观，弘扬和践行忠诚老实、公道正派、实事求是、清正廉洁等价值观，以良好政治文化涵养风清气正的政治生态。"②2019年，在党的十九届四中全会上，习近平总书记再次深化了全党对发展党内政治文化促进党内政治生态优化的关系的认知，提出要"规范党内政治生活，严明政治纪律和政治规矩，发展积极健康的党内政治文化，全面净化党内政治生态"③。党的十九届六中全会审议通过了《中共中央关于党的百年奋斗重大成就和历史经验的决议》，其中明确指出，要"加强和维护党中央集中统一领导的若干规定，严明党的政治纪律和政治规矩，防止和反对个人主义、分散主义、自由主义、本位主义、好人主义等，发展积极健康的党内政治文化，推动营造风清气正的良好政治生态"④，将发展积极健康的党内政治文化、推动营造风清气正的良好政治生态这一重大战略部署推向深入。党的二十大报告指出："以党的政治建设统领党的建设各项工作，坚持思想建党和制度治党同向发力⑤"。党的二十大通过的《中国

---

① 习近平：《习近平在党的十八届六中全会第二次全体会议上的讲话（节选）》，《求是》2017年第1期。
② 习近平：《增强推进党的政治建设的自觉性和坚定性》，《求是》2019年第14期。
③ 《中共中央关于坚持和完善中国特色社会主义制度 推进国家治理体系和治理能力现代化若干重大问题的决定》，《人民日报》2019年11月6日。
④ 《中共中央关于党的百年奋斗重大成就和历史经验的决议》，人民出版社2021年版，第28页。
⑤ 习近平：《高举中国特色社会主义伟大旗帜 为全面建设社会主义现代化国家而团结奋斗——在中国共产党第二十次全国代表大会上的报告》，人民出版社2022年版，第13页。

共产党章程》强调："加强和规范党内政治生活，增强党内政治生活的政治性、时代性、原则性、战斗性，发展积极健康的党内政治文化，营造风清气正的良好政治生态。"①基于党的建设百年经验和新时代全面从严治党的战略部署，创造性地统筹推进思想建党、制度治党、文化强党，通过发展积极健康的党内政治文化，厚植培优政治生态土壤。

习近平总书记对政治文化与政治生态的关联性有着深入的思考，作出一系列原创性贡献。前文论述过，习近平总书记创造性地提出"全面净化党内政治生态"这个重大命题，为中国共产党破解"大党独有难题"作出了原创性贡献。同样，习近平总书记在关于发展积极健康的党内政治文化的重要论述中所提出的"党内政治文化"是一个崭新的政治概念，所提出的"发展积极健康的党内政治文化"也是一个重大的原创性命题。这些原典性的概念和命题是党的十八大以来，习近平总书记和党中央根据党自身的政治属性、优良传统，基于党的建设百年经验以及新时代全面从严治党的实践，在马克思主义指导下，深刻思考和凝练中华优秀传统文化、革命文化、社会主义先进文化而形成的，是具有鲜明中国特色的中国共产党党建话语、执政话语和政治话语，党内政治文化也成为充分体现中国共产党党性的文化。习近平总书记创造性地提出的"加强党内政治文化建设""发展积极健康的党内政治文化""全面净化党内政治生态"等重大命题，以及多次阐述的"发展积极健康的党内政治文化，推动营造风清气正的良好政治生态""政治文化是政治生活的灵魂，对政治生态具有潜移默化的影响"等重要论断，为探讨政治文化与政治生态之间的互动关系以及从政治文化视角探讨政治文化影响下的政治生态演化和优化提供了理论遵循。

积极健康的党内政治文化是我们党生存和发展的重要力量，清明洁净的党内政治生态是我们党始终保持旺盛生机的动力源泉，这二者都是理解与把握中国共产党何以成为百年大党、书写百年辉煌的重要密码，也是中国共产党在接续奋斗中解决大党独有难题、不断创造新的辉煌的坚韧利器。党的十八大以来，以习近平同志为主要代表的中国共产党人强调把政治建

---

① 《中国共产党章程》，人民出版社2022年版，第12页。

设摆在党的建设首位，对发展积极健康的党内政治文化进行了战略部署，以推动营造风清气正的党内政治生态，在全面从严治党中统揽伟大斗争、伟大工程、伟大事业、伟大梦想，这赋予了党内政治文化与党内政治生态的相互关系从未有过的高度，对我们进一步深化政治文化和政治生态的关系研究，特别是推动党内政治文化和党内政治生态的关系研究，提出了新的要求。为此，需要从政治学理论视角深入研究政治文化和政治生态的关系，探寻建构积极健康的政治文化和清正廉洁的政治生态之间相互关联的学理性认知框架、规律性演化机理和系统性理论体系，从而有助于深化和推动在实践中以良好政治文化涵养风清气正的政治生态。

二、当前研究政治文化与政治生态的意义

探讨政治文化与政治生态之间的互动耦合关系，以及从政治文化视角探讨政治文化影响下的政治生态演化机理与优化策略，具有重要的学术价值。

一是，揭示政治文化与政治生态的耦合关系及其互动演化理论，对于运用先进政治文化优化党和国家的政治生态具有重要学术价值和方法论指导意义。当代中国的主导政治文化是中国特色社会主义政治文化，它是中国共产党带领中国人民在长期奋斗历程中把马克思主义基本原理同中国具体实际相结合、同中华优秀传统文化相结合的产物。先进政治文化是营造风清气正的政治生态的文化力量，厘清政治文化与政治生态的相互关系原理、建构耦合关系结构模型，有助于深化对政治文化发展的规律性认识，以及对政治生态发展的动力机制、演变逻辑、运行规律的认识。

二是，有助于拓展和深化政治生态学的研究领域。通过揭示不同类型、不同特性政治文化对政治生态的作用机制、影响强度、演化效度，以及政治文化影响政治生态的基本演化规律，通过对变量的科学测度及变量间因果关系的科学分析，从而为从政治文化角度评估政治生态状况、分析政治

生态存在的基本问题、提出优化政治生态路径，提供"政治文化—作用变量—政治生态""政治内生态—政治生态环境""介质、动力、认同基础、权威模式的作用机制（变量）""同化、吸纳、聚合、重塑、转型的演化过程"等层面新的解释框架。这些有助于拓宽和深化政治生态学的研究领域。

研究政治文化与政治生态的关系具有重要的应用价值。

一是，我国正处于从适应全球化向引领全球化转变的重大历史节点，全面建成社会主义现代化强国、全面从严治党关键时期，从政治文化视角提出促进政治生态优化战略，对于发展社会主义民主政治生态、促进党员干部和全社会自觉建设和维护优良政治生态、保证国家长治久安具有重大现实意义。

二是，按照政治生态演化规律论证政治文化促进政治生态优化发展的具体对策，对于发展中国特色社会主义民主制度文化、法治文化、政治伦理文化，发展政治科学决策文化、网络政治文化、廉政文化，积极培育参与型政治文化、增进全社会广泛的政治文化认同，进而在整体意义上繁荣创新先进政治文化、推动政治生态持续良性发展，具有重要实践指导意义。

三、研究对象与总体框架

本书着力研究的主要对象有：政治生态与政治文化的耦合关系，政治文化影响下政治生态的演化机理与规律，政治文化视角下的政治生态优化对策。总体框架包括如下四个部分。

第一部分，分析政治生态的内涵及政治文化视角下的政治生态优化意义。

首先，分析政治生态的文化基础。政治生态的建构受到一定的政治心理、价值和行为方式的影响，其与政治文化在功能、价值等层面上有机关联，可从政治生活、政治制度、政治文明与政治发展四个维度深入剖析政治文化与政治生态的耦合互动关系。

其次，运用政治生态学的有关原理，从政治内生态和政治生态环境两方面分析政治生态系统的结构、功能和运行特征，提出政治生态的优化包含了政治制度生态的优化、政治生态环境的净化，以及在政治生态系统的平衡、协同、有序化过程中对不良政治生态的修复、优良政治生态的重构等方面。

最后，分析当代中国政治生态优化的目标向度、表现特征和现实意义。研究指出政治文化是政治生态的活水深流，不同类型、不同特性政治文化影响下的政治生态有着不同的演化机理和效度，以先进政治文化涵养政治生态、夯实社会认同基础，才能促进政治生态正本清源、持续充满活力。

第二部分，分析政治生态在政治文化影响下的演化机理并进行案例考察。

首先，深入探讨政治文化影响下政治生态呈现出的一些基本演化机理。主要表现在：不同主体、不同场域的政治文化多样化表现与特定场域政治生态同质性反应，主导政治文化的强势影响与政治生态朝着制度化、净化与协同化方向演化，不同政治亚文化的消极影响与政治生态朝着失调、污浊化乃至恶化方向演化。围绕作用机制、影响强度、演化规律三个层面，评估政治文化作用于政治生态的多种机制及影响政治生态的不同强度。

其次，以苏联、东欧社会主义国家后期政治文化演化对政治生态的影响为反面例证，从政治文化中的政治信仰、意识形态、民众社会政治心理、政治价值观等层面，分析其如何影响政治制度生态、政治体系生态、政治行为生态、政治关系生态等政治生态各层面，总结历史教训，提出社会主义国家如何通过强化主流政治文化的积极影响以推进政治生态的净化及制度化。

再次，实证分析特定区域人群的政治认知、政治情感、价值观、理想信念状况，梳理出角色主体在特定社会政治场景中存在的政治亚文化现象，分析不同主体、不同场域的政治文化状况。在此理论分析基础上，着重选取2018年6—9月参加A省村委会换届选举观察时在全省范围抽样12个行政村开展的调研和访谈作为实证分析对象。其一，评估不同的政治文化通过介质、动力、认同基础、权威模式四种机制（变量），分别作用于不同层面政治生态而形成的特定场域政治生态状况。通过对变量的科学测度及变量间因果关系的科学分析，探讨特定政治生态的性质和存在的基本问题。进一步提炼"政治文化—作用变量—政治生态"和"政治内生态—政治生态环境"的关系理论和演化规律，构建"政治文化—政治生态"的解释框架。其二，评估不同特性（积极肯定型、积极否定型、消极肯定型、消极否定型）的政治文化对政治生态影响的强度差异，以及其影响下的某种特定政治生态同化、吸纳、聚合、重塑、转型的演化机理、障碍因素和演化效度。

第三部分，研究政治文化视角下优化政治生态的宏观战略。

围绕政治文化如何影响推动国际政治生态、国家宏观政治生态、执政党党内政治生态良性发展，着重探讨以下方面：

首先，研究全球化趋势下和世界大变局时代如何应对国际政治生态问题以及民族国家间政治文化发展的和而不同问题，批判分析几种影响较大的政治文化思潮，建设在充分吸收了中华优秀传统文化和革命文化的丰富营养与基因基础上的社会主义先进政治文化；通过打造文化软实力、发展中国特色民主政治文化等举措，制定出以全人类共同价值引领构建开放包容、和平发展的国际政治生态发展战略。

其次，研究在全面建成社会主义现代化强国和实现民族伟大复兴中国梦征程中，如何处理政治文化发展与政治生态构建的辩证关系以及社会阶层和利益格局多元结构、政治取向多样化与主导政治文化一元性三者之间的辩证关系问题；通过引导多样化的政治亚文化、推进主导政治文化时代化大众化社会化生活化等举措，制定出推进构建协调有序、充满活力的政治生态发展战略。

最后，研究执政党在加强自身建设和领导推进国家治理体系和治理能力现代化过程中，如何建构完善以党内法规、政治规矩、政治纪律为主要内容，以党内民主为价值取向的积极健康党内政治文化体系，破除潜规则、权力崇拜、关系学、厚黑学、官场术等庸俗腐朽政治文化，制定出以先进党内政治文化体系引领构建健康廉洁、风清气正的党内政治生态发展战略。

第四部分，研究政治文化视角下优化政治生态的具体路径。

围绕中国特色社会主义政治文化如何影响推动党和国家政治生态良性发展，特别是对不同地区、组织、基层、网络等场域政治生态发挥优化净

化作用,着重探讨以下方面:

首先,在发展民主政治体系文化以推进政治生态制度化方面,研究以权力制约为核心的价值理念在制度体制方面的实现问题。以民主制度文化、法治文化与政治伦理文化同构为原则,提出发展清正廉洁的政治制度文化、形成对政治内生态的制度规导,弘扬公平正义的法治文化、形成对政治内生态的法理形塑,建构健康良善的政治伦理文化、形成对政治内生态的道德润化,引领推动政治内生态朝向社会主义民主化、制度化发展的策略。

其次,在建设政治过程文化以推进政治生态环境净化方面,以增强党和政府整合、传输和创新政治文化的能力为着力点,提出发展民主科学的政治决策文化、完善理性认同的网络政治文化、营造清明向善的廉政文化,影响推动包含政治作风生态、网络政治生态、政治生态氛围等在内的政治生态环境朝向透明化、洁净化发展的对策。

最后,在增进社会成员广泛的政治文化认同以夯实政治生态的社会基础方面,研究社会大众的政治文化认同及其有效实现的社会条件问题,提出以培育参与型政治文化认同、夯实政治生态的社会心理基础,增强主导型政治文化认同、夯实政治生态的社会思想基础,厚植协同型政治文化认同、夯实政治生态的社会力量基础的举措。

四、基本思路与研究方法

1.基本思路

首先,梳理研究政治生态与政治文化关系相关理论,探讨政治生态的文化基础、政治文化影响政治生态的历史经验和教训,从作用机制(核心变量)、影响强度、演化效度三个层面探讨政治文化影响下政治生态的演化机理。进而对不同角色在不同场域的政治文化状况及其对政治生态的影响状况进行调查评估,指出政治文化视域下影响政治生态良性发展的基本问题。最后，从宏观战略、具体路径两大视角，围绕实现政治生态制度化、净化、修复、重构等目标，系统深入研究如何推进政治生态的优化。

2.具体研究方法

类型学分析。对当代中国的主导政治文化和各种政治亚文化进行"谱系分析"，从概念图式、话语系统、思想行为模式、"生产—传播—消费—再生产"传播模式和引导模式，以及"介质、动力、认同基础、权威模式"的不同影响机制，"强化、弱化、影响甚至一定程度上决定性地影响"的不同演化效度，"同化、吸纳、聚合、重塑、转型"的不同演化过程等方面，揭示政治文化影响政治生态的不同样态及其演化机理，从而为优化政治生态提供政治文化视角的对策依据。

社会调查与实证研究。为更好地揭示政治文化影响政治生态的演化机理和存在问题，本书除了对历史和现实中的典型案例进行分析，还立足实地对特定区域的主体和场域进行实证调查，以2018年A省村委会换届选举观察中针对村民在选举过程中的政治心理及参与行为状况进行的问卷调查和访谈为例，围绕政治文化的内在结构和政治文化影响政治生态的四个变量，设计指标体系，进行探索性因素分析、信度效度检验和验证性分析。具体做法是，设计调查表，通过访谈、问卷调查（现实问卷和网络问卷）等形式，采集基层党政干部、乡村农民等不同群体的政治心理、政治价值观、政治理想信念、政治行为方式等数据资料，以定性与定量分析相结合的方法，分析村民和村委会选举中的政治文化如何影响基层政治生态的现状、问题及成因，从而找到规律性的演化机制和演化逻辑。

第一章

政治文化与政治生态

政治文化与政治生态构成政治生活实践中相辅相成的两个方面，二者之间的相互关系已日益引起研究者的关切。通常认为，政治文化与政治生态相辅相成、耦合互动，政治文化的变迁和形塑能够对政治生态起着潜移默化的影响，而政治生态的演化和重构也会对政治文化起着能动促进作用。考察政治文化与政治生态的耦合互动、相辅相成关系，有助于深化对政治制度、政治秩序、政治文明发展等政治领域的基本认识，也有助于提高如何引领现代政治生活走向清明的实践自觉。

一、政治生活中的文化及其功能

当谈及政治文化时，我们通常并不陌生。因为我们每个人、每个集体或组织总是生活在一定的政治环境中，参与政治活动，并在政治共同体中进行政治实践。在这个过程中，我们不断建构起自己的政治认知、政治情感、政治态度、政治评价模式和政治价值取向，即建构并形成一定的政治文化状况。但是，如果要对"政治文化"进行细致的追问，我们发现这并不是一个自明的概念。因为当我们去讨论政治文化时，我们总是在一定的政治视域和政治立场中谈论它，似乎已经不可能将其作为一个完全独立于我们的对象场景、生活场景，进而客观地对它进行研究。那么，作为一种特殊的文化，政治文化到底只是一个情境变量（context variable），还是作为一个独立的自变量（independent variable）决定了行为者的政治行为选择？[①]

[①] 参见丛日云主编：《当代西方政治文化复兴》，东方出版社2018年版，第40页。

政治文化是否已经构成了我们理解政治和践行政治生活的视域和意义之网？如果政治共同体中每一个成员都有自己独特的政治文化，那么一个政治共同体的政治文化可以视为各个体政治文化之和吗？还是说，作为政治共同体的政治文化，我们只能从总体性上进行把握，它超越了个体性的政治文化？或者更进一步地追问，一个政治共同体的政治文化，从嵌入社会结构来看，其所形成的结构性整体与嵌入到社会结构之中的各个体政治文化叠加所形成的整体是一回事吗？在今天，我们探讨政治文化，追问其意义和价值，除了其自身对于特定社会的政治意识形态、社会政治思潮和社会政治思想等心理的、观念性的、精神性的意义和价值，其对于社会政治体系、社会政治结构、社会政治生活、社会政治发展诸方面的意义和价值是如何体现的，是从哪里体现的？

政治文化是人类关于政治领域的文化向度。对之进行明确概念的讨论一般认为始于C.A.阿尔蒙德。1956年，在美国《政治学杂志》上发表的《比较政治体系》一文中，他指出"每一种政治制度被嵌入在特定的政治行动的取向模式中，我已经发现将其视为政治文化是有用的"[①]，由此提出了"政治文化"这一新概念。他强调政治文化通常会超出已有的政治制度的范围，这二者并不总是一致；同时，尽管政治文化与一般文化有所关联，但是二者也并不是一回事，政治文化有自己相对独特的价值和功用。阿尔蒙德进而使用"政治文化"的概念开展对不同政治制度的比较，以此进一步阐明这一新概念的作用和意义。政治文化的内涵和研究方法几经演变，到了20世纪90年代，在《政治文化的谱系》的导言中，迈克尔·布林特（Michael Brint）指出："事实上，在过去几年里，政治科学所经历的无非是政治文化的复兴。"[②]这种重生或复兴的政治文化不再"遵循单一的发展线索"[③]，而是

[①] G.A.Almond, "Comparative Political Systems", *The Journal of Politics*, Vol.18, Aug.1956, p.396.
[②] ［美］迈克尔·布林特：《政治文化的谱系》，卢春龙、袁倩译，社会科学文献出版社2013年版，导言，第1页。
[③] ［美］迈克尔·布林特：《政治文化的谱系》，卢春龙、袁倩译，社会科学文献出版社2013年版，导言，第2页。

强调政治文化的"复杂和多元化的基因与历史"①。布林特使用政治文化的"谱系"这一概念梳理了三种源自不同文化传统的政治文化，其中将从阿尔蒙德到维巴以来的美国科学/行为主义传统作为第三种政治文化进行探讨，试图根据三个国家的学者们在研究这一概念时普遍采用的方法论路径，以及在研究中提出的问题及其回答，来考察法国、德国和美国传统的差异②，以此强调"通过这些相互竞争的立场之间的批判性对话"③来促进政治文化的复兴。布林特试图证明知识多元主义的价值，一方面指出这一价值体现在当代对政治文化的研究之中，揭示了政治文化内涵的丰富性和研究的复杂性；另一方面指出这一价值也体现在当代政治科学的文化研究之中，展示出政治文化在当代政治科学发展中的重要地位和重大意义。这给予我们的启示是，政治文化作为一门相对独立的分支学科，需要借助多样化的方法来研究与政治相关的文化因素，分析这种文化与各种政治体制或政治制度的建立和实际运转的相互作用。随着政治文化研究的深入推进，我们需要对政治文化的基本内涵、结构、类型进行更新的梳理，以及对政治文化影响政治制度、政治生态、政治生活等方面的机理和规律开展更多视角和方法路径的深入研究。在这里，我们先着重就政治文化的内涵、基本结构及其功能进行探讨。

（一）政治文化的内涵

学界对于"政治文化"这一主题已有深入研究，但是在定义政治文化的具体内涵上尚有分歧。同时对研究政治文化的方法、政治文化所发挥的作用及其重要性的理解也呈现多样性。就政治文化作为一种政治生活中的精神创造而言，我们大致可以从以下三个方面对政治文化的内涵进行描述。

---

① ［美］迈克尔·布林特：《政治文化的谱系》，卢春龙、袁倩译，社会科学文献出版社2013年版，导言，第2页。

② 参见［美］迈克尔·布林特：《政治文化的谱系》，卢春龙、袁倩译，社会科学文献出版社2013年版，导言，第3页。

③ ［美］迈克尔·布林特：《政治文化的谱系》，卢春龙、袁倩译，社会科学文献出版社2013年版，导言，第9页。

第一，从政治文化的主体性来看，创造和践行政治文化的主体是一定的政治共同体成员。在《政治学》中，亚里士多德就指出："人类自然是趋向于城邦生活的动物（人类在本性上，也正是一个政治动物）"①。政治文化作为一种特殊的文化，总是处于一定的历史条件下的一定政治共同体中的人，为了共同的政治目标而创造和分享的文化成果。因此，比起一般意义上的文化，政治文化更加强调主体的历史性、社会政治性，更加关注对共同体共同价值和意义的追求和阐释，因而具有鲜明的社会性、政治性和历史性。

第二，政治文化是一定的政治共同体成员在政治生活的实践中累积发展起来的。"我们见到每一个城邦（城市）都是某一种类的社会团体，一切社会团体的建立，其目的总是为完成某些善业"②。政治文化的特殊性在于，它总是会涉及政治共同体成员对于政治生活中最重要的问题的思考成果，探寻并建构共同体普遍价值的政治正当性、建构良善的美好的生活是人们政治生活的重要目标。在对这一目标的追寻中，共同体成员不仅创造了精神财富，并且积累了丰富的实践经验。因此政治文化涵盖了一定政治共同体中社会成员的政治认知、政治情感、政治态度等政治心理层面，以及政治价值观、政治意识形态等政治思想层面。"作为一种文化现象的研究……政治文化就不仅仅包括政治心理等感性部分，还应包括更深层的政治观念、政治思想以及政治学说等理性部分。"③同时，政治文化还包括人类内在的政治精神的外化物——政治制度这样一种既非心理层面又非物态的创造成果。在政治文化中体现了政治生活主观方面和客观方面的辩证统一。

第三，政治文化的能动作用。政治文化作为人类的精神创造物，还影响着人们的政治行为选择，进而一定程度上影响着人们的政治生活方式。首先，政治文化会对人们的政治行为产生深刻影响，在此长期影响下，政治行为会逐步体现出政治文化的涵化和方向引导。其次，政治文化的惯习和熏陶会改变和重塑人们的政治生活方式。政治生活方式是指在一定的政

---

① ［古希腊］亚里士多德：《政治学》，吴寿彭译，商务印书馆1965年版，第8页。
② ［古希腊］亚里士多德：《政治学》，吴寿彭译，商务印书馆1965年版，第1页。
③ 徐大同、高建主编：《中西传统政治文化比较研究》，天津教育出版社1997年版，第8—9页。

治共同体中，成员们为满足生活需要，在社会条件制约下所形成的全部政治活动形式与政治行为特征的体系。政治生活方式不仅能够反映出人们的政治态度和政治信念，而且本身就是政治文化的一个重要组成部分。在这个意义上，政治文化中也蕴含了文化的个体性和公共性、相对性和稳定性的辩证统一。

由此可以看出，政治文化具有以下三个鲜明的特征：

第一，鲜明的阶级性。政治文化总是一定政治共同体的文化，是政治共同体成员的政治心理和政治思想的集合，它既与政治共同体的历史和现实发生交互作用，又由于共同体成员在政治实践的内容、方式和方向的不同而体现出差异性。而政治文化由于共同体成员的阶级差异，必然会体现出一定的个体性、差异性和阶级性。

第二，深刻的民族性。政治文化在形成的过程中，由于各个民族在语言、文字、习俗、共同价值、道德和伦理上的认同，以及群体政治心理、政治思想的沉淀，又必然体现出鲜明的民族性。政治文化因其鲜明的民族特征，有利于增进民族团结，有助于促进全民族的政治心理和政治情感的有效沟通，因而成为联结民族共同体的重要政治纽带。同时，政治文化的民族性也要求我们以开放的姿态对待其他优秀的政治文化成果，取长补短，让民族性和世界性在政治文化中辩证发展，并贡献出更加优秀的政治文化和政治文明。

第三，政治文化一旦形成，就会具有相对的稳定性和辩证的继承性。政治文化体现了政治共同体成员共同的价值取向、政治心理、政治理想和政治制度的历史沉淀，从而构成此政治共同体相对稳定的政治生活方式。而这种相对稳定的政治生活方式又会成为政治共同体成员进行政治实践活动的前在视域，在一定意义上规定和影响了其政治文化的发展，并构成其政治文化的特定气质。因此，一方面，政治文化作为一个整体应当从总体上进行系统把握，而不能将其视为政治共同体成员的政治情感、政治认知和政治态度的简单累加。"而政治文化是一个整体性的联合体，无法分解，也无法化约为个体层次上的特征。"① 政治文化所蕴含的深厚的稳定性和传承性，使得政治文化的民族性得以形成和发展。另一方面也要看到，正是政治文化的这种稳定性和继承性，使其必须在政治实践的过程中不断发展才能始终充满活力，才能成为积极的精神动力和智力支持，否则政治文化的稳定性就有可能退化成故步自封、保守僵化。

至此，我们可以对政治文化的内涵进行概括。政治文化通常是指在一定的社会历史条件中产生、相对稳定地刻画于人们心理层面的对政治现象和政治活动的认知、情感和价值取向，以及承载于一定的政治系统之中的人们稳定的价值观、政治理想和政治信仰的集合。这是从社会成员与社会政治体系双向互动的角度下的定义。政治文化不仅体现在政治共同体成员的心理层面和思想层面，还因其承载于一定的政治系统之中而逐步积淀成为一个特定政治系统的制度形态、组织结构中的思想理论体系和观念体系。它既沉淀于人们的思想形态和精神根柢之中，也活跃在人们的思想行为模式之中，对政治制度体系与组织体系的运行过程和国家政治生活都产生着重要影响。没有脱离社会政治结构而存在的所谓纯粹的政治文化，也没有能够长期孤悬于社会政治体系之中而脱离社会民众体认和践行的无根的政治文化。由此，从宏观的国家层面上，政治文化总是特定政治系统中的文化。政治体系的政治文化是在与多主体的政治实践活动相互联系、相互促进中，在复杂的政治结构、政治功能和政治过程中构建起来的，表现为类型多样的政治文化形态和政治生态系统。② 从微观的个人层面上，一定的政治文化也是特定政治共同体的文化，共同体成员的政治情感、政治评价、政治理想信念等都在政治体系的运行过程中不断展开自身的丰富性和多样性。

当代中国的主导政治文化是中国特色社会主义政治文化。中国特色社会主义政治文化是我国社会主义实践的产物，为当代中国政治文化发展确

---

① [美] 迈克尔·布林特：《政治文化的谱系》，卢春龙、袁倩译，社会科学文献出版社2013年版，代译序，第11—12页。
② 参见陈义平：《政治文化两种基本形态及其结构分析》，《理论建设》2015年第1期。

立了方向，已成为我国综合国力中文化力的最核心要素。[①] 新时代中国特色社会主义政治文化主要表现为四个方面，即追求国家强大的政治动力、深化改革开放的政治共识、实现美好生活的政治期待、共享发展成果的政治要求，它们凝结在一起，共同构成新时代中国社会的政治气质、政治性格，并共同作用于当代中国的政治运行，对党和国家提出了更高的要求，进而要求并推动着国家治理体系和治理能力的现代化。[②]

每个政党都有属于自身的政治文化，本书所论的党内政治文化特指中国共产党的党内政治文化。党内政治文化是在中国共产党建设和发展过程中形成的展现各级党组织和全体党员共同拥有的政治态度、政治信仰、政治情感等系统的观念集合，以及可感知的文化符号、标识等外显形式的总和。党内政治文化特指中国共产党的一种观念形态与精神现象，其融合于党内政治生活的各环节。它不仅体现着党的性质，还影响党的形象，决定了党组织和党员的价值取向与行为模式，代表着中国特色社会主义政治文化的主体内容和前进方向。

（二）政治文化的基本结构与功能

政治文化的分类有多种，从一国之中政治文化的地位和影响力角度，可分为主导政治文化和政治亚文化；从政治文化的横切面来分类，可分为政治制度文化、政治精神文化和政治行为文化；依据结构功能主义政治学派的代表人物阿尔蒙德的观点，政治文化可分为政治体系文化、政策文化和政治过程文化；等等。本书在借鉴政治文化的多种类型分析的基础上提出：在结构上，政治文化既作为一个国家、组织或共同体蕴含着的结构性的、积累凝结成的整体性系统发生作用，同时也体现为政治共同体成员个人的政治意识、政治态度、政治情感和政治价值取向的综合样貌。因此，在现实的形态上，可以把政治文化分成两种形态来进行分析：一种形态体

---

① 参见陈义平：《论发展中国特色社会主义政治文化》，《政治学研究》2008年第4期。
② 参见郝宇青：《新时代中国特色社会主义政治文化》，《国外社会科学》2020年第5期。

现为国家政治生活中的政治文化体系，另一种形态是政治共同体成员在政治实践中形成的政治文化样态。这两种形态在政治生活结构和行为中相辅相成、相互影响。国家政治生活中的主导政治文化对社会成员的政治文化状况起着引导、规约和塑造的功能，社会成员的政治文化状况对国家政治生活中的主导政治文化既起着主要的向心凝聚作用，有时也会因群体、阶层、局域亚文化的多样化而起着分层发散、阻碍消解的负作用，需要予以正视并不断加以整合和统摄。

1.国家政治生活层面的政治文化结构分析

政治文化从国家层面而言，主要包括四个层级结构：政治舆论、政治亚文化、政治意识形态、政治哲学，从而具有多样态并存，多形式兼备的丰富性。

（1）政治舆论

政治舆论是政治意见、政治看法的或汇合或散落的流播性取向，是一个国家或社会在现实的政治文化体系中的最初表现形态。它表现为一定的政治体系或政治共同体通过传媒介体对一定的政治现象、政治活动、政治行为所表达的占相对多数人的态度和意见的综合，包括政治主张、政治要求、政治观点、政治愿望等。由此，政治舆论具有强烈的政治倾向性、现实的针对性、表达方式的多样性、形式的动态起落性、传播的迅速性、效应的连锁性、关联的全局性等特征。正是由于有这些特点，政治舆论可以积极地发挥教育、监督、沟通和宣传引导的功能。进步的、正确的政治舆论能成为社会变革的先声，推动社会舆情和社会政治思潮的正向发展，从而推动政治文化的良性发展，进而促进社会的发展和文明的进步。反之，政治舆论如果被错误地引导，或者因人们自身的局限性而形成错误的政治舆论，则会扰乱人们的思想，破坏社会安定团结和正常的社会政治生活。政治舆论直接地反映了人们的政治态度和政治心理，是民心所向的"晴雨表"和"探测仪"，因此加强舆论建设，建立健全舆论的引导和监督机制，推动社会主义先进文化的建设，在当代政治文化建设中具有重要的意义和价值。

（2）政治亚文化

政治亚文化有别于主导政治文化，是指政治社会中的成员因民族、种族、社会阶层、地域、年龄和性别等的不同，而产生的在一定程度上影响政治体系运行的特定政治心理和政治价值的总和。① 英国的卢森伯恩（Walter A. Rosenbaum）认为："一种亚文化就是指一个政治体系中，存在着这么一批人，他们的政治导向显然有别于该文化中的大多数人或至少是有别于占统治地位的政治导向。"②

政治亚文化的产生有多重原因，首先是由于构成政治共同体的成员个人由于其个体性和现实的经验性，例如在语言、阶层、教育、宗教信仰、文化习得甚至种族文化等方面的差异性，从而在政治生活的实践过程中形成不同于主导文化的特殊价值体系和政治信念。其次，政治系统中的不同集团、不同阶层以及不同群体，也会根据其各自的角色而形成不同的政治态度和政治倾向，从而构成不同的政治亚文化。再次，因政治文化的建构和发展始终处于动态变迁的过程中，各种不同的政治文化和文明相互之间的交流交融总在发生，在人们的政治实践过程中，新的外来文化的影响也会推动新的政治亚文化的形成。总体而言，在一定政治社会中具有异质性、次级性、流变性的政治亚文化，往往表现出与主导政治文化发展非同步性、离散性的特点。有时表现出来的政治亚文化会保持在主导文化可以允许的限度和范围之内，而有的则会与主导文化在情感表达或内在价值观方面发生碰撞乃至产生激烈的冲突，从而在一定限度和范围内影响主导政治文化的稳定性。因此，在当下需要关注政治亚文化的多样性及其产生根源，对其进行正确和积极的引导，在社会主义文化体系建设中消除异质和杂音，包容和吸收其合理因素。

（3）政治意识形态

政治意识形态反映了特定阶级的意志和利益，是能够对特定社会政治制度及其运行进行根本性规定的政治价值观念体系和政治思想体系，是一国政治文化的最为重要和核心的部分。作为理论化和系统化了的政治观念，政治意识形态首先具有认识论的功能和意义，这主要体现在对于政治文化

---

① 谢庆奎主编：《当代中国政府与政治》，高等教育出版社2003年版，第298页。
② W.A.Rosenbaum, *Political Culture*, Thomas Nelson and Sons, 1975, p.151.

和政治系统中的基本理念、根本价值和目标的解释和说明。在当代中国政治生活实践中，政治意识形态以马克思主义唯物史观和唯物辩证法的立场、观点、方法解释和阐发正确的社会发展观和政治实践观，从而使我们理解中国特色社会主义在人类历史发展和政治实践中的科学性、规律性和必要性，这构成了政治共同体成员进行中国特色社会主义政治实践活动的前提和基础。基于此，在当下如何阐释好马克思主义在当代中国发展的经验、规律和原创性贡献，全面深刻阐述马克思主义中国化、时代化新境界、新篇章，从而丰富和发展社会主义先进政治文化，是意识形态工作的一项重要任务。其次，政治意识形态中还体现了政治共同体成员进行政治实践的总体价值观体系和理想信念内容，从而也就构成了政治社会中占主导地位的价值标准和信仰取向。最后，政治意识形态还体现了政治共同体政治生活的最高目标，以及实现最高目标的实施路径和策略选择。可见，政治意识形态蕴含着特定政治实践中的认知—解释要素、价值—信仰要素以及目标—策略要素①。这三个要素相互交叠关联，相互渗透，形成了一个政治生活系统的意识形态整体结构。

（4）政治哲学

政治哲学是一个政治共同体的政治文化体系中的最高层面，关涉的是一种对根本性政治问题的规范理论，反映一个国家政治文化的本体立场和深厚底蕴，往往在一个国家的政治文化体系中居于统摄地位，起着方向引领作用。"政治哲学的一个任务就是在自治与政治权威之间寻求一个正确的平衡，或者换句话说，就是寻求政治权力的合理分配。这一任务显示了政治哲学的独特之处。政治哲学是一门规范学（normative）学科，它试图确立规范（规则，或是理想的标准）。……规范性研究则着力于探讨事物应当是怎么样的：什么是正确的、正义的（justice）的，或者是道德上正确的。"②因此，"政治哲学是以哲学的方式探讨政治存在、政治价值和政治话

---

① 参见何怀远：《意识形态的内在结构浅论》，《江苏行政学院学报》2001年第2期。
② ［英］乔纳森·沃尔夫：《政治哲学导论》，王涛、赵荣华、陈任博译，吉林出版集团有限责任公司2009年版，第2页。

语的一种理论知识体系。"① 政治文化总是以意识形态或思想观念形式承载于一定的政治体系之中，它内在地蕴含着一个政治体系中的政治制度、一个国家的政治生活方式和民众的政治生活方式。而政治哲学是以哲学的方式统摄人们的政治态度、政治评价和政治行为的总体取向，恰恰探讨的是一种政治文化的本体指向、存在的意义和价值。

2.社会成员层面的政治文化结构分析

细致分析一个国家或一个政治系统内的政治文化，除了作为国家政治生活层面的政治文化类型或形态，还包括了在一国之中的社会成员层面形成的政治文化。二者之间相辅相成，前者对后者起着引导和制约、浸润和涵育作用，而后者的丰富多样性经过有效引导则对前者乃至政治共同体本身起着支持和维护作用。通常我们将社会成员层面形成的政治文化分为政治心理和政治思想两个部分。政治心理这一部分包括政治认知、政治情感、政治价值取向三个层次，政治思想这一部分包括政治价值观、政治理想、政治信仰三个层次。

（1）政治共同体成员的政治心理

我们在分析一个国家之中的社会成员的政治心理时，通常将其分为政治认知、政治情感和政治价值取向三个层次。首先，政治认知是指政治共同体成员对特定的政治主体、政治现象、政治过程产生一定的认识和理解。正如政治社会化理论所指出的，一个人的政治认知状况既受到个人成长经历的特殊影响，又深深地植根于一定的政治体系和政治环境中，从而使得一个社会成员的政治认知既浸透着特定政治系统的总体性特征和时代性因素，也体现其独特政治实践中的经验性和个体性。

政治认知通常包括政治信息和政治知识等表现形式。政治共同体成员通过其认知活动，能够获得相关的政治信息和政治知识，特别是通过对政治生活、政治现象的认知活动，政治共同体的成员在一定意义上实现了对政治活动的参与、反思和实践。在政治共同体成员的认知活动中，首先希

---

① 朱士群：《政治存在、政治价值和政治话语——试论作为公共哲学的政治哲学》，《学术界》2000年第3期。

望获得具有高度时效性、准确性的政治信息，并以此为基础参与政治活动。由此，一方面，从政治共同体的角度，提供公开、透明、快速、有效和准确的政治信息会在一定意义上促进公民参政议政的信心和决心。同时，有效的政治信息也是政治统治体系进行政治决策的基础，是实现政治沟通与政治协调的桥梁与纽带，是实施政治控制的依据。另一方面，社会成员自身的素质、认识能力和接受能力也在一定程度上决定了政治信息传播的效率。这就需要通过各种形式的教育和文化的引导，拓展和丰富社会成员的政治社会化途径，提高社会成员的政治认知水平。

社会成员在政治实践活动中还会形成一定的政治知识。政治知识有多种形式、多个层次。政治常识是人们对流行于日常生活中的政治人物、政治事件、政治符号等方面的常识感知和习得，是政治知识的基本面。而政治智慧则构成了政治知识的最高形态，体现了共同体成员对于美好政治生活的理性思考和主体自觉建构。政治知识的发展需要我们立足当下，不断地与过去和未来进行对话，不断地用传统去规范、评价现实政治生活，又通过对现实政治生活的观察、调查、分析、比较、概括，去创造新的政治经验、政治知识和政治智慧，丰富和完善政治生活的传统。

政治心理的第二个层面是政治情感。政治情感体现了人们对政治现象、政治活动的内心体验和感受。从其构成来说，分为政治情绪和较高层次的政治感情。政治情绪是较低层次的政治情感，作为一种直接的情绪体验和心理反应，它具有较强的生理性和原始性特点，从而表现为不稳定性和易变性。倘若社会成员的政治素质和政治认知能力偏低，则政治情绪有可能会被误导，从而产生负面的社会影响。但如果社会成员具备足够的理性反思能力，就有可能摆脱政治情绪的影响，并从根本上参与到当下的政治实践中，从而形成深刻、稳定的较高层次的政治情感。较高层次的政治感情包括政治热情和政治冷漠两种不同类型。政治热情是与政治认知分不开的，只有对政治活动的本质及其意义有充分的认识、透彻的了解，才有可能使自己具有饱满的政治热情。缺少理性认知的政治热情容易走向极端，甚至发展成为政治狂热，其后果不堪设想，且这样的政治热情也不会持久。

政治心理的第三个层面是政治价值取向，指的是个体或群体对政治现象、政治活动、政治制度、政治机构、政治决策、政治事件、政治人物等进行价值层面的衡量评价，并作出选择性的态度取向。在进行政治实践的过程中，价值取向不同于价值观的取向。为了分析和研究的需要，我们抽象地将属于经验层面的、情感层面的、态度层面的政治价值选择和价值判断，归为政治价值取向，纳入政治心理层面。政治价值取向是政治心理的最高层面。我们把规范价值取向层面和终极价值取向层面的政治价值选择和价值判断，归为理性的、理论形态的政治价值观，纳入政治思想层面。

（2）政治思想的三个层次

政治思想的三个层次分别是：政治价值观、政治理想、政治信仰。

政治价值观是指政治共同体成员在从事政治实践的过程中所形成的对政治关系、政治现象、政治行为、政治过程的评价标准，往往由一套价值观念体系构成。首先，政治价值观是政治观念的系统化。政治价值观显然包含了政治认知、政治情感的成分但又超出一般性的政治认知和政治情感表达，是在政治认知、政治情感基础上对政治价值取向的系统性、综合性、稳定性的确证，是更为内在、深刻、持久地支配着社会政治组织、群体和社会成员个体的政治心理世界和政治行为取向的政治价值观念的系统化。其次，政治价值观在政治价值取向的基础上进一步凝练升华成为政治道德原则、政治习俗规范以及政治法律制度和准则等形式，对人们的政治行为起指导或制约作用，因此政治价值观具有鲜明的阶级性以及多样性、群体性、社会性和历史性等特征。最后，政治价值观是政治意识形态的定向内容和带有选择性的内容。政治价值观体现了一个政治共同体行为的基本政治原则和系统化的评价标准，凝结着一个政治共同体的政治智慧，是一个政治共同体价值观体系的核心。

政治理想是在政治认知、政治预见基础上，对特定政治价值的建构、特定政治观念的创造、特定政治发展道路或制度形态的预期构设。它通常是以对社会现实的否定性批评、对未来发展的积极预测为基础，指导和规范人们的政治实践活动，形成对未来社会政治生活方式的理想模型建构和实现理想的最佳途径的考量，较为凝练地体现了人们对美好政治生活的预期建构和创造性追求。① 政治理想也是一个现实运动和逐步实现的过程，因此政治理想通常需要通过政治组织自觉地、有意识地教育、宣传，通过政治社会化的路径在社会成员中逐步形成。

政治信仰是对政治理想信念的进一步升华，是指人们对理想政治制度或政治生活方式所秉持的最高信念和执着追求，是统摄人们政治行为的最高指导原则。它的主要特征有：第一，它来源于政治理想和信念。第二，它奠基于一整套政治价值观，又是对政治价值观的统摄和整合，是最高的、终极的价值观体系。第三，它依存于政治意识形态，是政治意识形态中终极的和最具整合力的部分。党的二十大报告对中国共产党的政治价值观、政治理想、政治信仰作出具体规定。在政治价值观上，党的二十大报告对开展新时代的政治价值观教育发出号召，要求全党全社会广泛践行社会主义核心价值观，"弘扬以伟大建党精神为源头的中国共产党人精神谱系，用好红色资源，深入开展社会主义核心价值观宣传教育，深化爱国主义、集体主义、社会主义教育，着力培养担当民族复兴大任的时代新人"②。在政治理想上，党的二十大报告对开展新时代的政治理想教育发出号召，要求"推动理想信念教育常态化制度化，持续抓好党史、新中国史、改革开放史、社会主义发展史宣传教育，引导人民知史爱党、知史爱国，不断坚定中国特色社会主义共同理想。"③ 在政治信仰上，习近平总书记在党的二十大报告中指出，"我们要坚持对马克思主义的坚定信仰、对中国特色社会主义的坚定信念，坚定道路自信、理论自信、制度自信、文化自信"④。中国特色社会主义理论体系是当代中国的指导思想，是当代中国改革开放和现代化建设的定海神针，是我国亿万人民对马克思主义这一共同政治信仰的具体表现形式。

---

① 夏美武：《当代中国政治生态建设研究》，苏州大学博士学位论文，2014年。
② 习近平：《高举中国特色社会主义伟大旗帜 为全面建设社会主义现代化国家而团结奋斗——在中国共产党第二十次全国代表大会上的报告》，人民出版社2022年版，第44页。
③ 习近平：《高举中国特色社会主义伟大旗帜 为全面建设社会主义现代化国家而团结奋斗——在中国共产党第二十次全国代表大会上的报告》，人民出版社2022年版，第44页。
④ 习近平：《高举中国特色社会主义伟大旗帜 为全面建设社会主义现代化国家而团结奋斗——在中国共产党第二十次全国代表大会上的报告》，人民出版社2022年版，第19页。

3.政治文化的基本功能

政治文化的功能是指政治文化中的各种因素对一个社会或国家的政治体系和政治过程的影响和作用。一般认为政治文化有如下基本功能：（1）培养政治意识；（2）增进政治情感；（3）形成政治价值观；（4）树立政治信仰；（5）形成政治理论和政治学说，指导和规范各种政治行为；（6）影响政治生活和政治发展过程；（7）支持、维系或变革政治制度；（8）影响经济运行和组织方式等。这里着重就政治文化与政治稳定、政治发展这两大主要政治目标之间的关系来谈政治文化的功能。

首先，政治文化对维护现有政治制度、政治秩序和政治统治方面的功能。对政治文化的认同是政治统治合法性的最重要的依据。从人类的政治发展演进史可以看出，那些靠强力、靠武器征服而获得的统治，如果缺少了所辖居民的广泛的心理认同和精神影从，终究是短命的。政治文化在一个政治体系中的形成顺序可以是多样的，有时是在政治心理层面先酝酿，进而形成政治态度，再经由提炼上升到政治价值体系、政治意识形态，成为统治阶级的政治理论；有时却是由政治统治者有意识地将本阶级的政治思想、政治理论在民众中传播、熏陶，内化成民众的政治心理，再逐步上升到政治文化的较高层次。不论哪一种形式，占主导地位的政治文化的形成、传播的过程都是政治文化主体经过长期的检验、筛选、积淀、升华，形成政治主体的政治心理认同、政治思想认同，进而形成政治行为认同的。这样的政治文化一旦得以形成，就会以强大的力量贯穿国家政治生活、社会政治生活的一切方面，体现在国家、社会组织、社会群体、社会成员个体的政治活动、政治生活的每一个具体的行为中，并稳定地、持久地发挥着作用。

其次，政治文化对政治变革、政治发展的促进功能，对当今世界各国的发展，尤其是对其政治民主发展有着深刻影响。政治文化不仅对现存政治体系的稳定起到维持、维护的作用，当政治系统赖以生存的环境发生了改变并提出新的发展要求时，政治文化还能对政治体系的变革起到推动、呐喊、助威的作用。历史上往往在世代交替，或者同一政治统治体系内部需要发生重要变革的时候，一场新政治文化运动就会提前酝酿，先行，直至成为政治变革或政治发展的气势磅礴的力量。这是一种无形的助推力量，它一方面引导着人们在政治活动中的价值取向，另一方面为政治共同体和共同体中的人们追求优良政治生活提供强大的精神动力。政治民主是现代社会追求的一种理想政治制度，在追求政治民主化的进程中，政治文化在个体的政治行为与政治系统的行为规范之间架设了一座桥梁。

正是基于政治文化的上述作用和功能，习近平总书记在党的十八届六中全会第二次全体会议上强调，"党内政治生活、政治生态、政治文化是相辅相成的，政治文化是政治生活的灵魂，对政治生态具有潜移默化的影响"①，进而提出在新的形势下加强党内政治文化建设具有十分重要的意义。"以良好的政治文化涵养风清气正的政治生态"②，政治文化和政治生态互为因果，相互转化，相辅相成。只有党内政治文化健康发展，才可能形成良好的政治生态；同理，当党内政治生态好了，才能孕育出积极向上的党内政治文化。党的十八大将"干部清正、政府清廉、政治清明"作为政治建设的目标，党的十九大提出要"坚持民主集中制，严肃党内政治生活，严明党的纪律，强化党内监督，发展积极健康的党内政治文化，全面净化党内政治生态"，党的二十大强调要"增强党内政治生活政治性、时代性、原则性、战斗性，用好批评和自我批评武器，持续净化党内政治生态"。党的二十大通过的《中国共产党章程》强调："加强和规范党内政治生活，增强党内政治生活的政治性、时代性、原则性、战斗性，发展积极健康的党内政治文化，营造风清气正的良好政治生态。"③这些不仅反映了党内政治文化建设的要求，也是政治生态建设的目标和归宿点，更是对政治文化具有维护和促进政治制度、政治发展功能的自觉认知，对政治生活中的政治文化具有能动地促进政治生态发展功能的清醒认识。

---

① 习近平：《习近平在党的十八届六中全会第二次全体会议上的讲话（节选）》，《求是》2017年第1期。
②《习近平谈治国理政》第三卷，外文出版社2020年版，第96页。
③《中国共产党章程》，人民出版社2022年版，第12页。

二、政治系统的生态发展

政治生态学已经成为国内外政治学研究的一个重要分支和前沿领域，在当代中国政治学研究中也占据着重要位置。推进国家治理现代化、建设法治中国、建设社会主义政治文明、建设社会主义现代化强国，需要稳定有序、协调发展、动态平衡发展的政治生态。良好的政治生态也已成为检验中国共产党自身能力建设的重要标尺，是保持党的政治性、时代性、原则性、战斗性的"试金石"，是中国共产党执政能力与执政水平现代化的重要标准。

（一）政治生态的内涵

政治生态发展是当代中国政治发展的客观需要，是检验当代中国政治体系和政治生活良性运行的重要指标。当代中国社会转型实质是深层次的结构性变迁，是社会结构与组织形式、社会分配制度与利益格局的整体性变化，对中国特色社会主义制度建设和完善、推进国家治理现代化建设等方面都提出了更高要求。表现在政治生活领域，无论是在国家发展层面，还是在地方和基层治理现代化层面，政治生态都为我们提供了一个新颖、系统的分析视角。政治生态有其自身的发展演变规律，良好的政治生态追求的是协调、平衡、有序、可持续的发展。探讨政治生态系统的运行逻辑、演化机理，以此来分析发展现状、提出优化发展对策，有助于进一步理顺各种政治关系、增强政治发展动力、优化政治发展环境，进而推动党和国家政治生活健康发展。

由此，我们将政治生态理解为：一个政治体系中的各种政治关系、政治活动按照特定生态位的要求所形成的相互制约、相互协调的，有序运行、和谐共生、相对平衡的发展状态。这是从正面理解的政治生态，指的是良性状态的政治生态。为了更好地理解这一定义，需要了解三个相关的支撑理论。

1.政治总格局理论

政治总格局是指代表各阶级、阶层及其他利益群体的政治组织在国家政权中的地位及其相互关系良性运行的机制。政治总格局问题是政治发展的性质问题，是维护政权根本性质的问题。政治体制改革、政治发展、政治生态建设，都不能改变这一总格局。政治总格局是政治内生态的核心，决定着政治生态的根本性质和基本特征。

我国在建设中国特色社会主义过程中的政治总格局是：中国共产党领导的国家政权组织和其他各种组织的相互关系及其运行机制。中国共产党领导的多党合作和政治协商制度等政治制度，各级工会、青年团、妇联等群众性政治团体，基层政权组织和基层群众性自治组织等，都是我国政治总格局中的重要组成部分。其中各主体要素之间的关系，在一定历史时期是相对稳定的，其相互之间关系的适当调整和变革，以不改变政权的根本性质为准绳。

由此，要把握和理解政治生态的第一个基本属性是：政治生态的政治方向性。这是政治生态的本质属性。以政治权力为核心的社会公共权力之间相互关系的改革和发展，不能偏离政治生活的根本方向，不能改变特定历史条件中的政治总格局。

2.政治生态位理论

在生态学中，通常又把生态位称作小生境，认为每一种生物为求生存，都会占据特定的生物环境以适应和利用，这种生物环境就叫生态位。政治生态体系内部，诸次体系及其要素也有各自相应固定的"生态位"，不同角色在政治体系中都有着能够发挥自身应有功能的地位。政治诸次体系及其要素的生态位虽然相对固定，但又会因环境关系的变化而发生相应变化，不同的政治要素适应不同的政治生态环境，并寻找既适宜自身发展要求又符合相应职责要求的生态位置。

政治体系的每一层级以及不同的政治角色都有自己应有的职责、功能。虽然，它们经常会因相互之间关系要素的变化而引发变化，但在一个特定的历史时期、一个相对稳定的政治格局中，政治主导体系、政治诸次体系、各政治角色之间的基本位置是相对明确的，即它们的各自职责和功能是相对明确的。

在现实政治生活中，有时会出现一些越位、错位、缺位的现象，根本原因即在于相关主体或角色在履行职责、发挥功能时，没有按照特定位置的要求去做。

由此，要把握和理解政治生态的第二个基本属性：政治生态的位本性。

要理解政治生态的位本性，就要着重理解位势和位差这两个重要概念。

位势指的是在一定生态格局中，各相关主体或不同角色都有自己的特定位置，而这一特定位置本身已被赋予了相应的职责、权限和功能，也即势能。若一个生态系统中的每一主体或角色将自己的位势都发挥得很好，则这一生态系统处于一种生态进化和发展的状态，即处于一种良性的生态中。

可以举"鳗鱼效应"的例子来更好地理解这一属性特征：过去日本渔民出海捕鳗鱼，因为船的容量太小难以激发鳗鱼充分活动，经过一段行程回到港口后，鳗鱼往往难以成活。后来有渔民想到了办法，在海上捕到鳗鱼后，将之与一些鲇鱼放在一起，这些鲇鱼乱钻乱咬，激起了鳗鱼的反击，因而激发了濒死鳗鱼的生命力，保证了回港后的鳗鱼仍是鲜活的。这就是利用了生物竞争法则，从增强各生物体位势的活力角度，催动生物体系的生态进化。运用到政治体系中，则启发我们要从增强各政治主体和角色的位势活力、充分发挥其应有的位势功能角度，来催动政治体系的生态进化。

位差指的是，一定的生态格局中总是有不同的层级和位次，形成一种差序格局，在等差有序的格局中不同的主体或角色都在自己的特定位置上履行着特定的职责、权限和功能。在同一系统中的上下级之间，甚至同一系统中的同级之间、不同系统中的主体或角色之间，往往都存在着位差。将这一生态学概念运用到对政治体系的思考中，我们可以对系统中各政治主体和角色的职责、权限和功能进行合理划分，通过界定并发挥好各自在一定的位差序列中的应有位势，来催动政治体系的生态进化。相反，如果一个政治体系中由于某一主体或角色擅自放大或放弃自己的位势、突破自己所处的位差序列，从而造成位差的位移，则会引发政治体系的格局混乱，甚至导致政治生态恶化。如"文革"中发生的"踢开党委闹革命"导致的政治生活无序，以及现今少数地方发生的因权力监督极度缺位导致腐败现象严重乃至出现"塌方式"腐败，都是政治生活"反生态"的极端例子。

曾经有段时期，一些地方热衷于经济项目盲目投资和片面追求GDP增长速度，忽视生态环境保护、社会治理、民生建设和公共服务，这些则是地方政府越位或缺位，进而导致行政职能位移、行政生态失衡的表现。

3.有机政治理论

在政治生态学看来，政治体系如同生命系统，也具有与生命系统相似的生态特征，这是一种有机构成。当我们分析一个政治体系的内在结构时可以看到，其主导体系、诸次体系、各角色之间处于一种既位差有序又相互制衡的有机联系中，相互之间不断地进行着能量、信息的流动、交换。从一个政治体系与其所处的社会环境、时代背景之间的关系来看，传统的政治中心主义是一种无机政治观。这种政治观认为一切政治活动、社会活动都围绕着这一特定的政治体系而展开，政治唯我独尊，其他都是服务于政治体系的工具。而现代社会则持一种有机政治观。这种政治观认为政治是促进社会进步以及社会与自然环境协调发展的工具，政治与社会互为资源，都是维护人类生活的有机体。其特别强调提升社会体系的自主和自组织能力以获取足够的政治资本，强调社会资源对政治权力的限制。这样的有机政治观是一种以政治与社会相互联动为表征的生态政治观。

由此，要把握和理解政治生态的第三个基本属性是：互动制衡性。

理解了政治生态的三个相关支撑理论以及政治生态的三个基本属性后，我们可以将当代中国的政治生态进一步界定为：按照以中国共产党领导为核心的政治总格局的要求，各政治关系、政治活动主体在政治实践中根据特定生态位的要求所形成的相互联系、相互制约又相互协调的积极健康、平衡有序的发展状态。

（二）政治生态的系统分析框架与良性运行

1.政治生态的系统分析框架

（1）政治生态系统分析的相关概念和理论

与政治生态理论密切相关的有政治系统理论。当生态系统理论应用于政治学研究后，即产生了政治生态理论的核心理论——政治系统理论。该理论的代表人物、美国政治学家伊斯顿指出："我们可以把政治生活看作一个行为系统，它处在一个环境之中，本身受到这种环境的影响，又对这种环境产生反作用。"①他进一步阐释："我们在分析的意义上可以成功地把政治生活独立成一个系统，但不能把这个系统说成是存在于真空之中，而是必须把它看作是处于自然的、生物的、社会的和心理的环境包围之中。"②这些环境因素对于政治系统会产生各种不同的影响与压力，但面对环境的影响，政治系统并不会无所作为。相反，那些生存下来的政治系统必然有能力对环境"干扰"做出反应，因而能够适应它们身处其中的那些条件。伊斯顿强调，认识到这一点非常重要，因为"一旦我们愿意政治系统是适应性的，它无须只是对其环境影响做出被动的反应，我们就能够在理论分析的复杂局面中开辟一条新途径"③。基于以上理论设定，伊斯顿提出了对政治生态理论研究较有影响的系统分析框架④，如图1-1所示。

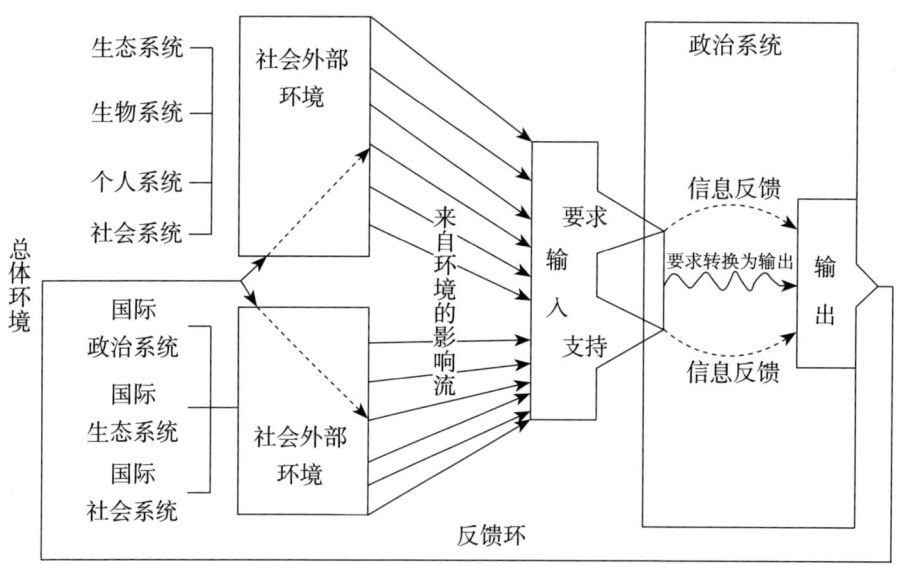

图1-1　政治生态的系统分析框架⑤

---

① [美] 戴维·伊斯顿：《政治生活的系统分析》，王浦劬等译，华夏出版社1999年版，第21页。
② [美] 戴维·伊斯顿：《政治生活的系统分析》，王浦劬等译，华夏出版社1999年版，第21页。
③ [美] 戴维·伊斯顿：《政治生活的系统分析》，王浦劬等译，华夏出版社1999年版，第21页。
④ [美] 戴维·伊斯顿：《政治生活的系统分析》，王浦劬等译，华夏出版社1999年版，第35页。
⑤ 图1-1引自[美] 戴维·伊斯顿：《政治生活的系统分析》，王浦劬等译，华夏出版社1999年版，第35页。

这一分析框架所反映出来的生态学方法是不言自明的。按照政治生态理论的观点，特定政治主体及其外部环境构成了一个生态系统。政治生态系统虽不是生物体，但其与环境的相互作用类似于自然界的生态运动与循环。

不仅如此，政治生态系统与外部环境组成的多层次系统也具有一切生态系统所呈现的核心特征。因此，运用生态学方法研究政治生态系统与其环境的关系不仅适当，而且非常有启发性。此外，随着政治生态研究的深入，生态学方法不仅被用于考察政治生态系统与其环境之间的相互关系，而且也被用于考察政治生态系统内部的生态关联，由此可以将政治生态区分为政治内生态和政治外生态（有时又称作政治生态环境）两大类型。这样，政治生活中方方面面的关系和互动皆可被置于生态学理论的统一分析框架之下加以研究，从而极大地拓展了政治生态理论的研究范围。

由此，按照政治系统理论的范式，我们可以推导出政治生态系统理论的基本内容。政治生态系统理论研究的是：在一个特定区域内，政治体系及其次体系与社会环境、自然环境之间"能量流""物质流""信息流"的供给与需求模式、循环与交换模式、冲突与调和模式、竞争与合作模式；区域政治体系各层级的纵向生态、体系间的横向生态与反生态的关系，政治体系与其外部社会环境乃至自然环境之间的生态与反生态的关系，进而研究政治生态体系优化的动态性、平衡性和效率性。基于分析政治关系的视角，政治生态系统研究政治主体间生态、政治外部生态的各自结构；同时基于分析政治体系内部次体系和各要素的相互联系与发展的视角，政治生态系统研究政治"生态位"的权界关系和各政治"生态链"的网络状态，进而研究政治生态优化的结构稳定性、自我协调性和进化有序性。

受到政治系统理论的启示，我们可以大致搭建起一个政治生态系统的基本框架，就是从政治体系、政治环境、政治关系、政治过程、政治文化五个方面系统构建政治生态系统框架：从政治组织生态和政治制度生态两个方面出发，围绕政权组织结构关系，研究政治体系生态；从社会经济环境对政治民主、政治社会化、政治文明的影响出发，研究政治环境生态；聚焦公共政治生活中政治权利与政治权力的关系，围绕民族关系、党际关系、阶级阶层关系、国家与社会关系、政府与公民关系，研究政治关系生态；从政策等的输入、输出及其与公民、社会政治组织之间的互动等过程出发，围绕提高机关行政能力、行政效率和服务质量，研究政治过程生态；基于政治文化的认知性、情感性和评价性三个视角，研究政治文化生态。

除了政治生态的系统分析框架，政治生态理论还涉及两个重要的工具性概念：一是前文提到的政治生态位这一概念，二是政治生态链或政治生态关联这个概念。在生态学的定义中，生态位是指"生物单元在特定生态系统中与环境相互作用过程中所形成的相对地位与作用"[①]。当运用于政治生态理论时，我们可将政治生态位视为每一个主体在政治生态系统中拥有的，与政治权力相关的地位、角色与作用。

在自然生态中，生态链或生态关联体现着生物体和环境因素之间的能量和营养素的传递与交换，贮存于有机物中的化学能通过生态链进行层层传导，从而维系着自然生态系统的平衡。在政治生态系统中，这些处于不同生态位的主体之间的交互关系又可称作生态链或生态关联。政治生态系统与自然生态系统不一样的是，政治主体间的生态链或生态关联所主要倚藉的介质已不再是营养素，而是政治权力以及构成权力基础的各种资源。

从政治生态关联的介质即权力的流动向度看，权力的流动不是单向的而是双向甚至是多向的。即使在特定的权力主体与权力客体间，主体对客体的权力控制也并非绝对。有时我们会发现，不论某些行动者对他人实施多么广泛的控制，弱者总是具有使用某些资源来抵抗强者的能力[②]。这也就意味着，在对特定的政治生态链或生态关联的分析中，我们必须保持双向或多向的视角，注意权力主客体的相互作用。再者，在政治生态关联中，作为介质的权力也有着多元化的资源基础，强制力只是其中的一种，其他如财富、知识、信息、技术甚至人格魅力都能赋予特定的生态主体以权力或政治影响力。因此，政治生态链即政治生态关联也就表现为包含着上述各类资源的流动、交换、分配的权力作用关系以及由此生成的利益实现

---

① 朱春全：《生态位态势理论与扩充假说》，《生态学报》1997年第3期。
② 参见［英］安东尼·吉登斯：《历史唯物主义的当代批判：权力、财产与国家》，郭忠华译，上海译文出版社2010年版，第63页。

关系。

综合来看，在特定环境中处于不同政治生态位的主体彼此互动，形成复杂而多样的生态链即生态关联，而政治生态系统即呈现为由若干生态关联结合而成的网状结构。政治生态系统具有生态系统的一般特征，即整体性、层次性、开放性、自调控性与动态性，又以权力为介质从而与自然生态系统和其他领域的社会生态系统区分开来。政治生态理论的主旨在于厘清政治生态系统的要素、结构、类型、各要素间的内在联系、运行规律，明确系统良好运行与发展优化的条件、方向与路径。

（2）政治生态的系统分析进路

将政治生态系统作为研究对象和分析视角，现已形成了一些较为成熟的分析进路：

一是强调对政治生态的整体性分析。政治主体在政治生态体系中总是与周围环境形成一定的社会政治关系网络，从外部获取信息与能量促进自身发展，同时也会对其外部环境产生一定影响。这就强调了政治主体与其环境是一个密不可分的统一整体，这一整体所呈现的特性或具有的功能并不是各个组成部分的简单机械式叠加，而是更为复杂，影响更为深远，也更有研究的价值。因此，考察某一特定的政治生态系统需要尽可能周全地将组成系统的重要因素纳入视野，重视其彼此间的相互影响、相互依赖和整体性的互动效果。

二是主张对政治生态的多层次分析。按照政治主体和环境之间联系互动的内容、方式、时空和紧密程度的差异，政治生态可以划分为多个层次结构。上文提到的政治内生态、政治外生态（或称政治生态环境）就是根据与政治主体互动的环境因素是否也具有政治性划分的。但政治内生态和政治外生态各自实际上又包含了更多层次的亚生态层级结构。各层次结构相互嵌套，相互影响。宏观层次结构以微观层级结构为基础，其结构与功能皆由后者发展而来，而一旦形成，其规模与复杂性要远胜于后者，并且在过程中和功能发挥方面规范和制约着后者。这也就意味着，只有厘清了不同层次政治生态的结构、功能、运行规律，我们才能获得对政治生态的系统整体更为清晰与深入的认识和理解。因此，在保持整体性视角的同时，有必要对这些处于不同层级的政治生态展开有针对性的分析，透过纷繁复杂的政治生态关联，从宏观、中观到微观各个层次上展开具体的、可操作性的研究。

三是注重对政治生态的交互性分析。由环境因素入手来分析政治现象是政治生态理论的一个突出贡献。政治主体在与外部环境的生态关联中，因主体能动性的发挥，对外部刺激和压力并非总是机械地做出反应，而是能够在一定的范围内自我调控。同时因其行为自主性的激发，主体在与外部环境的交互中不仅能适应环境，还能与环境相互塑造，达到动态平衡。

四是重视对政治生态的动态性分析。动态性指的是一定政治生态格局中的政治行为主体与环境在不断交互中总是努力保持一定的平衡，维持一个稳定的、可持续的状态。正因为如此，很多分析都将生态平衡作为研究的出发点与目标指向。政治生态的平衡是动态的，同时政治主体与环境间的生态平衡状态也处于不断重构过程中，呈现出"平衡—演化—重构—再平衡"的逻辑演绎关系[①]。政治生态理论将政治生态的动态演化过程作为重要的研究主题实属必要。

五是以实现政治生态的良性运行为价值指向。政治生态的良性运行是指政治生态的运行与发展呈现出和谐、高效、可持续的状态。和谐意味着政治生态的各构成要素之间的关系不仅是平衡的，也是互利共生、彼此合作的，各方都能从与他方的互动中获益，因而不会产生扰乱生态平衡的摩擦与冲突；高效意味着政治生态的运行和发展耗用的资源相对较低，而其对解决相关公共问题以及满足各行为主体需求的正面影响和作用相对较高，也即在具有资源节约性特征的同时，兼具高度的生产性特征；可持续是指政治生态的运行不是一次性的或逐渐僵化、衰竭的，而是能通过灵活调适与持续创新应对内外部的各种变化与挑战，利用新的资源和方式有效解决各种生态问题，不断地从较低的平衡状态走向较高的平衡状态。

---

① 参见夏美武：《当代中国政治生态建设研究》，苏州大学博士学位论文，2014年。

2.政治生态的良性运行

要实现政治生态和谐、高效、可持续的运行与发展，需要按照政治生态系统的相关理论与方法，探寻政治生态良性运行的建设路径。当代中国的政治生态建设与发展，应遵循政治内生态和政治生态环境两方面并举的建设路径，既重视以权力监督制约的制度建设为核心的政治内生态建设，也重视以廉洁健康的政治文化建设为重要内容的政治生态环境建设。

（1）政治内生态建设

一个国家、一个地方乃至一个单位的政治内生态，主要表现为一定的政治关系生态在政治体系运行过程中的协调有序、制约互动的状态。因此，一个国家、一个地方乃至一个单位的政治内生态建设，可以理解为通过政治体系的生态建设和政治过程的生态建设，最终推动良性政治关系的形成和发展。

政治内生态建设主要包括政治关系生态、政治体系生态和政治过程生态三个方面的建设。其中，政治关系生态可分为两种形态：从内在逻辑来看，它是以利益为逻辑起点，围绕公共政治生活中利益实现的两种形式——政治权利与政治权力——之间的关系而形成的生态状况；从外在表现形式来看，它是指由民族关系、党际关系、阶级阶层关系、国家与社会关系、政府与公民关系等多种关系形式表现出来的生态状况。

政治体系生态又可分为政治组织生态、政治制度生态两个层面。其中，政治组织生态是指政党组织、权力机关、政治团体、社会公共组织在内部及其相互之间的权限划分、职责界定和功能行使方面，所呈现的有序、有机和有效运行状态。政治制度生态是指政治的根本制度、基本制度和重要制度之间的位阶关系的明确界定，以及功能发挥的有效互动状态。

政治过程生态分为政治输入生态、政治运行生态、政治输出生态三个层面，主要是指政策等的输入、输出及其与民意、社会政治组织之间的互动过程中的生态状况。

良性政治关系的生态建设，应从公共政治生活中政治权利与政治权力关系出发，围绕特定区域内的民族关系、政党组织间的互动及其与其他社会组织之间的关系、不同阶层之间及其与特定社会群体之间的关系、党群

关系、干群关系等方面开展建设,特别是:

第一,通过政治组织生态和政治制度生态的建设,规范政治关系。正确处理党组织、人大、政府、司法机关之间的相互关系,实质是在制度设计中合理划分权力体系中各主体的权力分工及其相互制约关系,明确相互之间的权责关系、领导与被领导关系、监督与被监督关系、职责同构与异构关系。特别是,要加强对党政主要领导干部行使权力的应有监督。一是应加强各级人民代表大会制度建设,要切实落实人大对地方重大事务的决策权,依法行使立法权、监督权、决定权、任免权,切实履行党和人民赋予的权力。二是应加强执政党领导能力建设和政府行政能力建设。通过逐步完善党的领导方式和执政方式,逐步完善对执政党和政府的民主监督机制,以及建立完善、科学的干部选拔任用机制等,切实推进执政党科学执政、民主执政、依法执政,切实推进政府科学行政、民主行政、依法行政。三是应保障司法机关依法独立行使职权。党和政府必须在宪法和法律范围内活动,树立宪法和法律的权威。

第二,通过政治制度生态和政治过程生态的建设,理顺和发展政治关系。正确处理政治组织与社会组织、党群、干群之间的相互关系,实质是在政治民主和社会民主建设中合理划分权力界限、丰富和完善政治民主、培育和发展社会民主。与政治民主一样,社会民主也是一种制度选择,它可以通过监督制约立法和行政过程、发展壮大民间社会的自我管理,促进政治民主的现代化、科学化进程。一个国家、一个地方乃至一个单位的政治建设与社会建设之间的关系要达到良性生态,需要在民主制度设计、民主过程的程序设计等方面体现出执政党主导下的政治权力、社会权力和公民权利三者之间的良性互动和相互制约。当前尤其要努力扩大公民有序政治参与,发挥社会公共组织对政治生活的影响力。

(2)政治生态环境建设

政治生态环境是指政治生态各要素在一定环境区域中相互之间的能量交换、信息沟通、行为制约和相互促进的有机状态。

一个国家、一个地方乃至一个单位的政治生态环境,可细分为作风生态、公共服务生态、政治文化生态、社会经济环境与政治环境的关系生态等方面。

作风生态是指通过党政机关、党员、干部的工作、学习和生活实践而表现出来的相对稳定的思想方法、行为风格、道德状况和精神状态。

公共服务生态是指党政机关在履行政治管理、行政管理和社会管理职能中的行政能力、行政效率和服务质量状况。

政治文化生态是指在主导政治文化与政治亚文化之间、各种政治亚文化相互之间的制约整合、和谐共生状态，以及体现在一个组织、阶层、群体或个人身上的政治认知、政治情感、政治态度、政治价值观、政治理想信念等方面的相对稳定的综合状态。

社会经济环境与政治环境的关系生态则是指政治发展环境不是孤立存在的，而是处于与社会环境、经济环境、文化环境、自然环境之间的相互制约及有机联系之中的。

一个国家、一个地方乃至一个单位的政治生态环境建设，以干部作风生态建设为关键，通过建构特定区域内的政治环境与经济社会环境之间的协调互动关系，营造健康向上的政治文化生态氛围，优化公共服务生态，尤其是加强公共服务效能建设，以及加强机关、党员、干部的思想作风、工作作风、领导作风、生活作风建设等，最终促进优良作风生态的形成和发展。

第一，通过政治环境与社会经济文化环境的生态关系建设，以及公共服务生态建设，培育顾大局、有眼光、讲民主、求实效的干部作风生态。具体来说：一是倡导勤于学习、学以致用的学习作风。注重调查研究、善于思考提炼，对所在区域的社会经济文化环境对政治生活的影响进行深入调研分析，着重分析经济环境的推动力、文化环境的软约束力、社会环境的监督力、信息环境的提升力对政治生活的影响，培育干部的全局意识。二是树立真抓实干、务求实效的求真务实作风，发扬民主、团结的民主作风及心系群众、服务人民的服务作风。提拔重用坚持"两个确立"、做到"两个维护"、全面贯彻执行党的路线方针政策、忠诚干净担当的干部。着重围绕提高机关行政能力、行政效率和服务质量，继续扎实开展以科学发展为主题、以能力建设为核心、以群众满意为标准、以组织建设为基础、以制度建设为保障的机关效能建设。着重围绕简化审批程序、精简办事环节、改进工作作风、推进基本公共服务均等化，继续扎实开展以提高干部素质、化解群众矛盾和优化发展环境为主要抓手的公共服务能力建设。完善干部考核评价机制，坚持显绩与潜绩辩证看、严管与厚爱相结合，激励与约束并重。通过这些方面，提高干部的效能意识、民主意识和服务能力。

第二，通过政治文化生态建设，培育有理想、求上进、讲纪律、树正气的干部作风生态。一个国家、一个地方乃至一个单位的政治文化生态建设，主要体现在行政文化生态、政党文化生态、社会文化生态、制度文化生态、法律文化生态、网络文化生态等方面，并以行政文化生态建设为核心。措施如下：一是发展主流文化，营造健康向上的行政文化氛围。行政文化生态是指在主流行政文化与各种亚文化之间的既共生互动又引领整合的状态。主流行政文化是指行政活动领域中以宪法、法律、法规等为准绳的制度形态的文化和以中国特色社会主义理论体系等主流意识形态为指导的观念形态的文化。行政亚文化是指行政领域中的人们在长期活动过程中逐步形成的以官僚理念、管制理念、集权主义理念、人治理念甚或升官发财理念等为价值取向和行为取向的文化。加强行政文化生态建设，就需要正确处理主流行政文化一元化与行政亚文化多样化之间的辩证关系，以主流行政文化引领、整合这些行政亚文化，同时通过推进主流行政文化的通俗化、普及化，建设责任型、服务型、人本型、法治型、廉政型行政文化，培育干部的责任意识、法治意识、廉洁从政意识。二是加强社会成员的政治文化生态建设，发展行政文化与社会成员的政治文化之间的相互制约、相互促进关系，推动行政文化生态建设。这是"一种建立在沟通和说服基础上的多元文化，是一致性与多样性共存的文化，是允许变革，但必须有节制地进行的文化"[①]。当前主要通过发展基层民主，培育社会力量，推进民众政治参与法治化、制度化，扩大民众政治参与的社会化，来着力发展中国特色社会主义政治文化。这种以民主、法治等社会主义核心价值观以及

[①] [美]加布里埃尔·A.阿尔蒙德、西德尼·维巴：《公民文化：五个国家的政治态度和民主制》，徐湘林等译，华夏出版社1989年版，第8页。

参与意识、权责观念等作为构成要件的优良政治文化，是塑造主流行政文化、消除行政亚文化负面影响的助推器，有助于培育干部的执政为民意识、人民公仆意识。

三、政治文化与政治生态的关联

习近平总书记指出："党内政治生活、政治生态、政治文化是相辅相成的，政治文化是政治生活的灵魂，对政治生态具有潜移默化的影响。要注重加强党内政治文化建设……不断培厚良好政治生态的土壤。"① 政治生态与政治文化在政治生活实践中相辅相成，对二者之间关联性的考察日益引起政治学研究者的广泛关切。对于政治文化与政治生态相辅相成、耦合互动的关系，可以从政治生活、政治制度、政治文明和政治发展四个维度来探讨。

（一）政治文化与政治生态的耦合维度②

1. 政治生活：政治文化与政治生态耦合的基点

对"什么是优良的政治生活"的回答，有助于探究政治文化与政治生态耦合的秩序意义，从而揭示政治文化与政治生态耦合关系的本体性。亚里士多德在《政治学》一书中开宗明义："每一个城邦（城市）都是某一种类的社会团体，一切社会团体的建立，其目的总是为完成某些善业……求

---

① 习近平：《习近平在党的十八届六中全会第二次全体会议上的讲话（节选）》，《求是》2017年第1期。

② 参见陈义平、王友叶：《政治文化与政治生态耦合的四重维度》，《安徽大学学报（哲学社会科学版）》2021年第4期。

取某一善果。"①这一善业与善果,即追求正义和达致至善。人类孜孜以求的善业就是要过优良的政治生活,而优良的政治生活既有赖于一个政治共同体对政治生活价值和意义的追问,也取决于对政治秩序的制度设计和对政治实践的机制保障。在这里,对政治生活意义的追问,是一种政治哲学的思考,政治哲学是政治文化结构层次中的最高层,所以这一追问属于政治文化的内涵;而对政治秩序的制度设计和对政治实践的机制保障,则属于政治生态的内涵。在对优良政治生活的共同指向这一意义上,政治生态与政治文化实现了第一重维度的耦合。

政治生态与政治文化二者之间的耦合互动关系,可以通过福山对秩序的解读得到印证。福山认为,传统权威和社会规范在逐渐消解,新技术条件下社会网络异军突起,新旧秩序之间会引发冲突,只有建立一个立基于认同人类尊严普遍性——一切人类基于其道德选择的能力而实质上彼此平等——的政治秩序方能避免非理性的因素,才能通往和平的国内和国际秩序②。从政治文化视角看,福山强调这一政治秩序是基于人人平等的价值追求而建立起来的。从政治生态的视角看,他所要建构的政治秩序,是着力维持政府、法治和负责制这三大基本制度的平衡③。他认为在这三种制度中如果有任意二者之间配比不相协调或有一方缺失,政治秩序就会混乱。一个蕴含着以稳定、协调、开放和平衡为特征的政治秩序意义世界的政治生态系统,与一个共同体的政治生活方式中所蕴含的政治文化的意义世界发生耦合,它们的耦合表现为整体地从人类政治秩序去追问、探究和实践人类政治生活的现实意义和行为价值,即对优良政治生活的追求。

2.政治制度:蕴含政治生活的内在逻辑

探究政治文化与政治生态耦合的制度逻辑,有助于揭示这一耦合关系的逻辑性。考察人们所经历的政治生活是不是一种优良的政治生活,与政

---

① [古希腊]亚里士多德:《政治学》,吴寿彭译,商务印书馆1965年版,第1页。
② 参见[美]弗朗西斯·福山:《大断裂:人类本性与社会秩序的重建》,唐磊译,广西师范大学出版社2015年版,第281页。
③ 参见[美]弗朗西斯·福山:《政治秩序的起源:从前人类时代到法国大革命》,毛俊杰译,广西师范大学出版社2014年版,第21页。

治生活的内在逻辑密切相关。政治制度是一整套维护社会公共利益的规范体系，是政治内生态中的核心要件，"制度—生态"的关联，根本性地规约着政治生活中的政治关系原则和政治行为基本规范；政治制度作为政治文化的凝结形态，"制度—文化"的关联，又整体性地界定着政治生活的价值体系。因共同存在着对政治制度运行的功能性作用并深刻地反映着政治生活的内在逻辑，政治生态与政治文化实现了第二重维度的耦合。

政治制度是建构政治生态的内在要素，又是凝聚政治文化的稳固形态。政治制度生态与政治制度文化对政治生活逻辑的演变与发展起根本制约作用，深层次地反映了政治生活的内在逻辑。政治制度生态不是各政治制度形态的简单叠加，它强调政治制度体系的有机的、生态化的构建。在政治制度的内在结构中，虽然有根本制度、基本制度和重要制度的不同位阶，它们履行着不同的职责，发挥着不同的功能，但一个生态化的政治制度体系表明这些内在结构要素之间处于一种有效互动、协调稳定的状态。制度不仅为政治生态带来稳定性，也为政治文化的稳定性设定了制约规则，这样的政治制度文化往往与伦理文化、法律文化同构于一个国家现实的政治文化体系中，因而促进政治文化内在地形成了一个彼此关联、有机互动的结构。[①]我们可以发现，一个国家的主导政治文化往往拥有顽强而持续的韧性，能够承受历史风波的考验和各种思想潮流的碰撞，这里面有一个主要的因素就是其政治文化的内在同构性带来的稳定性，政治制度文化在这一结构中具有根本性的影响。

我们可以看到，当把政治制度既看作政治生态的核心部分，又看作政治文化的凝结晶体时，政治制度的内涵及功能都展现出作为政治生态和政治文化耦合的一个逻辑向度，能够指引政治生活朝着良性健康方向发展，对政治生活产生根本性的影响。

3.政治文明：引领政治生活的价值风向标

探究政治文化与政治生态耦合的文明内核，有助于揭示这一耦合关系

---

① 参见［美］道格拉斯·C.诺斯：《制度、制度变迁与经济绩效》，刘守英译，上海三联书店1994年版，第3页。

的价值性。人类在追求优良的政治生活的漫长历程中，通常会深入地追问：什么样的时代精神与价值理念才能引领优良的政治生活？这需要我们进一步对人类政治生活的目的性和政治生活的主体价值意蕴进行辨析。一般来说，价值是表征主客体在"需要—满足"①方面的有机联系，即主体在实践中所发挥的效用同满足其需求的客体间的内在逻辑。政治价值是价值的一种子形态，体现政治主客体之间在政治实践中形成的对政治事物的现实认知、价值判断的价值层级体系与现实存在模式，在"需要—满足"价值关系中维持供需平衡，展现人类政治生活是有目的、有价值取向的生活。政治文明既是政治制度发展的进步成果与合理安排，也体现了人类政治实践在本质和层次上的价值升华。政治文明往往是人们通过政治实践改造政治系统赖以建立的根基，既是政治生态建设的目标向度，也蕴含着政治文化发展的积极成果。政治生态与政治文化因存在着对政治生活文明内核的共同引领，而实现了第三重维度的耦合。

政治文明凝集着人类政治智慧的结晶，标志着一个时代最高的政治善业。它能够内在地塑造和影响政治主体的价值选择与偏好，外在地引导和规范政治主体的生活实践，从而引导和促进一个时代先进政治文化的建设方向，比如秩序、权利、公正等现代政治观念的形成、普及与发展，体现着政治文化的文明内核的与时俱进和不断创新。在这一过程中，将同一时期政治文化中的"先进"基因吸收和容纳进政治文明谱系，剔除相对不文明的、落后的文化元素，实现政治文化的净化、进化或重塑，从而进一步培育、建设和发展政治文明，推动人类社会的文明进程。艾森施塔特（S. N. Eisenstadt）曾指出："文明设定政治过程，政治过程又在文明中发展成长。"②

再来看政治文明与政治生态的关联。政治文明建构和塑造着政治生态圈层结构的价值体系，从价值上形塑着政治生态，既然政治文明揭示

---

① 参见曾钊新、李建华：《道德心理学》（上），商务印书馆2017年版，第46—47页。
② S.N.Eisenstadt and M.Abitbol, et al., "Cultural Premises, Political Structures and Dynamics", *International Political Science Review*, 1987, Vol.8, No.4, pp. 291–306.

了"人类社会政治发展的进步状态和过程"①,那么在静态层面,政治文明表现为人类在政治实践中处于先进的状态和程度,在动态层面,则象征着人类在政治实践中所经历的发展与进化过程。一个良性的政治生态体系,包括政治关系生态的合理化、政治制度生态的有效化、政治行为生态的理性化三者互相协调、相互嵌套,进而"实现人际社会关系及人化自然之关系的'绿化'"②。仅以政治关系生态来举例说明,政治关系生态主要包含政府组织间关系生态、政党与政府之间的关系生态、政府与政治社团之间的关系生态以及政府与政治人之间的关系生态。从政府与政治人的关系生态视角分析,政治生态是由政治人(主要指党政领导干部)彼此之间的互动而形成的一种文化氛围与行为风尚,这里面蕴含着政治文明的价值形塑成果,塑造着处于该生态环境中的政治人普遍遵循守法尽职、清正廉明、团结协作的公共管理文化和行政责任伦理,能够与正式的制度规则一起进一步推动政府工作的良好运转和公共服务绩效的提升。

政治文明既是政治文化的价值升华,又是政治生态的价值形塑。政治生态与具有文明内核的政治文化耦合互动于政治生活的价值追求中,文化意蕴与生态意蕴交相辉映,共同推动着人类政治文明的发展。

4.政治发展:揭示政治生活的合规律性

探究政治文化与政治生态耦合的发展规律,有助于揭示这一耦合关系的合目的性和合规律性。要揭示政治生活实践的一般性、普遍性规律,我们通常从一定的政治发展水平、一定的政治生活状况中去探讨。阿尔蒙德认为,政治生活系统的运行规律和优化发展与制度模式和文化形态密切相关。③这种相关性表现为政治制度勾画出政治实体的行为准则,政治文化充实着政治系统的精神内涵和价值取向。优良政治生活的恒久性,既有赖于政治生态的优化与合理化以重塑政治发展模式和探寻政治发展规律,又有赖于政治文化的理性化与科学化以实现政治发展功能和辨识政治发展逻辑。

---

① 参见虞崇胜:《政治文明论》,武汉大学出版社2003年版,第123页。
② 刘京希:《政治生态论——政治发展的生态学考察》,山东大学出版社2007年版,第8页。
③ 参见Almond, G., *The Study of Political Culture*, *Political Culture in Germany*, eds. By Berg-Schlosser &R.Rytlewski, Palgrave Macmillan, 1993, pp.13-26.

前者属于建设良好政治生态的基本内容，后者则属于发展健康政治文化的实践取向。因共同存在着对政治生活发展规律的实践和遵循，政治文化与政治生态实现了第四重维度的耦合。

认识政治生活本质、改造政治生活方式和创新政治生活实践的过程也是政治发展的过程，这一变革目标的实现依靠政治发展来推动。政治生活同社会生活一样，本质上都立基于实践性，优良的政治生活就是在不断实践中实现协调有序、动态平衡的可持续发展。这既是人类政治生活的本质所在，也体现了政治发展的内在规律性。

政治发展促进了政治文化转型，政治发展的过程也是政治文化维持、变革和创新的过程。政治发展促使政治文化从不断冲突向逐渐融合演进，从传统政治生活方式向现代政治生活习惯转变。政治文化这种无形的力量成为政治发展的精神核心。政治发展是"现代化的政治性后果"[①]，这种后果具有两面性，它既可能有助于实现现代化的政治生活方式，也可能会造成政治衰败。其中积极的后果是以科学、理性的政治参与为特征的现代政治文化逐步代替落后、衰败的传统政治文化[②]。参与型政治文化与政治系统的运行和发展紧密关联[③]，与时俱进的政治发展要辅之以理性化、科学化的政治文化，并伴随现代教育的普及与大众传媒的日新月异而深入人心。可见，政治发展是政治文化（尤其是主流政治文化形态）经过自我革新重建得以持续进化的过程。同样地，政治发展强化了政治生态"绿化"，政治发展的过程也是政治生态不断优化和重构的过程。可持续的政治发展要求秉持政治生态"绿化"的发展理念，实现政治生态从污浊走向清明。绿色政治生态要求人与人、人与社会以及人与自然的和谐共处，政治生态、社会生态

[①] 参见［美］塞缪尔·亨廷顿：《变革社会中的政治秩序》，李盛平、杨玉生等译，华夏出版社1988年版，第4页。

[②] 参见［美］塞缪尔·P.亨廷顿、乔治·I.多明格斯：《政治发展》，载［美］格林斯坦、［美］波尔斯比编：《政治学手册精选》下册，储复耘译，商务印书馆1996年版，第151—153页。

[③] 参见［美］丹尼尔·A.科尔曼：《生态政治：建设一个绿色社会》，梅俊杰译，上海译文出版社2002年版，第166页。

和自然生态三者融为一体，共属于不可分割的范畴①，要把"政治—社会—自然"的生态体系看作一个和谐统一的整体②。绿色政治生态也要求将政治发展的可持续性与经济发展的可循环性联系起来③。政治生态也是一个发展的过程，随着环境的不断变化，也会经历从生成、发展到改善、优化和重构的一系列变革过程，这一过程既是政治生态环境的改变和适应过程，也是政治内生态结构与功能的自我革新、自我完善、自我发展的过程。我们说要打造绿色健康的政治生态系统，实质就是由于政治生态能够修复、解决政治发展失衡所引起的政治系统衰败的问题，政治发展过程中的文化体系的运行机理与生态体系的稳定功能，如果能够动态平衡地、相互适应协调地运行于政治系统中，则会促进政治生活良性有序发展。

政治发展有助于政治文化从低级向高级不断转型，也有助于"绿色"政治生态有机协调发展。政治发展并非仅保持在对传统政治体系的转型层面，也是一种稳定而可持续的变迁④，这种政治变迁是为了实现整个社会政治系统的净化、提升和完善，以保障人类持久地追求优良的政治生活。而这正是政治文化转型的根本目标，又是追求"绿化"政治生态的必然成果。

（二）政治文化视角下的政治生态发展

政治生态与政治文化之间的耦合互动关系，为从政治文化视角观察政治生态发展提供了独特的前提和基础。政治生态与政治文化相辅相成，具有同构性、耦合性、互嵌性。有时我们把政治系统分为"硬件"和"软件"两个部分，显然，"硬件"部分就是指各种制度化、结构化的组织体系和制度架构，而这些也都是政治生态的核心要件；"软件"部分则是指政治系统中的

---

① 参见Cf. Fritiof Capra and Charlene Spretnak, *Green Politics: The Global Promise*, Hutchinson, 1984, p.36.
② 参见［英］戴维·佩珀：《生态社会主义：从深生态学到社会正义》，刘颖译，山东大学出版社2005年版，第48页。
③ 参见郁庆治：《绿色乌托邦——生态主义的社会哲学》，泰山出版社1998年版，第132页。
④ 参见［美］鲁恂·W.派伊：《政治发展面面观》，任晓、王元译，天津人民出版社2009年版，第58页。

各类主体所具有的情感倾向、心理认知、思想意识和价值理念，而这些恰都是政治文化的主体内容。我们在谈论网络的协调运行时，往往会强调网络软件与硬件要相互配合、同步运作。同样地我们在审视一个政治系统的良性运行时，也会要求与政治系统相适应的政治文化与政治生态能够彼此适配、良性互动，只有这样，才能保证政治生活的积极健康、持久有序发展。

基于政治文化视角考察政治生态发展，政治文化对政治生态具有塑造和引导作用，政治文化的变迁和形塑能够如影随形、潜移默化地影响着政治生态的发展。习近平总书记指出："党内政治生活、政治生态、政治文化是相辅相成的，政治文化是政治生活的灵魂，对政治生态具有潜移默化的影响。"①其中，在加强党内政治文化建设方面，要注重"弘扬忠诚老实、公道正派、实事求是、清正廉洁等价值观，坚决防止和反对个人主义、分散主义、自由主义、本位主义、好人主义，坚决防止和反对宗派主义、圈子文化、码头文化"②，"严肃党内政治生活，严明党的纪律，强化党内监督，发展积极健康的党内政治文化，全面净化党内政治生态"③。习近平总书记就党内政治文化与党内政治生态之间的关系所提出的一系列重要论述，深刻地表明了政治文化对政治生态的影响关系。总的来看，政治文化构成了政治生态中的价值基础和精神生活系统，政治文化具有培育人格、教化心灵、维护秩序、规范整合、引领或变革价值导向等重要功能，这些功能为营造风清气正的政治生态提供了精神信仰、价值追求和行为规范的培育和引导。

政治文化对政治生态的形塑、引导和规制作用，体现于政治文化对政治生活的存在意义、观念基础、价值规范及评价方法的理性追问。当我们深入考察政治文化与政治生态的耦合时，所考察出的秩序意义、制度逻辑、文明内核和发展规律四个维度，也恰是政治文化对政治生态能够起形塑、引导和规制作用的四个层面。我们可以看到，在这四个维度和层面中，追求优良政治生活居于统率和根基的地位，反映了政治文化引导和规制政治生态的根本

---

① 习近平：《习近平在党的十八届六中全会第二次全体会议上的讲话（节选）》，《求是》2017年第1期。

② 《中国共产党第十九次全国代表大会文件汇编》，人民出版社2017年版，第50页。

③ 《中国共产党第十九次全国代表大会文件汇编》，人民出版社2017年版，第21页。

方向，决定了其他三个维度和层面的内容。政治制度、政治文明和政治发展正是以追求优良政治生活为逻辑基点的，围绕这一核心本体，为实现这一本体论的意义存在，而从实践论、价值论、方法论等多个层面分别揭示优良政治生活的现实可能性、理想价值性与恒久意义性，进而更深层次地阐释了政治文化与政治生态在耦合互动中所展现的逻辑性、价值性与规律性。

从政治文化视角出发，进一步考察其对政治生态发展的影响，我们依然可以通过政治生活、政治制度、政治文明、政治发展四个战略维度来审视。首先，按照马克思主义的观点，实现人的解放与自由而全面的发展是人类对优良政治生活追求的一个重要目标。政治生活是政治共同体的生命力显现，当优良的政治生活能够为积极健康的政治文化的形成提供实践载体和活水源泉时，我们可以发现这样的政治文化也有助于为协调有序的政治生态发展搭建实践舞台和提供勃勃生机。亚里士多德在对优良政治生活进行设计时曾提出与文化建构和制度确立相关的三个条件，即"存在着一种建立在以全社会利益为基础的统治宗旨""存在着一种合理配置权力的政权组织结构和原理"，以及"遵循一种适用于一切政体的定理"[①]。通常我们将此三者的关系理解为并列关系，而若将它们放置于现实的政治生活中，我们会发现前者对后两者构成一种现实存在的影响和推动关系。即，当我们说要追求优良的政治生活，往往意味着在政治文化角度要建构起满足社会大多数人利益的政治意识形态，而在这样的意识形态中必须体现出保障人的自由权利与发展权利的价值内涵，这需要在政治生态角度建立起与现代政治相匹配的政权组织结构和政治制度以合理配置权力来予以保障和实现。

其次，在政治制度维度，我们通过对优良政治生活的实然性与应然性进行考察以检验政治生活的现实性，可以发现，政治文化对政治制度具有能动性作用，并在此过程中展现政治文化影响政治生态运行的内在制度逻辑。通过政治制度引领和制约着政治文化体系的变迁方向和形态转型，内在地规约和引导着政治生态系统的演化机理和演变过程，从而指引着政治生活的健康良性发展。

---

① 桑玉成：《关于政治学的主题与政治学基本问题的思考》，《政治学研究》2017年第5期。

再次，亚里士多德认为优良的政治生活只有在优良的政治设计中才能实现，这样的政体建构需要政治文明的价值引领。在政治文明的内核中，包含着政治文化的文明内核和政治生态的文明内核，它们共同作为人类实践活动的价值沉淀，推动着政治生活的文明发展。其中政治文化的文明内核通过为人类政治生活提供行为评价标准，构建优越的政治文化，从而对政治生态的文明发展产生重要影响。这主要表现在政治文化的文明内核有助于构建一个协调运行的政治生活秩序，塑造和谐稳定的"政治—社会—自然"生态圈层价值体系，实现政治生态的"绿化"，从而塑造着政治生态的文明内核。政治文化在与政治生态的耦合中也在塑造着政治生态的价值性，二者共同作为政治文明的内核，展现出人类政治生活的合目的性与政治生活主体价值取向的标准，这才可能是最理想的政治生活。

最后，从政治发展的维度看，政治文化通过维持或变革政治发展秩序，而对人类政治生活产生影响。人类政治发展秩序总是处于特定的"自然—社会—政治"生态体系中，政治生活有规律的发展，要求实现政治生态、社会生态和自然生态的协调有序，这与政治文化的引领与浸润密切相关。总体来说，探讨政治文化对政治生态的影响，需要我们将之放置于对人类优良政治生活的恒久性的思考中，通过揭示二者在政治制度、政治文明和一定的政治发展水平中的紧密联系和规律性演化机理，为实现政治文化的理性化与科学化发展，进而为推动政治生态的优化与健康发展提供保障与维护。

基于政治文化视角进一步考察其对政治生态发展的影响，我们除了可以从上述宏观叙事维度来探讨，还可以通过中介变量和微观场域，从介质、动力、认同基础、权威模式四个变量的视角以及它们的作用机制，来细致地探讨政治文化如何影响政治生态的演化机理和发展逻辑。政治文化能否形塑优良政治生态，从中观和微观层面来看，关键在于介质、动力、认同基础、权威模式四种作用机制（也是四个核心变量）能否有效促进二者之间的良性互动。

首先，从介质这一作用机制具体发挥作用的过程来看。介质是推动从精神力量转化为物质力量的中介桥梁，其具体运行机制在于：政治文化依托于特定的介质手段，通过政治心理作用产生认知、情感与评价，通过提供认识、理解和运用介质手段的方式，最终形成对介质的理解和运用，以介质手段将主体的认知、情感和评价转化为对主体特定的政治参与行为的影响，从而对政治生态的吸纳产生影响。

其次，从动力这一作用机制具体发挥作用的过程来看。动力是激发政治效能感和影响积极理性参与行为的力量源泉，其具体运行机制在于：政治文化凭借政治心理层面的情感和评价动力，通过激发政治效能感，使之转化成主体的内在动力，引导政治主体的外在积极理性参与行为，从而对政治生态的聚合产生影响。

再次，从认同基础这一作用机制具体发挥作用的过程来看。认同基础是指对一个政治体系产生持续的内在认同力量，这种力量能够维护政治主体的政治活动和政治行为的一致性，从而维护政治生态的良性运行。其具体运行机制在于：政治文化凭借政治思想层面的价值观力量，这股长期积淀的、稳固的、深刻持久的作用力量在政治系统中运行，势必会对政治体系中的各种生态关联产生一致的导向作用，引导主体产生系统性认识和判断来支配自身政治行为规范，从而对政治生态的同化产生影响。

最后，从权威模式这一作用机制具体发挥作用的过程来看。权威模式具有改变政治生态的支配性力量，其具体运行机制在于：政治文化凭借政治思想层面的理想和信仰，以稳固的政治意识形态、政治理想和政治信仰作为基础，推动权威模式的形成、运行和发挥作用，依托于权威模式深远持久的力量，推动政治系统中各种权力关系相互制约和相互协调发展，也推动各政治系统内不同政治主体形成政治生活的最高指导规范，从而使权威模式作为"高势位的"[①]和支配性的力量源泉对政治生态的重塑产生影响。

当然，政治文化通过作用机制影响政治生态演化的机理是复杂的，每一种作用机制（或核心变量）并不始终只链接和影响一种政治生态演化层面，在对政治生态演化的整体形态中，不同机制之间呈现出连续、相互重叠交叉与同步发展的复杂状态。

---

① 参见陈秉公：《论社会主义核心价值观"高势位"培育和践行的规律性》，《思想理论教育》2014年第2期。

第二章

政治文化影响政治生态演化的机理与案例考察

政治文化对政治生态发挥着潜移默化的影响。从学理角度看，政治文化对于政治生态的影响既有类型学区分，也有动态演化特征。对其发挥影响的作用机制分析需要沿着政治文化和政治生态本身的结构与功能展开。政治文化能否形塑优良政治生态，关键在于介质、动力、认同基础、权威模式四种作用机制（也是四个核心变量）能否有效促进二者之间的良性互动。在作用机制具体发挥作用的过程中，政治认知层面通过提供认识、理解和运用介质手段的方式，转化介入主体参与行为中，从而影响政治生态的吸纳；政治情感和价值取向层面通过主体的内在动力驱使，转化成主体的政治效能感，从而影响政治生态的聚合；政治价值观层面通过产生系统性认识和判断来塑造、引导和支配主体政治行为规范的认同基础，从而影响和推动政治生态的同化；政治理想和信仰层面则通过塑造权威模式，为重塑政治生态提供支配性力量源泉。当然，政治文化通过作用机制影响政治生态演化的机理是复杂的，每一种作用机制（或核心变量）并不始终只链接和影响一种政治生态演化层面，在对政治生态演化的整体形态中，不同机制之间呈现出相互连续、重叠交叉与同步发展的复杂状态。

一、政治文化影响政治生态的作用机制

（一）政治文化影响政治生态的宏观图景

政治文化对政治生态的影响和作用状况，由双方的结构层次和功能互动支撑。"结构—功能"分析框架是政治社会学研究的核心视角，我们从结构和功能维度，尝试勾勒出政治体系，这是一个由政治文化、政治生活、政治生态互动构成的系统。在这一系统中，若以政治生态视角观察政治生活，需要从政治文化的层面加以优化并提供解释框架。

一方面，需要拆解政治文化概念的结构层次，分析政治文化的功能表现。政治文化作为政治心理与政治思想的统一，对政治生态发挥着潜移默化的影响。不同类型、不同特性的政治文化对政治生态会产生直接或间接的影响，其影响的作用机制既有类型学的划分，又有动态演化的特征。通常的理解，政治文化是政治心理和政治思想的综合，具体分两个层次：（1）政治认知、政治情感和政治价值取向；（2）政治价值观、政治理想和政治信仰。①政治文化的功能总体上来说可以理解为：政治文化总是特定政治体系中的文化，其中主导政治文化常常表现为该政治体系中占统治地位的主流意识形态，它是政治体系的支持基础，是政治体系存续的必要条件，是政治制度的重要影响变量，决定着政治制度的模式选择和运行状况，是政治体系的变革力量和发展动力，制约着政治体系的变迁方向。

另一方面，也需要解剖政治生态概念的结构层次。通常的理解，政治生态包括两个部分：（1）政治系统内部的关系状态（政治内生态）；（2）政治系统与外部环境的关系状态（政治生态环境/外生态）。但政治生态概念的复杂性在于，这不是一个孤立的静止的分析单元，而是具有动态变化的特征。按照对政治生态的定义，作为一个政治体系中的各种政治关系、政治活动按照特定生态位的要求所形成的相互制约、相互协调的，有序运行、和谐共生、相对平衡的发展状态，可以将政治生态理解为一个既在结构上可以分层分类、又在功能上能够相互制约平衡的能动状态。这就意味着，要观察政治文化对政治生态的作用状况，我们必须从二者各自的内在结构和功能状况，以及它们之间的相互作用等多层面进行分析。

首先，政治文化依赖于自身的结构与功能作用于政治生态。政治文化对政治生态的影响之所以呈现规律性，正在于这种影响不是随机任意的，而是在特定的条件下——作为机制的发生性前提——发挥作用。第一，政

---

① 参见陈义平、王建文：《当代中国政治文化论》，安徽人民出版社2014年版，第34—35页。

治文化不仅是一种静态的积淀，还是动态的作用力量。政治心理与政治思想不仅共同积淀于一个特定的政治系统的制度形态、组织结构及其系统内人们的思想形态之中，还活跃于人们的思想行为模式之中，活跃于政治制度体系和组织体系的运行过程之中。①因此，作为一种能动的精神力量，政治文化具有强大的生命力，能够作用于政治体系、政治过程和公共政策的方方面面，对国家政治生活产生影响。第二，政治文化不仅有抽象的内在结构，还具有鲜明的现实形态。政治文化的现实形态可以分为一个国家作为政治共同体的政治文化和一个国家之中社会成员的政治文化，二者之间既紧密联系又有所区分。一般来说，作为政治共同体的政治文化深刻影响着政治体系的建构与运行，社会成员的政治文化则深刻影响人们的政治行为方式和政治行为关系，无论是政治体系本身还是政治体系中人们的政治行为模式，都是政治生态系统的重要组成部分。

其次，政治生态系统的适应性也在支撑着作用机制的运行。不仅政治文化可以能动地对政治生态产生直接的影响，作为这种作用机制产生的终端——政治生态，也为政治文化作用提供着稳定的支撑力量。第一，一定的政治生态通常与当时占主导地位的政治文化保持着一致的政治方向性。一个国家的政治生态通常能反映出这个国家政治总格局的面貌。政治总格局是指代表各阶级、阶层及其他利益群体的政治组织在国家政权中的地位及其相互作用关系与运行机制，具有鲜明的阶级性。与之相适应的政治文化也一样具有深刻的阶级性。政治总格局中的各主体要素之间的关系，在一定历史时期是相对稳定的，这也适应并塑造了政治文化形成后的相对稳定性。第二，政治生态的位本性反映了政治文化的结构性特征。政治生态中的政治次体系、政治角色都有自己应有的职责、功能，即生态位。这为不同层级、不同类型的政治文化的生成与发展提供了结构支撑。第三，政治生态具有互动制衡性，为不同特征和类型的政治文化在国家体系中的良性互动提供了功能支持。政治生态理论将政治体系看作类似有机构成的生命系统，其中还存在着相互制衡、相互转化的运行状态。而政治文化中也存

---

① 参见陈义平、王建文：《当代中国政治文化论》，安徽人民出版社2014年版，第35页。

在着主导政治文化与政治亚文化之间的互动关系，政治文化在这种动态运行中支持和维系国家的政治制度体系（参见图2-1）。

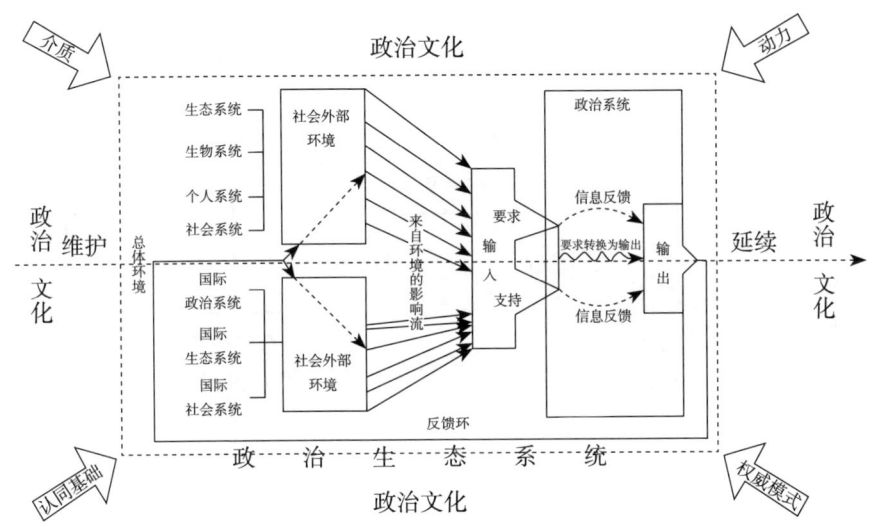

图2-1　政治文化影响政治生态的宏观图景

（二）政治文化作用于政治生态的四种机制

政治文化能否形塑优良政治生态，关键在于介质、动力、认同基础、权威模式四种作用机制（或称四个核心变量）能否成为促进政治文化与政治生态良性互动的支撑载体。政治文化可分为政治心理与政治思想两个层面，政治生态也可分为政治内生态和政治生态环境两个层面。在政治文化影响政治生态的作用机制中，为了便于开展深入的分析，依照不同类型和不同路径，可概要地划分为四组关系链条（事实上要远远复杂得多），即政治文化（政治心理）—介质/动力—政治生态（政治生态环境）；政治文化（政治心理）—介质/动力—政治生态（政治内生态）；政治文化（政治思想）—认同基础/权威模式—政治生态（政治内生态）；政治文化（政治思想）—认同基础/权威模式—政治生态（政治生态环境）。（参见图2-2）由图可知，我们还可以再作简要的概括："介质/动力"属于内在表层次的作用机制，因此主要与政治心理层面结合而发挥吸纳和聚合作用；"认同基础/权威模式"属于内在更深层次的作用机制，因此主要与政治思想层面结合而发挥同化和重塑作用。

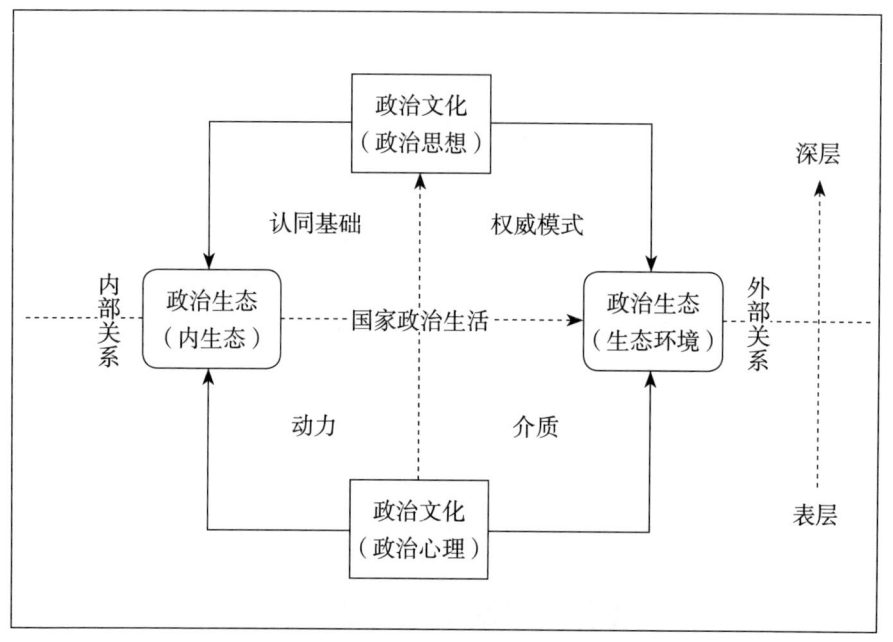

图2-2 政治文化作用于政治生态的关系模型图

1.介质：政治心理影响政治生态的吸纳

"介质"本是物理学词汇，是指一物理量或某些物理现象发生时，作为媒介的物质或空间。将"介质"引入对政治文化影响政治生态的作用机制进行分析时，主要侧重于探讨政治心理是如何对政治生态内部及外部环境产生影响的。政治心理具有三个层次，包括政治认知、政治情感和政治价值取向，是政治文化的表层和感性部分。因此，作为政治心理的政治文化，对于政治生态的影响也是直接的，其方式就是借用各种介质手段，通过对政治内生态及政治生态环境的认知，并在此基础上产生一定的情感体验和内心感受，最终形成了对该生态系统加以判断和评价的价值取向。《使民主运转起来》一书曾揭示了意大利南部和北部的民众的不同政治心理文化如何影响他们评价当地政治制度绩效的。帕特南（Robert D Putnam）认为这种影响是通过"社会资本"的中间介质得以实现的。① 介质是推动从精神力量转化为物质力量的中介桥梁，其具体运行机制在于：政治文化依托于特定的介质手段，通过政治心理作用产生认知、情感与评价，最终形成对于介质的理解和运用，以介质手段将主体的认知、情感和评价转化为对主体特定的政治参与行为的影响，从而影响政治生态的吸纳。

政治心理之所以能够影响政治生态的吸纳，关键步骤是通过介质实现政治心理对政治行为的影响，进而通过政治参与行为对政治体系和政治生活产生实际的影响。政治文化所起的作用主要体现在，如何在心理层面去认知、理解并运用介质。这种介质可以表现为正式性介质与非正式性介质，正式性介质具体可以指代业已成文的法律法规、制度、纪律、规定、政策、指导意见等规范性文件，非正式性介质则可以囊括除此之外的其他对政治生活产生影响的方式和手段，例如批示意见、口头指示、组织方式、协定协议等。我们应正确发挥介质的作用，将政治心理层面的认知、情感和评价通过介质转换为对主体参与行为必要的规范引导，影响主体在合理合法的范围内恰当运用介质，进而促进政治生态的良性发展。政治心理通过介质影响政治行为进而影响政治生态，体现了介质这一作用机制（或核心变量）在政治文化与政治生态之间的功能作用，这一功能作用可以从政治内生态和政治生态环境两种作用路径来分析。

政治心理作用于政治内生态，主要是通过对既有正式制度规则等介质的内化和认知，来潜移默化地引导政治主体按照规则有序参与政治生活，从而优化政治内生态。而政治心理作用于政治生态环境，主要是通过对外在的非正式制度规则等介质对环境进行感知并产生反应，从而规范和制约政治主体的行为选择。因此，通过介质机制对于政治生态的影响，往往是停留在政治心理的表面层次上的。政治生态对政治主体的吸纳关系，往往通过制度规则加以展开。但是不同的对象持有的政治文化可能存有差异，

---

① 参见 [美] 罗伯特·D.帕特南：《使民主运转起来：现代意大利的公民传统》，王列、赖海榕译，中国人民大学出版社2015年版，第216页。

因此需要引导大众政治心理向着主导政治文化看齐，主动避免和规制不良的政治亚文化，以及坚决反对政治反文化。以基层政治生态为例，在村民选举过程中，村庄权力结构往往处于多元博弈的局面，这是村民自治所带来的必然结果，郭正林将此形容为"卷入民主化的精英"之间的博弈[①]，指出了村庄权力由一元结构向二元结构的演变。而在此情形下，规范村庄选举有序运行，抵制家族势力、黑恶势力等侵扰，关键在于全体村民和村干部能否正确认识、理解并运用《中华人民共和国村民委员会组织法》这一正式的制度化介质。村干部和村民若是在这一介质影响下自觉形塑良好干群关系模式，营造积极健康的选举文化氛围，规范参与选举行为，村庄的政治生态就会得以优化。

2.动力：政治心理影响政治生态的聚合

政治文化影响政治生态的作用机制，除了外在的"介质"因素，还根植于内在的"动力"因素。"动力"泛指事物运动和发展的推动力量。政治心理作为政治文化的一个层面，包含了人们内心认知、情感、意志活动的过程。政治信息和政治知识这些介质都只是政治认知的客体，而政治文化发挥对政治生态的影响还需要借助政治情感、政治态度、政治价值取向等方面的功能实现。政治情感是指人们对于政治现象和政治活动的内心体验和感受，是在政治认知基础上对政治对象和政治活动的爱憎、好恶、亲疏、信疑的反应。[②]政治态度是一种主体和客体交互作用形成的综合性心理过程，既包括态度主体的内在体验，也包括态度主体的行为倾向，是个体对政治目标和政治情境的认知、情感和行为倾向的综合表现。阿尔蒙德和鲍威尔曾认为，政治价值取向指的是"应用一些价值标准对政治对象与政治事件加以判断和议论的评价取向"。[③]正因为人的这种丰富的内心世界，才激发了不同对象对政治体系的特殊情感和评价，这成为支持和维系政治生态系统的"直接动力"。这种情感评价既有政治热情成分，也有政治冷漠成分。当

---

① 参见郭正林：《卷入民主化的农村精英：案例研究》，《中国农村观察》2003年第1期。
② 参见陈义平、王建文：《当代中国政治文化论》，安徽人民出版社2014年版，第41页。
③ Gavriel A.Almond and G.B.Powell, *Comparative Politics: A Development Approach*, Little, Brown and Company, 1966, p.50.

公民对政治体系形成深厚感情,那么,相应的政治效能感就会强化,进而在对政治生态系统进行利益表达和政治输入时会保持理性、积极的态度。动力是激发政治效能感和影响积极理性参与行为的力量源泉,其具体运行机制在于:政治文化凭借政治心理层面的情感和评价动力,激发政治主体的内在效能感和引导政治主体的外在积极理性参与行为,从而对政治生态的聚合产生影响。

政治心理之所以能够影响政治生态特别是政治内生态的聚合,主要是因为政治生态系统中的内部生态的一个重要组成部分是政治主体间生态,而政治心理产生的内在动力能够改变和优化主体间关系。政治主体间生态涉及的政治主体可分为四类:政府组织、政党组织、政治社团和政治人。他们相互之间的生态关联不断地调适和创新政治内生态。政治心理对于政治内生态的影响作用是通过政治主体中的具体的人来实现的。广义上的政治人,可以分为公民、公务员和政治家等。政治系统需要聚合政治人的支持、意见等,而这种聚合依赖于政治系统内外成员的互动。政治系统理论认为,来自公众的散布性支持和特定支持是消除输入对政治系统产生的压力,使系统得以维持下去的两种重要方式。[①]也就是说,在这个政治生态系统中,既有制定公共政策的决策者,也有享受政策产品的大众,倘若二者之间的关系能够受到积极健康的政治情感的催动,从而贯通反馈机制,则有利于政治系统输入输出的良性循环。

政治心理作用于政治内生态,也可以通过动力机制进行。政治心理中的情感和价值取向会激发政治主体的政治效能感,从而在内生态系统中搭建政治主体的沟通系统,形成成员之间的和谐关系以优化政治内生态。政治心理作用于政治生态环境也属于直接作用。政治心理中的情感、态度和价值取向会激发主体和主体间充足的内在动力,有助于营造竞争有序的组织氛围,从而涵养风清气正的政治生态环境。同样以基层政治生态为例,在村民委员会换届选举过程中,村干部竞选动力的来源和机制是多样的,

---

① 参见[美]戴维·伊斯顿:《政治生活的系统分析》,王浦劬等译,华夏出版社1999年版,第321—334页。

既有制度化的激励和约束,也有村干部和村民政治心理层面的情感、态度和价值取向的影响。当这些因素发挥正向作用时,有助于村庄内生态的聚合。有研究指出,村级选举中制度化的机制赋予"竞"的生态属性与选举行为,村庄政治文化氛围带来的生活化机制会形塑"争"或"不争"的选举策略与乡土规则。①这种制度性因素和文化生活化要素实质上是来源于国家建构和乡土社会的两种动力,共同作用在参与竞争选举的干部身上。村干部会面临制度激励和文化心理的双重影响,从而影响村干部的主体行为选择,进而影响村庄内生态的整合性。因此,要注重政治文化中的情感、评价等心理因素的作用,积极构建良性政治生态。

3.认同基础:政治思想推动政治生态的同化

政治文化中的政治心理层面,能够为政治主体参与政治活动、影响政治生态提供直接动力;而处于政治文化中更高层面的政治思想,往往表现为较为稳定的政治理论和意识形态,能够为政治主体参与政治生活、影响政治生态良性运行提供深厚的、稳定的"认同基础"。政治思想一般分为三个层次:政治价值观、政治理想和政治信仰,是政治文化的深层和理性部分。政治思想是以意识形态或思想观念形式承载于一定的政治制度和政治系统之中,积淀为稳定的文化形态的。因此,政治思想对于政治生态的作用,并非短期影响,而是在长期相互作用下前者对后者的同化影响过程。政治生态的制度化,意味着一定的制度体系以法律法规和制度规范等形式贯穿于政治生态过程中,以厘清各政治主体间关系及其生态位置;而蕴含在制度中的政治思想,以政治价值观为主要载体,发挥着推动政治生态适应制度要求的同化作用。政治价值观是指人们对政治世界的评价和自觉的价值取向,包括看待、评价某种政治系统及其活动的标准,由此形成政治主体的价值观念和行为模式的标准。②文化认同的深层是价值观认同,是对同一价值观的认知和归属。这种群体性的归属有助于推动政治生态的同化,促使政治生态体系得以形成稳定的生态位,持续发挥协调平衡政治生态发

---

① 参见王友叶、陈义平、徐理响:《竞而不争:村级选举的政治生态及其困境——基于安徽省村委会换届选举的调查》,《中国农村观察》2021年第4期。

② 参见陈义平、王建文:《当代中国政治文化论》,安徽人民出版社2014年版,第43页。

展的作用。

政治思想之所以能对政治生态特别是政治内生态起到同化作用，主要是因为政治价值观的系统性、政治理想和信仰的统摄性对于政治内生态中政治制度体系的观念性支撑和方向性引领，以及政治价值观、政治理想和信仰对于政治体系中的组织、群体和个人的政治生活与政治行为的约束作用，其中政治价值观起着关键的同化作用。政治价值观具有三重内涵：（1）它是人们对政治事务、政治活动和政治现象作用于政治行为主体时产生的价值需要关系的系统性的认识和判断；（2）它通过政治伦理规则、政治道德原则和政治习俗规范以及政治法律制度和准则等外部表现形式，指导或限制人们的政治活动和政治行为；（3）它是政治意识形态的具有确证性和方向性的内容。①这些表明，政治价值观不是零散的、易变的、个性化的价值观念，而是一种稳固且具有深刻持久的作用力量。这种力量能够维护政治主体的政治活动和政治行为的一致性，具有鲜明阶级性。因此，稳定的价值力量在政治系统中运行，势必会对政治体系中的各种生态关联产生一致的导向作用。这种作用机制被称为认同基础，即人们对该政治体系产生持续的内在认同，从而维护政治生态的良性运行。

政治思想通过认同基础机制同时作用于政治内生态和政治外生态（政治生态环境）。作为一种认同基础，其形成需要经历政治思想长期稳定的积淀。在此积淀过程中，政治思想首先影响的是政治内生态中的各个主体。经常性的思想教育活动、主体自觉的学习，总是能够提高政治主体对政治系统的认识，也能够约束政治主体的参与行为。其次，当较为普遍的政治思想形成于政治生态环境之中，浸润于一个单位的制度文化和组织文化时，政治思想所借由的这种认同基础就会对自身的组织系统产生强烈的认同效应。对于党内政治生态而言，影响党内政治生态的不仅有制度、纪律、规则等刚性约束，也有影响党员思想和行为的党内政治文化作为内在动力。比如，团结统一的党内组织文化、良法善治的党内制度文化等积极健康的党内政治文化，就是全体党员对中国特色社会主义政治制度、理论体系、

---

① 参见陈义平、王建文：《当代中国政治文化论》，安徽人民出版社2014年版，第43—44页。

发展道路的高度的认同基础。认同基础是实现政治统治、保障政治体系稳定运行的必要力量与合法性来源。政治合法性一般是指政治组织或政治领导人等政治主体基于民众认同而得以实施统治的合规性和正当性。据此，有学者进一步研究指出，这种认同基础与民主制度之间有着紧密联系，即"权力需要合法性。获得认同的权力才可能真正持续有效。这种合法性只能来源于民主"①。可见，良性的政治生态需要不断夯实认同基础。

4.权威模式：政治思想推动政治生态的重塑

权威是一个政治社会学的概念，而通常理解的"权威模式"及其建构，一般是依托于权力关系而发生但同时又有赖于合法性的支持，因此这里说的权威表达的是一种自愿服从。俞可平从政治学角度辨析了权力与权威两个概念，他认为，权力是制度化强制性影响对方迫使其服从的一种力量，权威则是基于对方内心认同而顺从的一种力量，两者的实质性区别在于，一个是强制服从，一个是自愿服从。②因此只有沿着民主、法治和善治的道路，政治权威的增强才符合现代政治文明的要求和趋势。③经过对权威概念的分析，可知权威模式具有改变政治生态的支配性力量，但权威模式的运行和发挥作用要以稳固的政治意识形态、政治理想和政治信仰作为基础。

政治思想之所以能够推动政治生态的重塑，主要在于政治思想所包含的政治理想和政治信仰层面的超前性和极值性。"政治理想作为一种观念，不仅是政治认知的结果，也不仅是政治预见的结果，而是观念的建构与创造的成果，是一种政治价值的建构与政治观念的创造。……它集中地体现了人们对理想政治世界的超前建构、主动创造和锐意追求。"④而信仰更是人们精神生活的最高层次，政治思想体系中政治信仰乃是最终极的。不同国家和地区的人们存在着不同的政治信仰，阿尔蒙德根据对美国、英国、德国、意大利、墨西哥五国政治制度与政治文化的研究发现，公民对自我

---

① 张墨宁：《以党内民主改变政治生态——专访中央党校党建教研部主任王长江教授》，《南风窗》2014年第21期。
② 参见舒练：《自愿认同：政治权威建构的意蕴与逻辑探赜》，《湖北社会科学》2022年第5期。
③ 参见俞可平：《权力与权威：政治哲学若干重要问题》，商务印书馆2020年版，第6页。
④ 陈义平：《政治人：模铸与发展——中国社会转型期的公民政治分析》，安徽大学出版社2002年版，第187页。

在塑造政治文化过程中的影响力有着不同看法，可分为地域型、依附型和参与型。①其中，参与型政治文化是指社会民众对政治体系、政治过程的输入和输出均有明确的认识和体验，由自愿积极参与而培育和塑造的对政治体系的信仰认同，具有巩固政治系统稳定运行、重塑制度权威的功用。权威模式以制度权威为内核，以民众认同为建构依据。制度权威的建构不仅关涉现实中的制度建设，而且需要转化为民众共识的一部分，亦即，这是一个将成文的程序或法规转变为社会深层观念，从而获得稳定的价值观和培塑理想信仰，完成思想观念制度化建构的过程。从政治生态的视角审视当代中国的权威模式的塑造，法治与德治相结合是当代中国塑造现代法理型权威的重要特征和表现形式，是中国共产党人对权威重塑的重要创造和创新性发展，其基本内涵是以法治为基本点，德法并举，依法治国、以德治国在法治的框架内塑造权威，奠定社会主义法治国家建设的坚实基础和保障。

  政治思想借由权威模式机制，能够同时对政治内生态和政治生态环境产生作用。首先是对政治内生态的影响。当一定的权威模式形成之后，政治系统内的所有政治主体都要依附于或围绕在权威周围，从而获得自身行动的合法性。其次是对政治生态环境的影响。权威模式掌握了改变政治生态环境的力量，因此，政治思想的权威模式对政治生态带来的变化是深远持久的，而且能够对各政治系统内的不同政治主体的政治生活产生最高指导规范。任剑涛指出，在当代中国政治生态诸构成要素中，被激发出最强有力影响政治生态的因素，是人们耳熟能详的"关键在党"，这一命题自然有其深厚的历史与政治理由。②陈明明也认为："从政治学的角度来看，这三个要素——政党领导、人民主权、依法治国就是当代中国政府原理的内核。"③因此，马克思主义是当代中国人的政治信仰，共产主义远大理想与中国特色社会主义共同理想是当代中国人的政治理想，这两方面所构成的权威模式机制从思想力量上影响着当代中国政治生态整体面貌的塑造。

---

 ① 参见陈义平、王建文：《当代中国政治文化论》，安徽人民出版社2014年版，第196页。
 ② 参见任剑涛：《政治生态的中国现状与结构优化》，《理论与改革》2018年第2期。
 ③ 陈明明：《发展逻辑与政治学的再阐释：当代中国政府原理》，《政治学研究》2018年第2期。

（三）政治文化影响政治生态的非对称效应

政治文化通过作用机制影响政治生态演化的机理是复杂的，不是简单的对应关系，而是在推动政治生态演化的整体过程中，不同机制之间呈现出相互连续、重叠交叉与同步发展的复杂状态，我们把这一特征称为政治文化对政治生态产生作用的非对称效应。政治文化通过这四种作用机制（或称作用变量）对政治生态产生影响，值得注意的是，每一种作用机制发挥作用时并不始终只影响到政治生态的某一层面或某一类型。由于政治内生态和政治生态环境的紧密联系，一种作用机制往往对此两方面均会产生影响。而且，在长期的影响过程中，政治文化本身需要经历不同层次的转化，政治生态也要面对多维的立体层次。对于政治文化而言，有时间和空间的变异。在空间分布上，"一个政治系统内的政治文化，表现出来的也是一个体系，有着多样的类型、多样的层次"①。而在时间分布上，比如，"政治态度的形成和发展要经历服从（接受）——同化——内化三个发展阶段"②，需要经历一定时间的积淀，通过这三个阶段的综合作用，才能在心理上产生对某一政治对象的较为持久的、稳定的反应倾向。对政治生态而言，按照政治主体和环境之间联系互动的内容、方式、时空和紧密程度的差异，政治生态可以划分为多个层次结构。政治生态划分为政治内生态、政治外生态就是基于与政治主体互动的因素是决定性的还是外部的，而政治内生态和政治外生态各自又包含了更多层次的亚生态层级结构，各层次结构相互嵌套，相互影响。正是因政治文化和政治生态各自在结构层次方面的差异，以及四种不同作用机制介入后，政治文化影响政治生态的作用过程既交叉重叠又各有侧重，我们把政治文化对政治生态发生作用的这一特征称作非对称效应。

政治文化对政治生态发生作用的非对称效应特征，主要是指每一种作用机制发挥作用时并不始终只影响到或者只链接到政治生态的某一层面或

---

① 陈义平、王建文：《当代中国政治文化论》，安徽人民出版社2014年版，第47页。
② 陈义平、王建文：《当代中国政治文化论》，安徽人民出版社2014年版，第52页。

某一类型，这是从政治文化对政治生态发生作用的整个过程来说的，在这一过程中，不同机制之间呈现出既交叉重叠、各有侧重的状态，也呈现出相互连续、同步发展的状态。政治文化在作用于政治生态的过程中，也会嵌入政治生态系统中，形成政治文化与政治生态耦合的效应。这种耦合效应是不同机制的连续性和同步性的互动图景，是非对称效应这一整体性特征中的一种特殊表现形式。之所以会存在这种耦合效应，是因为在本质上，政治制度与政治文化具有同构性，这一同构性在政治文化作用于政治生态时深刻地影响着政治生态系统的整体样貌和运行状态。没有脱离政治文化的政治制度，也没有脱离政治制度的政治文化，政治文化是政治制度的内化，政治制度是政治文化的凝固形态。[①]因此，政治文化与政治制度的同构过程表现为一个连续的、历史的、互动的过程，最终形成政治制度文化。这样的政治制度文化把政治生活中的精神、价值、意识凝结到更基础、更深厚的制度层面，形成规范政治生活有序运行的独具特色的政治文化形态，这是培厚良好政治生态的土壤。政治生态将政治主体、政治制度文化、政治生活秩序等看成与周遭环境密不可分的统一整体，侧重的也是政治系统中各要素在相互型构基础上的互动平衡。因此，政治生态的良性运行与发展所追求的和谐、高效、可持续的状态，正是政治文化作用于政治生态时二者同构共演的产物。

二、政治文化影响下政治生态演化过程机理

政治文化影响政治生态的演化过程机理由强度差异、演化过程、演化效度以及障碍因素四个主要维度组成。对政治生态演化过程机理的分析，主要是运用这四个主要维度来展开对政治文化的不同类型及不同特性的分

[①] 参见陈义平、王建文：《当代中国政治文化论》，安徽人民出版社2014年版，第191页。

析。根据主体—场域分析框架,可引申出主体自为性(作为/不作为,积极/消极)与主流认同度(认同/不认同,肯定/否定)两个变量,政治文化以此分为积极肯定型、积极否定型、消极肯定型、消极否定型四类(见表2-1)。其中,积极性因素的影响强度较高,消极性因素的影响强度较低;肯定性因素的为正面影响,否定性因素的为负面影响。在不同强度差异组合的政治文化影响下,政治生态发生了同化、吸纳、聚合、重塑、转型等不同特征的演化过程。透视这些过程的作用机理,与主体及场域的分布密切相关,政治生态展现出从异质到同质、从外围到内部、从多元到一元、从简单到复杂、从低级到高级的转变趋势,并被不同层次结构的政治文化所形塑。综合而言,政治文化影响政治生态演化机理中的强化作用与弱化作用相济、积极效度与消极效度并存,在一定程度上推动形成了互动平衡的政治生态演化常态规律。

表2-1 主体—场域视角下的政治文化类型表

主体自为性 \ 主流认同度	肯定性因素	否定性因素
积极性因素	积极—肯定	积极—否定
消极性因素	消极—肯定	消极—否定

(一)政治文化状况:主体与场域

1.主体自为性:政治文化的角色面向

政治文化一般由政治心理和政治思想两个层次构成,政治心理是表层和感性部分,政治思想是深层和理性部分。[①]人是文化创造和文化成果共享的主体,文化既是人的精神创造物,也影响着人们的行为和生活方式。因此,不同角色因个体、群体或阶层的差异,而形成不同特征类型的政治文

---

① 参见陈义平、王建文:《当代中国政治文化论》,安徽人民出版社2014年版,第34页。

化。以党内政治文化为例，有学者研究指出了党员角色与政治文化的联系，认为不同的政治文化源于多样化的角色价值、角色规范和角色期望。①因此，主体角色代表了个体处在一定社会关系中所形成的特定行为模式，而这种行为模式折射出个体自身的政治认知、情感、价值观和理想信念，形成不同主体的不同程度、不同类型的自为性。政治文化因主体自为性产生类型分化，形成主体不同倾向的政治文化面貌和政治参与状态。

2.主流认同度：政治文化的场域面向

政治文化不仅活跃于人们的思想行为模式之中，还活跃于政治制度体系和组织体系的运行过程之中。②因此，在个体角色作用基础上，政治文化会受到更大范围的场域的作用，被广泛纳入家庭、单位、组织、地区、网络等空间场域。这也反映了政治文化不仅具有深刻的阶级性和鲜明的民族性，其一旦形成还具有特定场域相对的稳定性和辩证的继承性。而一定场域中的政治亚文化现象的出现便具有了可能性，它是特定场域中多种政治文化类型交互作用的产物，是在社会成员中产生的有别于主导政治文化的政治认知、政治情感和政治价值观，并对特定场域的政治生活起着一定影响作用。例如，在有的农村地区，政治文化的形成和发展要受到家族势力、国家权力、民间力量这三方因素的相互盈缩的影响，因而也可能会出现政治亚文化现象。③而差序政府信任生成的政治文化机理则具体表现为央地政府之间施行善政的层次差异、权力来源的顺序和地位差异、形象塑造的资源差异，以及中央纠正地方偏误过程中所形成的善意和能力差异，这也会在某些地方的特定时期形成主导政治文化对亚文化现象的纠偏。④在党的组织中，党内政治文化专指政党尤其是政党成员在长期的政治活动中形成的理想信念、价值观念、政治情感、道德品质、行为习惯等。这就决定了执政党为了巩固执政根基和提升执政能力，通过思想建党、制度治党与文化

---

① 参见王立峰、潘博：《党内政治文化对党员角色冲突的调适功能》，《理论探索》2018年第3期。

② 参见陈义平、王建文：《当代中国政治文化论》，安徽人民出版社2014年版，第35页。

③ 参见骆正林：《中国乡村政治文化变迁的主要脉络——家族势力、国家权力、民间力量的相互盈缩》，《探索》2008年第6期。

④ 参见胡晓利、李兆友：《中国差序政府信任生成的政治文化机理》，《学习与实践》2018年第12期。

强党一体推进,加强主导政治文化建设,引领广大党员将主体创造力量和实践智慧付诸与党同向同行、同心同德的集体共识行动。①由此可见,不同场域中政治文化形成的过程机理不尽相同,因各场域的功能定位而有时会形成独特的政治亚文化现象,从而对主导政治文化产生不同程度的认同。

(二)政治文化影响政治生态的强度差异

从主体—场域的视角切入,政治文化基于主体自为性(表现出作为/不作为,或者积极/消极)和主流认同度(表现出认同/不认同,或者肯定/否定)两个变量而形态分殊,分别衍生出主体的积极与消极、对主流政治文化的肯定与否定两重维度。经排列组合,可将政治文化划分为积极肯定型、积极否定型、消极肯定型、消极否定型四种。

依据主体自为性和主流认同度来区分政治文化的不同类型,主要是基于政治情感和政治亚文化的双重考虑。政治情感包括政治情绪和政治感情等层面,指的是政治主体在政治生活中对政治现象和政治活动在心理期望和需求满足方面而产生的主观体验,往往包含积极肯定的情感体验(如快乐、满意等)和消极否定的情感体验(如懊丧、畏惧、愤怒等)。②政治亚文化是指政治社会中社会成员由于民族或种族身份、社会阶层地位、区域文化传统、年龄和性别、认知与辨识能力等的不同,产生了有别于主导(主流)政治文化整体性的政治认知、政治态度和政治价值观念,在政治体系中起着一定影响作用的政治文化。③因此,在政治心理—政治思想与国家政治文化—社会成员政治文化的复合分析框架中,政治文化得以有了不同的类别倾向归属,其中政治情感是产生分化的基础与前提,而政治亚文化是分化后形成的稳定的政治生活模式。

---

① 参见王卫兵:《党内政治文化的生成逻辑与发展趋向》,《中国特色社会主义研究》2017年第3期。
② 参见陈义平:《政治文化两种基本形态及其结构分析》,《理论建设》2015年第1期。
③ 参见陈义平、王建文:《当代中国政治文化论》,安徽人民出版社2014年版,第48页。

1.积极肯定型政治文化

积极肯定型政治文化是指主体既有积极能动的参与行为,又对主导政治文化持肯定的支持认同态度。依据分类标准来看,积极肯定型政治文化侧重于政治主体在政治生活中的状态较好地满足了其政治期望与需求,并在此基础上形成了较高层次的政治感情,即一种肯定、热烈而持久的政治热情。其中,对党、对祖国、对人民、对真理的深厚而强烈的爱就是政治热情的主要表现。①例如,爱国主义情感就是支撑各行为主体塑造积极肯定型政治文化的重要来源。

积极肯定型政治文化对政治生态的影响强度高。一经培育形成就会迸发出饱满的政治热情,从而对主流政治文化产生根深蒂固的政治信念,形成较为稳定的政治文化。积极肯定型的政治文化有助于形塑风清气正的政治生态,对政治生态具有直接而深刻的影响。例如,在抗日战争时期形成的全国人民爱国统一战线文化,便对该时期革命主导的政治生态起到了推波助澜的作用。在新时代,全体人民分享着参与强国建设、民族复兴的机遇,享受着改革开放的红利,总体呈现出积极肯定型的政治文化状态。

2.积极否定型政治文化

积极否定型政治文化是指主体虽然积极参与,但对主导政治文化的态度是消极的甚至是否定的,因此会做出非法行为,具有恶意破坏倾向。积极否定型政治文化与积极肯定型政治文化截然不同,意指各政治主体的参与的目的及动机不纯粹,以致过载的政治参与负荷冲击到政治体系的稳定性。分析积极否定型政治文化的由来,主要是由于对主流文化的认同产生了曲解与变异。这种政治文化属于政治亚文化的一种,有时会在某一时期出现于国家发展的进程中。例如,在某些时期,少数基层场域中出现个别非体制性群体势力(如宗族势力、黑恶势力等)参与到群众自治活动中,当其自身利益诉求与国家方针政策不一致时,他们选择了与国家权力相抗衡,利用自身的影响力在特定区域内形成了一种畸形的政治亚文化现

---

① 参见陈义平、王建文:《当代中国政治文化论》,安徽人民出版社2014年版,第41页。

象——积极否定型政治文化。①

积极否定型政治文化对政治生态的影响强度高。同样以基层为例，在某一特定时期出现的非体制性群体势力（如宗族势力、黑恶势力等）及其崛起为村庄政治带来的挑战是结构性的。受制于社会结构的双重压力——"紧张的乡村关系"和"低度的参与水平"②，积极否定型政治文化有其生根发芽的条件基础，从而会在某个时期某个特定场域出现，直接干预影响乡村政治生态的健康发展。

3.消极肯定型政治文化

消极肯定型政治文化是指主体具有消极的政治参与行为，但对主流政治文化依然持肯定的默许态度，呈现出被动参与的状态。为适应多样化和分众化的社会分层与流动趋势，以及逐渐迈向市场化的社会环境，各阶层各场域的群众积极投身市场经济建设，有的甚至忙于从事高强度的经济生产活动，而这极有可能在很大程度上削减了群众对政治参与的热情，这时候在民众中极可能形成消极肯定型政治文化。例如，乡村建设中一度出现较为严重的村庄空心化、人口老龄化状况，留在村落中的老年人对于参与基层选举活动、基层公共事务管理等积极性不高，但对于国家主导政治文化始终保持肯定态度。

消极肯定型政治文化对政治生态的影响强度低。具备消极肯定型政治文化的群体对政治参与的情感较弱、动力不足，因此其态度与评价对政治系统的输入较少，而过多地依赖于政治系统输出的政策性产品。郭圣莉将这种"村民的原子化和村庄关系的日益疏离"现象概括为支配与依附关系。在这一类型政治文化的主导下，政治生态仍然保持着既有的精英主导态势，与群众的依附关系相互配合，长期消极的政治参与很难推动基层治理的变革。③但该类型特征仍然对主导政治文化持肯定态度，因此也是对政权的一

---

① 参见吴毅：《制度引入与精英主导：民主选举规则在村落场域的演绎——以一个村庄村委会换届选举为个案》，《华中师范大学学报（人文社会科学版）》1999年第2期。

② 参见仝志辉、贺雪峰：《村庄权力结构的三层分析——兼论选举后村级权力的合法性》，《中国社会科学》2002年第1期。

③ 参见郭圣莉、王颖颖：《支配与依附：村庄主从权力结构研究——基于村庄精英角色的分析》，《行政论坛》2017年第6期。

种"散布性支持"力量。

4.消极否定型政治文化

消极否定型政治文化是指主体既对政治参与持一种疏远和逃避的消极行为，同时又对主导政治文化持有消极否定的态度，是一种政治冷漠现象。同消极肯定型政治文化一样，该类型的政治文化对政治体系的影响强度较弱。但在影响效度方面与前者不同，该种类型对主导政治文化的认同度较低，往往会形成一种潜在特殊的亚文化力量。该种政治文化类型在各个场域和各类主体中的分布较少，但仍有一定比例。

消极否定型政治文化对政治生态的影响强度也较低，但不可忽视其消极的政治效能感以及嵌入的政治心理变量、社会文化变量对政治生态健康有序发展的潜在破坏性。消极否定型政治文化尽管对政治体系是持不认同态度，但是这种政治情感并没有通过积极的政治参与爆发出来，而是潜藏在这部分主体的政治心理之中，还属于未组织化的阶段。

在村委会换届过程中，有少部分村民可能由于对候选人不满或其他原因而消极对待选举，但这部分村民的消极对待并未能左右选举的最终结果，其内在的消极影响可能还需要一定时间的积累或其他因素的激发才能更多地展现。反而是对于积极否定型的政治文化，更需要立即引起重视并加以解决，因为这一类型的政治文化往往会通过贿选、暴力、恐吓、购买选票等方式来干预、介入选举过程，进而扰乱破坏当地正常的政治秩序，影响基层政治生活，污染基层政治生态。政治文化影响政治生态的强度差异见表2-2。

表2-2 政治文化影响政治生态的强度差异表

对政治生态的影响 \ 政治文化类型	积极肯定型	积极否定型	消极肯定型	消极否定型
影响方向	+	-	+	-
影响强度	高	高	低	低

（三）政治文化影响下政治生态的演化过程

1.同化效应

同化效应是指政治生态从异质到同质的演化过程。在具体的场域中，由于主体不同，或者同一群体处于不同的场域，都会发生各种各样的异质性的政治生态环境，与混合型的政治文化相对应。例如，在村庄政治环境中，参与主体既有积极参与的年轻群体，也有保持冷漠的老年群体；主体间关系既有和谐的干群关系，也可能会有紧张的干群关系。而基层党建作为一种制度设计、工作机制和意识形态引领路径时，其向村民和干部传输的是普遍认同的主导政治文化，这一传输机制作用于村庄政治生活中，村庄内部的异质性的生态环境就会趋于向同质性状态演变，集中统一于党的全面领导格局。这种同化过程是以组织权威的方式对原有的政治生态进行整合，祛除消极的或负面性的杂质和异质因素，使村庄的政治生态环境主动向先进的优质的政治生态靠拢，被同化为新的政治生态的组成部分。政治文化影响下的政治生态之所以具有同化效应，是因为民众主体政治态度的形成和发展通常都要经历服从（接受）——同化——内化三个发展阶段。在同化阶段（认同阶段），个体从被动的顺从状态进入主动理解和认同组织和他人政治态度与行为的状态。从而，个人逐渐理解了组织和他人所从事的政治活动的重要意义和必要性，能够自觉自愿地学习和接受组织、他人或政治群体的政治观念、态度和行为模式，进而产生与组织、他人或群体相符的政治行为。[①]在这种主动接受与认同的过程中，各群体的政治参与行为也会主动做出改变，从而整体上推动政治生态趋于同化，即基于认同基础上的协调一致。

2.吸纳效应

吸纳效应是指政治生态从外围到内部的演化过程。一般认为，政治生态分为政治生态环境（政治外生态）和政治内生态。二者分别反映着人在政治中的关系以及政治在社会中的关系，即共同构成了"人的政治性和

---

① 参见陈义平、王建文：《当代中国政治文化论》，安徽人民出版社2014年版，第52页。

政治的社会性"。政治外生态圈是政治内生态与社会成员或社会团体的观念、信仰、行为、需求等互动博弈的结果。① 在从"社会过程"向"政治过程"的转换中，政治系统外部的各种需求与支持会被合法有序地吸纳到系统内部。中国共产党通过发展自身组织技术来不断适应外界环境形成的"挑战—回应"模式，正是吸纳效应的体现。景跃进认为，中国共产党往往会面临一种非常复杂的局面：意识形态的正统性（纯洁性）和政策实用性（合理性）之间的平衡有时难以保持。为了应对"市场经济逻辑"和"复杂社会逻辑"的挑战，中国共产党发展出相配套的吸纳（co-optation）技术和机制。②中国共产党领导的主导政治文化介入之后，促进了政治生态发生由外而内的吸纳。这种吸纳效应的实现，是因为中国共产党与社会之间的关系是轴心与外围的关系，这是一种吸纳与调适的关系。③ 因此，在吸纳效应下，社会各部分的各种各样的政治生态总是向核心层的轴心组织靠拢。

3.聚合效应

聚合效应是指政治生态从多样到一元的演化过程。在不同角色主体和不同场域中，政治生态复杂且富有变化，在某一时期的特定地区常常存在着多种政治生态并存的局面，聚合效应是指将多样化的生态格局整合凝聚为统一性的生态形式。聚合是一种从离散状态过渡到具有整体结构和合力功能的过程，需要凝聚力作为引领。之所以政治生态能产生聚合效应，是由于政治文化自身存在内化阶段。政治文化的内化是指在同化基础上，个体逐渐将接收的社会意识转化为个体意识，从内心深处彻底接纳了他人或政治共同体的政治观念、政治态度、政治情感和信念，并通过自我意识的调节作用，将这些观念、态度和情感、信念熔铸在自己的价值体系之内，形成态度体系的组成部分④。因内化作用，一定区域内的政治文化逐渐趋向

---

① 参见靳志强：《论政治生态及其治理路径》，《理论月刊》2017年第6期。

② 参见景跃进：《转型、吸纳和渗透——挑战环境下执政党组织技术的嬗变及其问题》，《中国非营利评论》2011年第1期。

③ 参见林尚立：《轴心与外围：共产党的组织网络与中国社会整合》，《复旦政治学评论》2008年。

④ 参见陈义平、王建文：《当代中国政治文化论》，安徽人民出版社2014年版，第52页。

同化，趋向对占主导地位的政治文化的认同，形成了稳定的政治态度和共识行动，从而推动了当地政治生态的聚合过程。聚合过的政治生态，经历了筛选和调整的过程，因此保留下的生态系统具有更高的品质和更加纯净的形态，有助于形塑风清气正的政治生态。同时，这种聚合的过程，也是将政治主体中的多元认同支持力量聚合到占引领地位的同一主体中的过程，趋向于形成聚合的政治生态，也有助于政治权威的塑造和生成。

4.重塑效应

重塑效应是指政治生态从陈旧到革新的演化过程。对于政治生态而言，重塑是一个推陈出新的变革过程，是指将旧的政治生态中那些不合理的政治关系、政治制度成分等进行重新排列组合，并优化处理。因此重塑的过程是一个"去粗存精、去伪存真"的过程，将政治生态进行内部革新再造。也可以说，重塑政治生态是针对不合理的"碎片化"现象进行战略回应的整体性治理方式。政治文化之所以能推动政治生态的重塑，在于其本身的强大精神力量。以政治舆论为例，在一国政治文化体系之中，政治舆论是其最初的表现形态。它指的是一定的政治体系通过多种渠道传播和表达对一些政治现象、政治活动、政治事件和人物及政治动向的多数人的态度和意见的汇总。政治舆论是一种精神力量，在西方国家有时被视为"第四种权力"，因而具有强烈的政治倾向性。[①]进步的、正确的政治舆论能成为社会变革的先声，并推动社会的发展。[②]因此，当政治文化表现为一种政治舆论攻势之时，一定区域内的政治生态就会发生重塑的变革效应，以顺应政治舆论中的合理诉求。这种重塑的过程伴随着政治内生态的优化和升级，是一次系统的革新。

5.转型效应

转型效应是指政治生态从低级到高级的演化过程。政治生态的转型与重塑不同，重塑侧重于内部的格局再造、优化升级，而转型是指从一种政治生态转变为另一种更加高级的政治生态，是政治生态表现形态的一次

[①] 参见陈义平、王建文：《当代中国政治文化论》，安徽人民出版社2014年版，第47页。
[②] 参见陈义平、王建文：《当代中国政治文化论》，安徽人民出版社2014年版，第48页。

变迁，比如，从传统政治生态向现代政治生态的变迁。前文述及，政治亚文化具有异质性、次级性、流变性、与主导政治文化发展非同步性、分散性等特点。相对于政治亚文化，政治意识形态是一种更高级类型，是指在一定的社会历史条件下反映统治阶级意志和利益的，具有相当程度流行性的，对社会、政治作出根本性规定的政治思想体系和政治价值体系。[①]因此，它是一国政治文化体系中具有明确的、直接的反映统治阶级意志和利益的政治思想。因此，相对于某种政治亚文化现象对政治生态能够施加的影响而言，政治意识形态的变化对政治生态系统具有更为深刻的影响，通常是根本性的影响，往往能推动特定政治生态发生质的跃迁和形态上的转型。

（四）政治生态的演化效度及障碍因素

1.政治生态的演化效度

由上述可知，政治文化可分为积极肯定型、积极否定型、消极肯定型、消极否定型四种类型，而每一类型政治文化又对政治生态产生不同程度的影响，这些影响可通过同化、吸纳、聚合、重塑与转型五种效应来分析。但需要注意的是，不同类型的政治文化影响下政治生态的演化效度是不同的，呈现出强化作用与弱化作用相济、积极效度与消极效度并存的特点，分别影响到不同性质的政治生态。例如，积极肯定型政治文化在一定程度上决定了良性政治生态，并起到强化作用，同时弱化了不良政治生态的影响，有助于推动政治生态的重构；积极否定型政治文化和消极肯定型政治文化均弱化了良性政治生态的影响，并在一定程度上强化了不良政治生态，对此需要发展积极健康的政治文化以推动政治生态的净化；消极否定型政治文化强化了不良政治生态的影响，同时阻滞了良性政治生态的发展，对此同样需要发展积极健康的政治文化以推动政治生态的修复。

政治生态的演化效度决定了政治生态演化过程的有效性。演化效度

---

① 参见陈义平、王建文：《当代中国政治文化论》，安徽人民出版社2014年版，第49页。

是对不同的政治生态演化过程的测量和评价。不同类型的政治文化虽然对政治生态产生影响，但这种影响会对政治生态产生哪种方向以及何种强度的影响，都决定了政治生态演化过程的走向。对政治生态演化效度进行观测和评估，对于特定场域的政治系统和政治生活而言，目的是要通过发现问题、解决问题，重构良性政治生态以及消解不良政治生态。因此要注重发挥强化作用与弱化作用之间的交互效应、积极效度与消极效度之间的相互转化功能，使积极肯定型的政治文化占据主导作用，以达到对政治体系的完善。政治生态的演化效度归根结底是会受到政治文化的影响的，因为政治文化与政治发展这一政治目标之间关系密切，即政治文化不仅对现存政治体系的稳定起到维系、支持、维护的作用，当政治系统赖以生存的环境发生了改变并提出了新的发展要求时，政治文化还能对政治体系的变革起到推动、呐喊、助威的作用。①由此，因政治文化的影响，政治生态的演化效度一定程度上彰显了政治发展的不同水平，导致了更深的结构高度分化，产生了更为专门化和自主化的政治角色和相应的刺激结构以及它们之间的新的互动关系，进而推动政治体系的发展和完善。②

2.政治生态演化障碍因素

政治生态的演化过程呈现出复杂多变的趋势。有学者指出了政治生态随着环境变化而出现的结构性失衡与意义偏差：社会结构的合理性有待增强，政治生活的规范化有待强化，政治文化的先进性有待提升。③有学者从修复党内政治生态角度入手，提出了存在的五种问题：理想信念发生动摇，政治生态的"压舱石"不稳；纪律规矩执行走样，政治生态的"高压线"不紧；选人用人导向偏差，政治生态的"风向标"不正；权力监督存在盲区，政治生态的"净化力"不强；管党治党责任缺失，政治生态的

---

① 参见陈义平、王建文：《当代中国政治文化论》，安徽人民出版社2014年版，第55页。

② 参见[美]加布里埃尔·A.阿尔蒙德、小G.宾厄姆·鲍威尔：《比较政治学——体系、过程和政策》，曹沛霖等译，上海译文出版社1987年版，第9页。

③ 参见谢平：《政治生态变异分析与重构逻辑》，《江苏社会科学》2017年第6期。

"小气候"不佳。①由此可见，政治生态演化过程中产生的障碍因素与政治文化的不同层面均有关系，既存在于心理层面，也存在于思想观念层面，深层次的障碍因素不仅积淀于一个特定的政治系统的制度形态、组织结构及其系统中人们的思想之中，还存在于人们的思想行为模式之中，以及政治制度体系和组织体系的运行过程之中。政治文化的内在结构层次嵌入政治生态的演化过程机理之中，从而能从不同层面对政治生态的演化产生影响。

对于政治生态的演化障碍因素，要持续进行消解和破除，良好的政治生态才能不断得以优化与修复。"优良政治生态生成于政治体系内生态环境和外生态环境之间以及生态体系内部诸要素之间，建立起良性的生态回路，动态链接、协调平衡是优良政治生态的基本标志。"②因此，在互动中不断寻求正向平衡、在扫障中不断确立新的秩序，是政治生态良性演化的一般规律，只有对政治文化影响政治生态的差异作细致区分以及针对性调节，才能推动政治生态循着演化规律不断优化发展。

三、苏联东欧社会主义国家后期政治文化演化对政治生态的影响及教训

20世纪80年代末90年代初，东欧剧变、苏联解体，世界格局发生重大变动。在此过程中，政治文化的演化对政治生态产生了一系列的影响，这些影响不断催化发酵，最终导致东欧剧变、苏联解体。通过分析苏联、东欧社会主义国家后期政治文化的演化对政治生态影响的历史教训，从反面例证探讨政治文化影响政治生态发展的规律性逻辑机理和内容，有助于以

---

① 参见谢金峰：《论政治生态修复与净化的路径》，《探索》2018年第1期。
② 夏美武：《政治生态建设的困境与出路——基于当代中国政治现实的生态视角分析》，《苏州大学学报（哲学社会科学版）》2012年第1期。

史为镜，进一步探寻如何通过强化主流政治文化的积极影响来推进政治生态的净化及制度化。

（一）苏联东欧社会主义国家后期政治文化演化对政治生态的影响机理

国内外学界从不同角度对东欧剧变与苏联解体的原因进行了较多的深入研究。其中，有的研究涉及政治文化的根源层面，有的研究涉及政治生态的根源层面。这些已有研究成果为我们深入探讨政治文化对政治生态的影响提供了启示，但总体来看，基于政治文化与政治生态的互动关系视角探究东欧剧变与苏联解体根源的研究成果不多，从政治文化的各层面去深入剖析其影响政治生态诸方面的系统研究成果尚不多见[①]。据此，我们从政治文化的各个层面对政治生态的各个领域所产生的不同影响及其影响机理的角度展开研究，试图以一个较为新颖的视角深入探讨东欧剧变与苏联解体的根源。

1.从政治文化中的政治信仰层面来探讨其对政治制度生态的影响

苏联和东欧社会主义崩溃是内因和外因各种因素合力的结果，从内因角度来说，政治信仰危机动摇了原有社会主义制度的根基，从而加速了苏联解体与东欧剧变。

第一，背离马克思主义指导思想引发了政治信仰危机，损害了原有社会主义政治制度生态的根基。赫鲁晓夫当政后，以反对个人崇拜、个人迷信为藉词，强调"全民国家""全民党"的党建思想，甚至对于西方资本主义思想推崇备至；戈尔巴乔夫则将苏联的指导思想引向了"人道的民主的社会主义"。这一系列政治思想的变迁严重背离了马克思列宁主义，彻底扭曲了共产主义政党的理论先进性，引发了人们对马克思主义的信仰危机，逐步催动社会主义制度文化生态变了颜色。

第二，政治思想的多元化使部分党员的社会主义理想信念日益淡漠，

---

① 参见胡运锋：《中国特色社会主义制度与苏联社会主义制度的历史关联》，《科学社会主义》2014年第6期。

导致共产主义政治信仰逐渐丧失，影响了原有政治制度生态的稳定性。从外部的意识形态渗透的角度来看，西方国家通过"颜色革命"对苏联进行了思想上的渗透和改造，逐渐影响了苏联共产党人、知识分子、科研人员，甚至苏联领导人的政治思想[1]。这种影响在苏联内部形成了对本国的仇视和对西方资本主义制度和文化的推崇，对苏联内部的政治意识、政治信仰造成了颠覆性的影响。就内部的政治思想多元化而言，苏联共产党逐渐失去了马克思列宁主义这一指导思想阵地，丧失了意识形态领导权，甚至提倡资产阶级自由化思想。最典型的便是戈尔巴乔夫宣扬的所谓"人道的民主的社会主义"思想，是对马克思主义的严重背离。以苏共二十八大为标志，苏共的大多数精英分子逐渐放弃了马克思主义的理想信念[2]，退党现象严重。戈尔巴乔夫在苏共中央全会上作报告时指出苏共截至当时已经有大约420万人退党，这一比例占到了当时苏共全体党员的22%。由于没有能够有效应对西方国家对苏联内部的意识形态入侵，加之苏共自身在指导思想上背离了马克思主义，形成了指导思想多元化局面，动摇了马克思主义原先在全社会占据的统领地位，最终导致苏共对意识形态领导权的丧失。

第三，改革方向的偏离冲击了主流信仰，形成了污浊的政治风气，进而影响了原有政治制度生态的良性运行。戈尔巴乔夫推行的"新思维"和全面改革，在传统计划经济模式的束缚下未能有效促进经济发展，反而导致经济陷入困境。同时，他追求的所谓"人道的民主的社会主义"的政治路线也造成了社会思想的混乱。这些改革非但没有能够及时有效应对信仰危机，反而从党内到全社会加速引发了信仰危机的爆发，最终导致苏联社会主义制度生态整体崩塌的悲剧。[3]

东欧社会主义国家后期由于改革方向的偏离也曾发生政治信仰危机，影响了原有政治制度的稳定运行。首先，社会主义政治信仰遭到挑战。波

---

[1] 参见［俄］雷日科夫：《雷日科夫谈苏联解体、苏共失败的原因》，李俊升、张树华译，《政治学研究》2008年第4期。

[2] 参见宋玉波：《苏联社会主义失败的三点教训》，《俄罗斯研究》2001年第4期。

[3] 参见李慎明：《苏联亡党亡国的根本原因、教训与启示（中）——写在苏维埃社会主义共和国联盟成立100周年之际》，《世界社会主义研究》2022年第10期。

兰、阿尔巴尼亚、匈牙利等东欧社会主义国家的后期，共产党的领导与社会主义政治信仰被否定，这动摇了社会主义制度。波兰率先放弃了苏联模式的社会主义制度，匈牙利、保加利亚等社会主义国家随之转向实行社会主义多元化，采纳了多党制和议会民主制，这导致了党派间的互相攻击，社会制度发生了根本性变化。其次，资本主义理念和信条大量涌入。捷克斯洛伐克推广西方式民主和资本主义生活方式，以期改变原有社会主义政治制度，最终导致了国家分裂。

2.从政治文化中的意识形态角度来探讨其对政治体系生态的影响

马克思主义政党对社会主义国家的意识形态领导权是国家坚持走社会主义道路的政治底线。苏联和东欧社会主义国家在改革时期，意识形态层面出现严重错误，经历了从自由放任到严重失衡，再到彻底转向的嬗变过程，使得原有社会主义政治体系生态逐渐崩溃。

受到西方意识形态的影响，加之重用亲西方的政治势力，苏共逐渐丧失意识形态领导权，形成多党执政的政治生态。自丘吉尔"铁幕演说"伊始，两大阵营对立的世界局势拉开帷幕。西方资本主义国家长期不懈地对苏联进行意识形态培植与入侵，企图从苏联内部瓦解这个强大的社会主义国家。从赫鲁晓夫到戈尔巴乔夫，苏联的意识形态领导权逐步弱化。赫鲁晓夫在苏共二十大报告中提出"全民国家""全民党"的思想，更加错误地认为苏联已经消灭了阶级，苏共内外已经不存在资产阶级思想，甚至提出"无产阶级专政在国内不再是必要的"。苏共二十大的一系列观点引起了全社会的动荡，在意识形态领域出现了越来越多的对社会主义国家有害的、反动的声音、观点和主张，并逐渐酝酿形成一些明显反社会主义和违背马克思主义原则的错误思潮，这已经为后来的剧变埋下了祸端，潜藏着政治危机。戈尔巴乔夫则直接交付了国家权力，效仿资本主义国家实行多党执政，设立总统制，叶利钦、克拉夫丘克等亲西方势力陆续执掌大权。自由派、激进派人士占据政治权力中心，他们打着"道义的民主社会主义"的旗帜进行反苏反共的舆论宣传，社会主义意识形态逐渐被资本主义的各种思潮稀释并不断丧失影响力。到后期，苏联的社会主义意识形态形同虚设，社会主义政治体系也逐渐动摇①,政治生态陷入混乱的局面。

赫鲁晓夫背离马克思主义的指导地位引发了意识形态领域的混乱,进而逐渐侵蚀了社会主义政治体系生态,这一教训是惨痛的。由于苏联共产党摒弃服务人民的宗旨,未能结合国情民情以毫不动摇的马克思主义指导苏联的意识形态工作,在经济基础和上层建筑的建设发展中埋下了隐患。特别是在20世纪80年代之后,面对党内腐败和官僚主义的泛滥以及意识形态的僵化,苏共开不出良策妙方。戈尔巴乔夫提出以"人道的民主的社会主义"取代马克思主义,全盘否定斯大林,全盘否定苏共历史和社会主义实践②,而这种所谓的"人道的民主的社会主义"本质上就是西方资本主义意识形态。苏联的社会主义道路在无形之中披上了资本主义的外衣。正如俄罗斯学者季诺维耶夫所言,苏联解体源于苏共对马克思主义的背叛。长期以来,苏联的意识形态为东欧国家提供了效仿的模板,把苏联经验神圣化。苏联在理论研究、宣传教育与实践指导上的教条主义、学理主义充斥了东欧国家的思想战线,整个联盟的社会科学战线萎靡不振,理论工作者队伍建设疲惫不堪,致使各国的执政党思想理论极为贫乏,整个苏维埃社会主义共和国联盟体系陷入"一损俱损"的崩溃境地。因此,当苏联的意识形态出现混乱乃至变质之后,便引发了东欧社会主义国家意识形态崩溃的多米诺骨牌效应。

3.从政治文化中的民众社会心理角度来探讨其对政治行为生态的影响

苏联解体及东欧社会主义国家剧变的重要原因之一在于丧失民心,失去了人民的信任和拥护。随着民众社会心理的嬗变,政治猜疑甚至政治冷漠的态度日益加深,影响了民众的政治行为选择,从而使苏共逐渐失去了执政的合法性和社会认同的基础。

第一,社会民众消极的政治心理使得政治信任崩塌,导致非正式组织和街头政治的兴起。人民是一个政党长期执政的重要基石,获得人民的支持和信任也是执政党的基本任务。丧失民心是苏联政治生态崩溃乃至走向

---

① 参见刘显忠:《中国的苏联历史研究七十年》,《世界历史评论》2019年第3期。
② 参见郭德钦:《苏联解体:马克思主义意识形态建设上的沉痛教训》,《红旗文稿》2018年第2期。

解体的重要原因。这主要表现为：一是民众对国家发展与政治建设的漠不关心。苏联人民对国家的建设与发展原本保持着浓厚的情感，无论是十月革命还是卫国战争，苏联取得胜利都源自民众在苏共领导下团结一心的坚定信念。到了苏联解体的前夕，国家发展与政治改革越发混乱，苏联大厦已摇摇欲坠。民众对国家的冷漠在苏联解体这一决定国家生死存亡的政治事件中表现得尤为明显，他们的心理和情感已激不起波澜。此时在苏联民众的心目中，对于国家领导人的期望已经消失，国家是维持社会主义政体还是转变为资本主义体制，于他们而言，这些政治问题都不及自身的生存重要。二是对苏共情感上的冷漠。苏共带领人民赢得了一系列的胜利，创建了第一个社会主义国家。作为无产阶级专政的政党国家，广大民众能够将共产党视为自己的领路人。然而，苏共在腐败成风、经济衰败、政治衰落等一系列破坏良好生态的事实发生时束手无策、无所作为、无能为力。在这一过程中民众慢慢消解了对于苏共的深厚情感。例如，在切尔诺贝利事件应对中，苏共不顾民众安危，采用了"有控制的公开性"政策，不仅使大量苏联民众的生命财产受到损害，也危及其他国家民众的健康。这极大地损害了民众对苏共的信任。三是非正式组织的盲目性扩张带来社会运动的激增和社会秩序的混乱。苏联后期，以各种名目成立的、具有各种主张的非正式组织借着政党或政治运动的形式大行其道。这些组织或政党以自由的、激进的形式进行内部辩论，开展社会活动，把成千上万的群众带上街头，扰乱了政治生活。

第二，苏联民众抱有强烈的民族性格，极端民族主义传统的兴起扰乱了苏联的社会主义精神的整体性，民众的政治行为陷入混乱局面。在苏联强盛时期，以苏共为核心建构的社会主义精神成功地使苏联各族群凝聚成一个统一的整体。同时冷战的背景使苏联、东欧各国能够超越民族主义，团结一致对抗西方。苏联民族矛盾激化、各加盟共和国离心倾向加剧发生在戈尔巴乔夫时期，这是戈尔巴乔夫错误的改革和错误的民族政策造成的，因为苏联各民族团结一致的根本纽带——苏联共产党、马克思主义、社会主义——被戈尔巴乔夫领导集团瓦解了，联盟赖以存在的思想、政治、经济根基被彻底破坏了，在这样的背景下民族分离势力才利用人民的名义和宪法赋予加盟共和国自由退出联盟的权利公开瓦解苏联。[①]高度情绪化的民族主义使得民众追求独立与发展的社会心理持续高涨，导致东欧多个国家之间产生激烈冲突。路易斯·施耐德（Louis Snyder）认为，民族主义实际上是一种政治运动，民族主义助推了捷克斯洛伐克等东欧国家的分裂进程。东欧具有多民族性特征，民族的数量超过了国家的数量，种族歧视或民族不平等现象严重。在捷克斯洛伐克等东欧国家，由于政治的多元化、群众的非意识形态化、利益多元化等，民众对政治的参与度和认同感显著下降。极端民族主义的滋生消解了民众对国家认同的心理基础，[②]也正是上文所强调的，民众对国家情感的淡漠、对社会主义这一精神纽带的疏离，最终摧毁了苏联政治生态赖以良性发展的精神支柱。

第三，人民群众普遍存在的负面的社会情绪导致了思想意识领域的混乱，对国家的指导思想与发展方向产生怀疑，进而助推了非正式的政治参与行为。苏联后期，人民群众对苏联社会主义制度失去信心，追捧各种非马克思列宁主义的思想意识，采取更为激进的政治行动。[③]尤其是西方民主自由思想的深刻影响，对民众的心理造成巨大震动。西方资本主义国家不仅对苏共领导人进行思想渗透和改造，也利用各种途径对普通民众宣扬所谓的民主自由思想，对苏联进行"脸谱化""污名化"。加之，苏联政治生态恶化现象难以根除，民众在心理上由对改革的迫切期望转变为对苏共领导的国家的失望。人心浮动，思想意识混乱，民众对苏共和国家的信任式微，一些反党反社会主义的行动变得更为大胆和激进。在反对势力的煽动下，民众对破坏政治秩序的行为变得盲目，苏联社会的整体道德水平下滑，国家政治秩序更是被无情打乱，政治稳定岌岌可危。最终，在民众的呼声中苏联走向了崩溃。

---

① 参见李慎明等：《苏联亡党亡国的根本原因、教训与启示》，当代中国出版社2024年版，第87页。

② 参见程春华：《苏联解体30年：极端民族主义的滋生、演化与后果》，《政治学研究》2021年第5期。

③ 参见马龙闪：《苏联文化体制沿革史》，中国社会科学出版社1996年版，第156页。

4.从政治文化中的政治价值观角度来探讨其对政治关系生态的影响

苏联解体及东欧社会主义国家剧变，还有一个重要原因在于苏联及东欧社会主义国家后期最高领导层在政治价值观和意识形态立场上的蜕变。随着这些国家后期领导层的变化，社会主义政治价值观——本应是国家和人民政治理想和政治信仰的基础——在民众心中逐渐失去了影响力。"失民心者失天下"，这种变化导致执政者失去了政权合法性的基础，最终引发了苏联及东欧社会主义国家的剧变。

第一，政治价值观的扭曲与偏离是苏联及东欧社会主义国家后期在政治文化领域出现的共同现象，这种偏离污浊了政治生态环境，扰乱了政治关系生态。在雷日科夫看来，人们的价值观念的根本性变化是导致苏联解体、苏共失败的原因之一。美国等敌对国家通过资本收买等手段改造苏联人的脑子和意识，把苏联人塑造成美国需要的样子。① 自我意识消亡，自身文化价值的贬低，党统领一切的生态被打破，政治体制文化的崩塌，"国家至上"社会价值观向以个人为中心价值观的演变，导致了政治价值观整体的偏离和扭曲，思想上的混乱进而引发政治生态环境的混乱。在斯大林领导时期，"国家至上"成为全体国民的主导政治价值观，形成共产主义精神和价值理念。赫鲁晓夫上台后背离了马列主义。1962年4月，赫鲁晓夫在作关于新宪法的报告时指出："新的宪法应该是全民的社会主义国家的宪法，正在建设的共产主义的宪法。"在这一阶段，赫鲁晓夫在思想上、政治上宣扬阶级调和的"全民党""全民国家"论调，宣扬抽象的、超阶级的人道主义观，要求把所谓的"伟大的人道主义"作为"我们的意识形态"，淡化马克思列宁主义的指导地位。② "国家至上"的价值理论在人民心中成了伪经典，以致建立在这个理论基础之上的社会主义信念与共产主义信仰日益失去其光环。③ 而勃列日涅夫除了对赫鲁晓夫时期的经济改革作些调整，在意识形

---

① 参见［俄］雷日科夫：《雷日科夫谈苏联解体、苏共失败的原因》，李俊升、张树华译，《政治学研究》2008年第4期。

② 参见李慎明等：《苏联亡党亡国的根本原因、教训与启示》，当代中国出版社2024年版，第106页。

③ 参见熊辉、李琳琳、谭诗杰：《苏共政治信仰塑造的嬗变及启示》，《广西社会科学》2019年第1期。

态上继续推动多元化的价值观转型,更为严重的是,在国家意识形态和全社会倡导追求个人利益至上的病态价值观,严重背离了马克思主义的人民立场和社会主义集体主义原则。党内形成了滋生反马克思主义思潮的温床,推动苏联社会的政治价值观朝向更泛化、多元化的方向演变。东欧社会主义国家后期也出现了这一现象。正如匈牙利经济学家亚诺什·科尔奈(János Kornai)所言,在那一时期,政治、社会、文化领域价值和信仰日趋多元化,那些旧的世界观已经在心中坍塌的人,将无法再全力以赴重拾往日的信仰与激情。[①] 超脱历史发展水平的政治价值观注定是无源之水、无根之萍,最终导致国家和人民在意识形态方面以及政治生活层面的混乱。

第二,核心价值观建设的失误导致了一系列政治和思想问题,如对马克思主义指导思想和主流意识形态教育的僵化,引发了一部分人因共同理想与社会现实的对立而产生的困惑等,进而加速了苏联的解体。由于不同时期领导人、领导集体以及国内外形势等各种因素变化的影响,苏共在核心价值观的建设上出现了失误。首先表现在马克思主义指导思想走向背离。斯大林时期,政治上的党政不分、个人崇拜等使马克思列宁主义在表面上看似主导地位不断强化,但实际上理论已经在逐步脱离群众。苏共二十大时,赫鲁晓夫在思想文化领域掀起"解冻"浪潮,这进一步混淆了群众对马克思列宁主义的认识和判断。戈尔巴乔夫上台后开始反道而行,他背离了马克思主义,大肆宣扬"民主化、公开性、多元化",拱手让出了马克思主义的主导地位,这为各种社会思潮乘虚而入大开方便之门。其次,主流意识形态的价值观教育从强化走向僵化。由于苏联一直是西方国家的心头大患,苏联通过构筑多位一体的思想防线来守卫自己的核心价值观,其中方式之一是构筑情感防线,即美化自己和丑化敌人。这违背了科学社会主义实事求是的基本原则。苏联对民众的不当价值理念灌输,过分夸大国家成就,刻意丑化西方的做法引起了苏联民众的反感,人们的核心价值观和信仰开始瓦解。政治价值观的偏离、崩塌,成为政治生活逐渐污浊、混乱的重要诱因之一。

---

① 参见郭洁:《东欧的政治变迁——从剧变到转型》,《国际政治研究》2010年第1期。

第三，青年群体理想信念教育的缺失促使其政治价值观发生扭曲，导致了青年群体对社会主义理想信念从笃信走向全面崩溃，最终扰乱了原有稳定的政治生活秩序和良好的政治生态环境。在苏联及东欧社会主义国家后期，青年群体的社会主义价值观经历了从动摇直至全面崩溃的过程，主要有以下原因：

一是赫鲁晓夫淡化政治，取缔学校的思想政治理论课，导致在青年一代乃至全社会中的历史虚无主义思潮兴起。在苏联及东欧后期，对青年的思想政治教育存在着严重的个人主义崇拜，希冀通过树立党和国家领导人的"高大"形象，使青年跟着自己的错误路线走，逐步陷入西方"和平演变"的泥坑。① 事实上，对列宁、斯大林等苏联领导人形象的丑化，对现任领导人的包装和吹捧，也引起了青年的普遍反感与嘲讽。

二是空喊革命口号，漠视青年的现实需要与全面发展。1966年勃列日涅夫指出，"没有经历过严峻生活考验的男女青年加入我们党的队伍越多，思想教育的任务就越重要"。然而，对于青年的思想政治教育方式却是机械地复制革命时期的口号，传授一些形而上的教条，脱离了青年的实际需要与自我发展的强烈愿望。在当时，对苏联及东欧诸国的青年来说，执政党为青年描绘的社会主义美好蓝图已不再是最光明、最先进的世界，党也不再是用马克思主义武装起来的无产阶级优秀分子的先进组织。东欧国家虽提倡实行共产主义价值观教育，但没有重视党的思想建设和组织建设，没有重视以发展经济和解决民生问题来巩固党的执政基础，也没有教育青年把自身利益发展与社会主义建设者和接班人的使命担当结合起来，导致许多党员和青年的思想觉悟不高，对领导集团官僚主义、以权谋私等腐败现象虽表达不满但也只是无奈地消极反抗，甚至甘愿同流合污。青年的政治价值观的扭曲和理想信念的缺失，助推了社会风气恶化，加剧了政治风气衰败，从而影响了党和国家政治生活不断朝着秩序混乱和污浊化方向演变。

---

① 参见宋义明：《新时代党内政治生态建设的举措与特点》，《人民论坛》2019年第15期。

（二）苏联东欧社会主义国家后期政治文化演化影响政治生态的教训

综观上述对苏联、东欧社会主义国家后期政治文化各层面演化的探讨，可以从如下几个方面分析政治文化影响政治生态的教训。

1.从政治文化中的政治信仰影响政治制度生态的角度来总结分析

在苏联东欧社会主义国家的后期，社会和大众的政治信仰危机逐渐显现。最初，人们对共产主义的政治信仰坚定不移，但到后期，这种信仰逐渐扭曲并动摇了对社会主义政治制度的信念，进而动摇了社会主义政治制度的根基。从政治信仰影响政治制度生态这一角度，我们可以总结苏联解体、东欧社会主义国家剧变的教训，并得出重要启示。

第一，始终坚持马克思主义的指导地位是社会主义国家必须坚守的首要原则。马克思主义是不断发展的，要坚持将马克思主义基本原理与本国实际相结合，在理论创新中创造性地发展马克思主义，让马克思主义指导思想始终成为人们的坚定信仰，使马克思主义指导思想始终充满生命力。纵观苏联从诞生、发展、衰退直至解体的历史轨迹，可以发现在苏共领导者中，列宁和斯大林能够很好地将马克思主义思想与实际相结合。列宁主义的诞生是理论创新、实践探索的创造性发展成果，为世界社会主义运动的蓬勃发展发挥了积极作用，也为后来者提供了发展本国指导思想的典范意义。赫鲁晓夫上台后的几任最高领导人在偏离马克思主义的轨道上越来越远，及至戈尔巴乔夫运用所谓"新思维"对苏联的制度、体制诸方面进行全面改革，则是对马克思主义的彻底背叛[①]，最终导致苏联社会主义政权垮台和制度解体。

第二，始终坚持共产主义政治信仰是社会主义现代化建设不断发展完善的强大精神支柱。社会主义国家如何不断巩固人们对共产主义的政治信仰，始终是一个重大课题。对共产主义的政治信仰是人们信仰体系中的高

---

① 参见李慎明：《苏联亡党亡国的根本原因、教训与启示（上）——写在苏维埃社会主义共和国联盟成立100周年之际》，《世界社会主义研究》2022年第9期。

阶境界，规导着人们的理想坚持、信念选择，能够体现信仰的整体统摄性。人们对信仰的崩塌会导致整个精神世界的崩溃和塌陷。戈尔巴乔夫则直接背离了社会主义大方向，丧失了共产主义信仰，统治集团和社会大众的共产主义信念和社会主义理想皆随之倾覆。这一教训是极其深刻的。党的二十大报告指出，只有社会主义才能救中国，只有改革开放才能发展中国、发展社会主义。这是对马克思主义的根本遵循，是中国共产党人坚持共产主义政治信仰的基本原则。我们要坚持从政治、经济、文化、社会、生态五个方面立体推进中国特色社会主义制度的自我革新和自我完善，不断加强党的自我革命，保持党的先进性与纯洁性，在完善社会主义制度、推进国家治理体系和治理能力现代化中确保党的领导核心地位不动摇。在深化改革中，敢于打破利益固化的藩篱，让现代化建设成果更多更公平惠及全体人民，不断巩固和充分发挥我国社会主义制度优越性，增强人民的"四个自信"，坚定对社会主义道路的信心和对共产主义的崇高信仰。

第三，始终坚持党的全面领导是推进中国式现代化的根本保证。要不断加强和完善党的建设，保持党的先进性，巩固人民对执政党的崇高信念。苏联东欧社会主义国家后期的发展演变及其执政党发展历史进程告诉我们，执政党的建设事关人心向背。政党形象是党的建设的重要内容，良好的政党形象有利于人们坚定共产主义信仰，反之则会导致共产主义信仰的社会基础不断流失。在推进中国式现代化建设全过程中，要始终坚持党的全面领导，完善党的执政理念，优化党的执政方式，确立科学的执政策略。赫鲁晓夫时期，苏共在党的建设的各个方面都出现了严重问题，随后更是出现了严重的官僚主义现象和腐败问题。官僚特权阶层的逐渐形成严重动摇了苏共执政党合法性基础，最终使其失去了执政地位。

东欧剧变、苏联解体对于我们还有一个启示，就是要始终把党风建设作为加强党的建设、保持党的先进性与纯洁性的重要任务。党风建设是党的建设的重要组成部分，党风问题反映政党形象，事关党和国家的命运。[①]

[①] 参见胡凯、杨竞雄：《苏联社会主义意识形态管理之失及其对我国的启示》，《南华大学学报（社会科学版）》2014年第4期。

列宁时期对党风建设非常重视，提出了一系列建设性的指导思想，如加强与人民的血肉联系，从经济、体制、思想、文化上反对和克服官僚主义，确立清正廉洁的党内政治生态。到了苏联后期，党风问题逐渐蜕变，特权阶层的享乐奢靡之风盛行，腐败现象日益加剧，党风带动政风和社会风气逐渐败坏。戈尔巴乔夫在苏共的建设方向上的错误，使党风问题发生了质变。①苏共的发展一旦全面背叛马列主义的建党原则，使执政党沦为少数利益集团谋利的工具，使党内充斥腐化颓靡之风，就必然会最终失去人民的支持和信任。②苏共在党的建设方面的教训告诫我们，只有不断加强和完善党的领导，推进党的自我革命，才能保持优良的党风，才能保持党同人民群众的血肉联系，才能发挥共产主义信仰的先进性作用，才会不断巩固和扩大共产主义信仰存在的群众基础，进而维护好社会主义政治制度。③

2.从政治文化中的意识形态影响政治体系生态的角度来总结分析

苏联东欧社会主义国家后期意识形态出现偏离与混乱，从自由放任到失衡及转向，最终放弃主导政治文化，背离和背叛马列主义，进而从根本上打破了原有的社会主义政治体系生态。从意识形态影响政治体系生态这一角度，我们可以总结苏联东欧社会主义国家后期发生剧变的教训，并得出重要启示。

第一，要始终坚持和加强党的社会主义意识形态领导权工作，使党的指导思想成为统领国家建设和社会发展的根本指导思想。社会主义国家建设和发展的关键在党的坚强领导，意识形态工作领导权必须牢牢把握在执政党手中。苏联和东欧社会主义国家能够成功建立和顺利发展，根本上在于形成了一个成熟的共产党领导的政治体系和生态。在后期的国家衰败中，也正是由于鼓吹放弃党的领导，放弃执政党对于社会主义建设的领导地位，从而逐渐放弃了马克思列宁主义的指导。④戈尔巴乔夫所倡导的"人道的民

---

① 参见尤国珍：《再论苏联意识形态建设的历史教训与现实启示》，《中共石家庄市委党校学报》2018年第8期。

② 参见吴玉龙、吴芳：《苏联信仰危机对当代社会主义国家信仰建设的启示——纪念十月革命100周年》，《河北青年管理干部学院学报》2017年第4期。

③ 参见叶书宗：《苏共思想教育工作的失败与苏联剧变》，《探索与争鸣》2006年第9期。

④ 参见宋义明：《新时代党内政治生态建设的举措与特点》，《人民论坛》2019年第15期。

主的社会主义"明显带有资产阶级倾向。苏共在指导思想上提倡"自由化",意识形态领域的领导权、主导权、话语权逐渐丧失,党的凝聚力和号召力乃至对整个国家的政治领导力逐渐丧失,这就导致其在应对政治社会风险挑战时难以获得群众的支持与信任。这告诫我们,马克思主义在我国意识形态领域处于根本指导地位,是社会主义意识形态的灵魂,加强社会主义意识形态领域的领导权、主导权、话语权建设是一项持之以恒的极为重要的工作。中国共产党作为执政党面对的考验与风险长期存在,必须坚持思想建党与理论强党一体推进,面对意识形态领域发生的全局性、根本性转变,必须坚持正本清源、守正创新,改革完善意识形态工作机制,不断提高和增强民族凝聚力和向心力。

第二,要用科学的世界观和方法论继承和发扬马克思主义,积极探索适合本国特色的意识形态建设道路。意识形态是对发展道路的根本指导,只有将马克思主义基本原理、基本方法同本国实践中遇到的具体现实问题相结合,才能找到发展社会主义的科学路径。① 不加鉴别的拿来主义、本本主义等错误的建设思路和方法,只会给本国社会主义建设带来曲折甚至灾难。赫鲁晓夫上台后,苏联东欧国家领导层贸然丢弃科学社会主义道路,转而向着非马克思主义、非科学社会主义或者是反马克思主义的"人道的民主的社会主义"方向发展,导致了最终的覆灭。"人道的民主的社会主义"是一股反马克思主义的资产阶级思潮②,这一思潮对什么是马克思主义、社会主义的本质是什么以及社会主义国家发展的指导思想应该是什么都没有弄清楚,最终只会推动党和国家向着非社会主义和反马克思主义的方向进行彻底变革,引导党和国家走上衰亡的道路。③这也深刻启示我们,要始终坚持守正创新,立足推进中国式现代化战略全局,着眼增强实现中华民族伟大复兴的精神力量,自觉实践"两个结合",不断加强中国特色社会主义

---

① 参见胡凯、杨竞雄:《苏联社会主义意识形态管理之失及其对我国的启示》,《南华大学学报(社会科学版)》2014年第4期。

② 参见刘积高:《"人道的、民主的社会主义"是一股反马克思主义的思潮》,《四川社科界》1992年第2期。

③ 参见杨增崒:《苏联解体前后青年价值观教育的实践反思与历史启示》,《高校马克思主义理论研究》2019年第1期。

意识形态的领导权、主导权、话语权建设。

3.从政治文化中的民众社会心理影响政治行为生态的角度来总结分析

苏联东欧社会主义国家后期，民众的社会心理呈现冷漠化，表现为政治参与度的降低和政治热情的衰退等。这导致了民众的政治行为选择难辨方向，而党内不正之风进一步影响了全社会，造成社会乱象丛生，人心涣散。在这些因素的共同作用下，苏共逐渐失去了执政的阶级基础和群众基础。从民众社会心理影响政治行为生态这一角度，我们可以总结苏联东欧社会主义国家后期发生剧变的教训，并得出重要启示。

第一，满足人民的根本利益，建立执政公信力以避免民众消极的政治心理引发情绪化的非正式行为。民众的消极政治心理是苏共失去执政公信力的社会反映，说明人民群众一旦丧失对党的信任，党的凝聚力和战斗力就会遭到毁坏。执政党的执政基础在于通过经济社会发展，为人民提供良好的、稳定的、和谐的社会环境，让人民过上美好的生活。赫鲁晓夫上台后，苏共成为少数利益集团的代表，对于人民而言只是说空话、假承诺，缺乏针对目标的切实的发展策略，人民的合理、合法诉求无法正常表达。那么，这样一个不能代表民意、失去自身公信力的政党，最终只会为人民所抛弃。这就启示我们，要坚持党要管党、全面从严治党的原则，确保党员和领导干部的坚定信仰和忠诚信念。党和政府要脚踏实地，实事求是，针对群众关注的社会矛盾与焦点议题，进行及时疏导和具有说服力的解释，最大限度凝聚改革发展共识，始终走在为人民谋幸福的正确轨道上。① 把国家的政权建立在人民的心中，满足最大多数人民的根本利益，才能不断巩固党的执政之基。

第二，坚持走群众路线，把群众的社会心理统一到党的意识形态建设上来，在党与群众之间形成政治共同体良好的文化生态关系。意识形态具有引领方向、凝聚人心、统一共识和行动的功能，是执政党获得广泛社会基础的重要动员、教育和凝聚力量，是增进社会政治认同感的重要理论和思想来源。马克思主义政党是无产阶级政党，始终代表广大人民的根本利

---

① 参见宋义明：《新时代党内政治生态建设的举措与特点》，《人民论坛》2019年第15期。

益，坚持群众路线是共产党的生命线和根本工作路线。苏联解体的一个重要原因便是赫鲁晓夫上台后苏共背离了群众路线，站在与人民利益相违背的面，失去了群众基础。这给我们一个重要启示，要坚持将党的群众路线与党的意识形态建设紧密联系起来，将群众的心理认知、政治情感、政治理想与政治行为有效统一到党的意识形态上来，使群众自觉自愿与党同呼吸、共命运，在党的路线、方针、政策指引下参与经济社会建设，使党和群众形成坚不可摧的政治共同体。①尤为重要的是，政治共同体生态关系建基于一定的经济和社会条件，能否把制度优势转变为使人民共享经济社会发展成果的治理效能，将价值理念转化为每个人真切感受到的福祉，是对执政党能否得到广大人民认同的一大考验。

第三，正确处理民族关系，使民众的民族心理融入国家认同，形塑民族共同体的政治生态关系。现代国家是建立在民族国家的基础之上的，一个国家拥有多个民族，各民族之间和睦相处是国家政治生态良好发展的前提和基础。在苏共上层背离马克思主义后，苏联无法有效调和国家内部多民族之间的矛盾，反而使之相互攻讦、相互敌视，在内部慢慢侵蚀国家的政治生态。每个人都是多元身份的社会存在，既具有某一特定民族身份，又具有国民身份。在良好的政治生态发展环境中，民众的民族身份与国民身份是相互一致的，民众的政治行为逻辑是在国民身份的统领下完成民族身份所赋予的行动，使自身的民族身份从属于国民身份。但当政治生态环境遭受破坏时，民族身份就可能超越国民认同，民族主义情绪增强，引发国家的内部分裂。中国自古以来便是统一的多民族国家，民族认同建立在对国家认同的基础上，任何一个民族都被容纳到国家的政治生活体系中，多民族相互共存形成了良好的政治行为生态。尤其是党的十八大以来，在铸牢中华民族共同体意识与推动中华民族伟大复兴的发展战略下，我们要积极促进各民族融合发展，不断丰富和发展各民族社会生活和睦相处、文化兼容并蓄、经济相互依存、情感相互亲近的良好生态关系，巩固和夯实

---

① 参见吴玉军、刘娟娟：《国家认同视域下的苏联解体原因探析及启示》，《南通大学学报（社会科学版）》2018年第5期。

各族人民共属一体的民族心理基础。

4.从政治文化中的政治价值观影响政治关系生态的角度来总结分析

苏联东欧社会主义国家后期政治价值观的扭曲和偏离，导致一些非马克思主义、反马克思主义思潮出现，民众中人心涣散，党和国家政治生活出现了思想混乱、政治环境恶化进而导致政治关系生态混乱的现象。其原因是多方面的。从政治价值观影响政治关系生态这一角度，我们可以总结苏联东欧社会主义国家后期发生剧变的教训，并得出重要启示。

第一，社会主流价值观建设要符合国家发展的客观实际，要注重国家、集体和个人利益的和谐一致。

一个国家在特定的历史阶段所倡导的政治价值观是与社会的生产关系和生产力发展水平同步、协调的，必须培育正确的政治价值观并使之形成广泛的社会共识，才有助于营造良好的政治生态氛围。综合苏联的发展历程，由于西方民主自由思想的入侵以及苏共指导思想的西化，使其政治价值观出现混乱，不能形成良好的凝聚力。这对于一个国家联盟而言，便只有陷入解体、分裂的境地。从赫鲁晓夫提出"苏联已经获得了社会主义的完全的和最终的胜利"，到勃列日涅夫提出"苏联建成了发达的社会主义社会"，全都违反了苏联社会的客观实际。[①]这种建立在乌托邦基础上的社会形态观、制度观、价值观，容易造成人们对"土豆加牛肉"式的"共产主义"社会的盲目信从和虚幻的陶醉，从而使得他们逐渐放弃了个人的理性思考和正确的价值追求。这种缺乏实事求是的片面思想方法，往往会使人们从一种倾向倒向另一种倾向，其中价值观的紊乱、意识形态的混乱会从思想深处瓦解人们对社会主义制度的认同。[②]因此，脱离社会实际的价值观建设，只会阻挡社会的前进，扰乱原有稳定的政治社会生活。价值观建设是国家发展的构成要件，坚持价值观建设与社会发展的辩证统一，既是我们需要遵循的基本原则，也是我们需要坚持的重要经验之一。社会主义核心价值观建设坚持以人民为中心，从国家、社会与个人层面形成价值目标、价值

---

① 参见胡凯、杨竞雄：《苏联社会主义意识形态管理之失及其对我国的启示》，《南华大学学报（社会科学版）》2014年第4期。

② 参见秦维宪：《苏联社会价值观演变的历史教训》，《浙江社会科学》2001年第4期。

取向与价值标准，形成凝聚人心、汇聚民力的强大力量，这既是改革开放40多年来理论和实践的宝贵经验，也是建设中国特色社会主义现代化国家必须遵循的重要启示。

第二，青年是一个国家的希望，要正确把握青年群体的思想政治状况，重视加强对青年的思想政治教育，特别是加强青年的核心价值观教育。党的二十大报告强调，青年强，则国家强。青年价值观是对社会整体意识形态的一种反映，能够对社会政治生态的整体面貌产生影响，应将青年价值观教育乃至青年群体的思想政治教育作为意识形态建设的基础环节和重点领域。亨廷顿认为："苏联败在了意识形态上，败在了对马列主义、对社会主义信仰和信念的动摇上。与之相对的是，中国社会主义改革之所以取得伟大成就，一个重要原因就是在意识形态的斗争中站稳脚跟，始终坚持马克思主义的指导地位，始终重视意识形态建设，保证了改革的社会主义方向。"① 因此，忽视社会主义意识形态主导权话语权建设，纵容历史虚无主义、"普世价值"论，不注重党群干群关系和党风政风建设，不注重青年群体的意识形态和价值观教育，必定导致社会思想领域的无序和混乱。② 新时代社会主义国家青年价值观教育必须坚持马克思主义的鲜亮底色，以理想信念为核心，维护和巩固社会主义主流意识形态，警惕西方自由民主化思潮的影响，避免价值观教育走偏。针对当下一些领域的马克思主义"失语""失踪""失声"现象，要善于运用青年喜闻乐见的新技术手段、新传播方式，聚焦塑造认知、增进共识，引导青年坚定不移践行社会主义核心价值观，发挥其传播主流价值、涵育文明新风、丰富和活跃社会精神文化生活的作用。

---

① [美] 塞缪尔·亨廷顿：《文明的冲突》，周琪、刘绯等译，新华出版社2013年版，第12页。
② 参见叶书宗：《苏共思想教育工作的失策与苏联剧变》，《探索与争鸣》2006年第9期。

四、政治文化影响政治生态演化的实证分析：基于2018年A省村委会换届选举观察

（一）村庄选举中的政治文化与政治生态现状

1.调查样本的分布与概貌

2018年6—9月，A省民政厅在省委组织部指导下组织开展了第十届农村村民委员会换届选举活动。本课题组主要成员受省民政厅委托，作为省本级观察员在全省范围内对村民委员会换届选举工作进行观察。为此，我们专门组成近50人的师生队伍，在全省范围内选取了12个行政村进行定期观察，这些村庄分布在本省的12个地级市，实现对省域内各地区全覆盖（见表2-3）。征得同意，为了解村庄政治文化对政治生态的影响状况，课题组以此次村委会换届选举活动为研究背景，对村民在选举过程中的政治心理及参与行为实施了大样本的问卷调查。

表2-3 调查地点一览表

序号	地级市	行政村
1	HF市	CG村
2	HB市	XJ村
3	BZ市	YJ村
4	SZ市	LS村
5	BB市	ZW村
6	MAS市	RG村
7	FY市	SX村
8	HN市	MZ村
9	CZ市	DJ村
10	LA市	NJC村
11	WH市	WX村
12	HS市	Z村

综合分析发现，以上样本村庄中，面积、应登记选民数、户数以及村民组织力量分布较为合理：既有面积多达18000亩的大村，也有占地1548亩的小村；应登记选民数最多的为6835人，最少的只有1378人；户数最多的有1520户，最小的有416户；村民小组少则6个，多达35个；村民代表最少30人，最多76人；村干部固定在5—9人；党员最少51人，最多有183人（见表2-4）。

表2-4 调查地点、基本背景信息表

样本	面积（亩）	应登记选民（人）	户	村民小组（个）	村民代表（人）	村干部（人）	党员（人）
CG村	1548	1380	560	13	30	5	71
XJ村	3000	4972	1452	20	76	5	114
YJ村	7500	5776	1216	25	73	7	131
LS村	4615	3330	870	7	54	7	107
ZW村	4000	1378	416	6	33	7	—
RG村	4423	3723	1007	11	70	7	107
SX村	7300	6835	1520	15	—	8	137
MZ村	2616	4700	1200	19	67	7	51
DJ村	18000	4227	—	34	68	5	176
NJC村	4661	3900	986	35	53	6	—
WX村	5000	2573	749	22	53	5	84
Z村	2658	4200	1900	28	83	9	183

调查组为每村准备了150份问卷，共计发放问卷1800份，最终累计回收问卷1684份，回收率93.6%，剔除其中漏填、错填及不规范填写的问卷后，有效回收问卷1614份，有效回收率89.7%。这一高回收率与调查时间有关，调查组选定时间与村民参与选举投票的日期一致，同时也得到了村干部的协助，村民参与率较高。

表2-5　村庄选民基本信息描述性统计表

人口学变量		频率	百分比（%）	有效百分比（%）	累计百分比（%）
性别	男	1106	68.5	68.8	68.8
	女	502	31.1	31.2	100.0
年龄	18—45周岁	606	37.5	38.1	38.1
	46—60周岁	586	36.3	36.8	74.9
	61岁以上	400	24.8	25.1	100.0
政治面貌	中共党员	454	28.1	28.6	28.6
	民主党派	10	0.6	0.6	29.2
	群众	1126	69.8	70.8	100.0
目前职业	务农	1036	64.2	64.4	64.4
	务工	216	13.4	13.4	77.9
	私营企业主	64	4.0	4.0	81.8
	专业技术人员	34	2.1	2.1	84.0
	公务员	16	1.0	1.0	85.0
	无工作	132	8.2	8.2	93.2
	其他	110	6.8	6.8	100.0
文化程度	小学及以下	422	26.1	26.3	26.3
	初中	780	48.3	48.6	74.8
	高中或中专	282	17.5	17.6	92.4
	大专	76	4.7	4.7	97.1
	本科及以上	46	2.9	2.9	100.0

通过调查，总体而言，村庄中选民的老龄化较为严重，而且多半务农，文化程度普遍不高。其中，被访村民中男性较多，有1106人，占比68.8%，女性有502人，占比31.2%；年龄在18—45岁的最多，有606人，占38.1%，其次是46—60岁，有586人，占36.8%，中老年人占比较大；参加选举的中共党员共有454人，占28.6%，群众共有1126人，占70.8%；文化程度为初中的最多，有780人，占48.6%，其次是小学及以下，有422人，占26.3%；绝大多数村民在家务农，共有1036人，占比64.4%（见表2-5）。

2.基层选举过程中的村民政治文化状况

（1）村民政治认知方面

一般认为，社会成员的政治文化包含了特定历史条件下人们心理层面的政治认知、政治情感和政治价值取向，以及思想观念与行为模式中的稳定的政治价值观、政治理想和政治信仰的总和。村民对政治体系运行和政治活动的认知水平会直接影响其政治态度、情感和价值观等层面。我们通过两个变量对村民在村委会换届选举过程中的政治认知情况进行了测量：一是对村干部最主要职责的认知；二是对村委会干部候选人确定程序的认知。前者属于规则层面的应然认知，后者属于程序层面的实然认知，这两个方面相结合大致构成了村民对村委会换届选举实践的基本认知。

表2-6 村民对村干部最主要规定职责的认知表

	频率	百分比（%）	有效百分比（%）	累计百分比（%）
有效带领大家致富	1292	80.0	82.5	82.5
做好村庄的日常管理服务工作	124	7.7	7.9	90.4
办理政府交办的各种事务	20	1.2	1.3	91.7
做好村庄基础设施建设	80	5.0	5.1	96.8
其他	14	0.9	0.9	97.7
不清楚	36	2.2	2.3	100.0
总计	1614	100.0		

通过问卷调查发现，村民对村干部主要职责的认知趋于一致，绝大多数被调查村民认为村干部的最主要的职责是带领大家致富，占比82.5%，7.9%的被调查村民认为村干部应该做好村庄的日常管理服务工作，1.3%的被调查村民认为村干部应该办理政府交办的各种事务，5.1%的被调查村民认为村干部职责在于做好村庄基础设施建设，小于3%的被调查村民对此不清楚（见表2-6）。调查结果呈现出大部分村民自身均已经形成了成熟稳定的政治认知，但这种认知带有一定的实用理性，即考虑与村庄经济发展相

挂钩。这反映了村民政治知识的浅表性和政治判断的趋理性，整体呈现出传统与现代交织背景下的村民朴素务实的政治文化取向。

表2-7 村民对村委会干部候选人确定程序的认知表

		频率	百分比（%）	有效百分比（%）	累计百分比（%）
有效	非常了解	548	34.0	38.3	38.3
	了解	546	33.8	38.2	76.5
	一般了解	132	8.2	9.2	85.7
	不了解	204	12.6	14.3	100.0
总计		1614	100.0		

通过问卷调查发现，村民对村干部候选人的确定程序的认知程度发生分化。被调查村民中，有38.3%的受访者认为自己非常了解村干部候选人确定情况，有38.2%的受访村民认为自己对该情况有所了解，但表示一般了解或不了解的受访村民占比也超过了20%（见表2-7）。这说明大部分村民对村庄选举的具体操作程序具有一定的认知。

由以上可知，村民对村庄选举具有一定的政治认知，但是这种认知往往带有一定的偏差，尤其是在具体的操作层面，存在一定比例的不知情。这样的认知状况为村委会换届选举的顺利进行提供了一定基础，但村民对选什么样的人、怎样选出这样的人，在认知和观念方面存在一定的分歧，这是影响村庄政治生态的潜在因素。究其原因有三：第一，村庄社会中的信息渠道不畅；第二，普通村民缺少认知的动力，陷入知识和认知水平的瓶颈；第三，部分相对封闭的村庄易受一些传统政治心理的影响。

（2）村民政治情感方面

在具备一定政治认知的基础上，村民会对政治实践产生一定的态度、评价和情感。村民在选举过程中所表现的政治情感集中体现在对选举参与方面的情感取向上。我们分别以村民参加投票时的态度取向和村民对村委会选举质量的情感评价两个维度来分析村民的政治情感，以村民对村委会干部候选人提名的态度和村民对村中事务归属的价值倾向来分析村民的政治价值观。

表2-8 村民参加投票的态度取向表

		频率	百分比（%）	有效百分比（%）	累计百分比（%）
有效	自己积极主动参与	1318	81.7	85.4	85.4
	被动员或组织要求	144	8.9	9.3	94.7
	因为有补贴或奖励	4	0.2	0.3	94.9
	大家都去我也去	78	4.8	5.1	100.0
	总计	1614	100.0		

通过问卷调查发现，在被调查村民中，有85.4%的村民认为自己是积极主动参与投票的，而只有9.3%的村民认为自己是被动员或组织要求去投票的，0.3%的村民是因为有补贴或奖励才去投票的，其占比极低，可以忽略不计，5.1%的村民是因为既然大家都去所以才去投票的（见表2-8）。以上数据说明，村民在参与村委会投票时绝大多数都是积极主动型参与，而很少受到其他组织或人群的影响，更不会因为利好才去参与选举活动。因此村庄中的政治态度与情感总体而言是积极向上、健康良好的，这对于营造村庄选举过程中风清气正的政治生态具有正面作用。

表2-9 村民对村委会选举质量的情感评价表

		频率	百分比（%）	有效百分比（%）	累计百分比（%）
有效	很满意	1102	68.3	70.4	70.4
	基本满意	310	19.2	19.8	90.2
	不太满意	54	3.3	3.4	93.6
	很不满意	22	1.4	1.4	95.0
	不清楚	78	4.8	5.0	100.0
	总计	1614	100.0		

通过问卷调查了解到，村民对选举的满意度很高。有70.4%的村民对本届选举很满意，19.8%的村民对选举质量基本满意，只有不到1/10的村民对选举质量不太满意或很不满意或是不清楚，占比较低（见表2-9）。较高的

选举满意度，反映了村民对于村委会换届选举的积极能动的政治情感和较高程度的参与效能感。这种政治情感特别是政治效能感，是村庄良性政治生态的微观基石。

（3）村民政治价值取向方面

村民在具备一定政治认知的基础上，会对政治实践产生一定的态度、评价和情感，进而也会形成特定的政治价值观念。我们选取两个指标来考察村民在选举过程中所表现的政治价值取向：村民对村委会干部候选人提名的态度和村民对村中事务归属的价值倾向。

表2-10 村民对村委会干部候选人提名的态度统计表

		频率	百分比（%）	有效百分比（%）	累计百分比（%）
有效	我们村民自己来推荐	1166	72.2	82.6	82.6
	上级党和政府来推荐	74	4.6	5.2	87.8
	原村委会来推荐	72	4.5	5.1	92.9
	不清楚	100	6.2	7.1	100.0
	总计	1614	100.0		

通过问卷调查发现，村民对于村委会干部候选人的提名产生了价值取向上的趋同，即支持由村民自己来推荐候选人，这一比例占到82.6%。5.2%的村民认为应该由上级党和政府来推荐候选人，5.1%的村民认为应该由原村委会来推荐候选人。还有7.1%的村民对此不清楚（见表2-10）。调查结果的高度集中，反映出了村民对于村委会换届选举中的重要环节、重要程序方面在价值取向上的相对稳定性，在村庄中，村民对基层选举民主的认知认同、对自己当家作主的主体性地位的认同占比都较高。这就告诉我们，良性的政治生态和政治文化需要建立在较高程度的价值认同基础之上。

表2-11 村民对村中事务归属的价值倾向表

		频率	百分比（%）	有效百分比（%）	累计百分比（%）
有效	我们自己的事，都应该参与	1226	76.0	79.1	79.1
	村干部的事	142	8.8	9.2	88.3
	党和政府的事	84	5.2	5.4	93.7
	不清楚	98	6.1	6.3	100.0
	总计	1614	100.0		

表2-11是对村民政治价值观的二次测量，其测量的结论与第一个指标相一致，即村庄中村民对于自己当家作主的主体性地位认同度较高。79.1%的村民认为村庄中的事情是我们自己的事，每个人都应该参与，只有9.2%的村民认为村庄中的事情是村干部的事，5.4%的村民认为村庄事务是党和政府的事。还有6.3%的村民对此不清楚。这反映出村民对于自身的主人翁地位具有正确的政治认知和价值取向，认同国家的基层群众自治制度安排，自觉地将村委会看作进行自我管理、自我教育和自我服务的自治组织。

（4）村民政治行为认同方面

村民在参与村委会换届选举过程中的政治文化状况，除了通过其是否具备一定的政治认知，以及特定的政治情感、态度和价值取向来观察测量，还可以通过村民外在的一系列政治参与行为来分析了解其行为取向，这些政治行为取向是村民内心政治文化世界的生动形象的映照。通过对选举过程中村民参与选举登记、提名村干部候选人以及参与投票三个主要的政治行为取向指标的测量，可以较为完整地反映村民政治行为的意愿和认同度等政治文化特征。

表2-12 村民参与选举登记的政治行为取向表

		频率	百分比（%）	有效百分比（%）	累计百分比（%）
有效	会	1358	84.1	87.1	87.1
	不会	202	12.5	12.9	100.0
	总计	1614	100.0		

首先是村民参与选举登记的行为取向。选民登记是选举之前的一个重要准备环节，其效果对于后面选举工作的开展起到支撑性作用。通过调查发现，87.1%的村民会参与选民登记，只有12.9%的村民不会参与（见表2-12）。这说明绝大多数村民愿意参加选民登记。这对村庄政治文化与政治生态起到了正向的、积极的支持作用。

表2-13 村民联名推荐村委会干部候选人的政治行为取向表

		频率	百分比（%）	有效百分比（%）	累计百分比（%）
有效	愿意	1106	68.5	79.9	79.9
	不愿意	278	17.2	20.1	100.0
	总计	1614	100.0		

其次是村民参与联名推荐村干部候选人的行为。村干部候选人影响选举结果走向，村民对联名推荐村干部候选人的积极参与度是考察村民政治参与行为取向的一个重要指标。调查发现，有79.9%的村民愿意参与其中，只有20.1%的村民不愿意（见表2-13）。这反映出村民具有较高的政治参与行为认同度。

表2-14 村民参与选举投票的政治行为取向统计表

		频率	百分比（%）	有效百分比（%）	累计百分比（%）
有效	前期进行深入了解，慎重做出选择	1054	65.3	67.5	67.5
	按候选人顺序	176	10.9	11.2	78.7
	根据和自己的关系确定	34	2.1	2.2	80.9
	先问问别人选谁再决定	34	2.1	2.2	83.1
	根据当时简要地了解，做出选择	142	8.8	9.1	92.2
	无所谓，随便选	92	5.7	5.9	98.1
	我没有参加投票	30	1.9	1.9	100.0
	总计	1614	100.0		

最重要的是村民直接参与投票的行为。在本次换届选举中，有67.5%的选民是前期进行深入了解后慎重做出的选择，这一部分选民占大多数。只

有11.2%是按候选人的顺序进行投票，至于根据和自己的关系确定、先问别人选谁再做决定、简要地了解后做出选择、随便选以及未参加投票等消极行为均不超过10%，占比较低（见表2-14）。

通过对选举过程中村民参与选举登记、提名村干部候选人以及参与投票三个主要的政治行为取向指标的测量，我们发现，这些政治行为取向与村民内在的政治心理、政治价值取向等政治文化状况呈现相对一致性，同时村民的政治认知、政治情感、政治价值取向、政治行为取向等方面也全面、综合地体现出村民在村庄选举过程中的政治文化状况。

3."主体—场域"视角下的村民政治文化类型

前文所述，根据村民选举政治参与的主体自为性（作为/不作为）和主流认同度（认同/不认同）两大变量，分别衍生出主体自为性的积极与消极两个维度、主流认同度的肯定与否定两个维度。根据四维度的排列组合，村民政治文化可以划分为积极肯定型、积极否定型、消极肯定型、消极否定型四种。

我们将村庄选举参与情况进行归类，从中选取了选民登记率、认同"村庄事务是自己的事"的人数比例和投票率三个指标，以选民登记率来测量村庄政治文化中的积极—消极性因素，以认同"村庄事务是自己的事"的人数比例来测量村庄政治文化中的肯定—否定性因素，以有效投票率作为这双重测量的再验证，从而综合判断村庄政治文化的具体类型。在选民登记率中，判定大于80%的村庄为积极，60%—80%的为中等，小于60%的为消极；在认同"村庄事务是自己的事"的人数比例中，判定大于75%的村庄为肯定，70%—75%的为中等，小于70%的为否定；在投票率中，判定大于70%的村庄为积极—肯定，50%—70%的为中等，小于50%的为消极—否定。经过对三项指标的综合评估，积极肯定型政治文化占主导地位的村庄有NJC村、CG村、RG村、DJ村、WX村、Z村、LS村、SX村；不存在严格意义上的积极否定型政治文化类型的村庄；消极肯定型政治文化占相对主导地位的村庄有ZW村、MZ村、XJ村、YJ村；也不存在严格意义上的消极否定型政治文化类型的村庄。（见表2-15）当然，有必要说明的是，这只是一种大致判断，也只是对某一村庄进行的整体性判断。当涉及某一村庄的具体情况时，有时会显现出复杂性。比如，有个村庄因外出务工人员较多，其中不少人因路途远未能回村参加选举，因此参加登记的和实际投票的比率不高，但在回答"是否认为村庄事务是自己的事"时，持肯定性回答的占比超过这12个村庄的平均数（76%）。有的村庄之所以被列为消极肯定型政治文化类型，也只是从占相对多数这一角度来讲的，其实这一村庄的其他一些指标和村庄中的部分村民的积极性还是比较高的。也有的村庄在这三项指标上呈现出或高或低的情况，反映出人们的政治文化状况中的认知和行为方面有时存在不一致的现象。这些都提醒我们在具体测量和评估基层换届选举中村民的政治文化状况时，要具体问题具体分析。

表2-15 "主体—场域"视角下的村庄政治文化类型分布表

	样本	应登记选民（人）	登记选民数（人）	登记率（%）	有效票数（张）	投票率（%）	调查问卷有效回收数（份）	认同"村庄事务是自己的事"的人数（人）	认同率（占有效调查问卷数比，%）
积极肯定型占主导	NJC村	3900	3265	83.7	2934	75.2	141	138	97.9
	CG村	1380	1119	81.1	836	60.6	136	99	72.8
	RG村	3723	3002	80.6	2785	74.8	132	102	77.3
	DJ村	4227	3578	84.6	3322	78.6	137	101	73.7
	WX村	2573	2285	88.8	1957	76.1	130	106	81.5
	Z村	4200	3128	74.5	3095	73.7	129	96	74.4
	SX村	6835	4823	70.6	4814	70.4	131	98	74.8
	LS村	3330	2443	73.4	2059	61.8	134	103	76.9
消极肯定型占主导	ZW村	1378	958	69.5	809	58.7	140	98	70.0
	MZ村	4700	3471	73.9	2999	63.8	138	94	68.1
	XJ村	4972	3305	66.5	2711	54.5	134	102	76.1
	YJ村	5776	3746	64.9	3527	61.1	132	89	67.4

（1）积极肯定型占主导的政治文化类型

该类型的政治文化意指村民积极参与选举活动，并对法定的选举规则与流程持肯定态度。在本届村委会换届选举中，大部分村民呈现出的政治文化特征均属于这一类型。积极性体现为村民对于选举过程的积极参与，具体表现在村民的选民登记参与率高达81.7%，以及67.5%的选民投票是基于前期深入了解后慎重做出的选择。肯定性体现为村民了解选举、认同选举、支持选举，具体表现为有76.5%的受访者认为自己非常了解村干部候选人确定情况，85.4%的村民认为自己是积极主动参与投票的，90.2%的村民对本届选举持满意态度。

在村庄调研过程中，NJC村、CG村、RG村、DJ村和WX村的选民登记率均超过80%，分别为83.7%、81.1%、80.6%、84.6%、88.8%。NJC村、WX村、RG村以及LS村、XJ村认同"村庄事务是自己的事"的人占比超过75%，最高达97.9%。NJC村、RG村、DJ村、WX村、Z村、SX村的选举投票率均达到70%以上。从中可发现，NJC村、RG村和WX村的各项指标均远超平均水平，是村庄"积极肯定型"政治文化的典型。对于NJC村来说，提高村民选举积极性的原因在于其提供物质保障。NJC村党支部书记表示会对村委会的9名选委会成员按每人每天80元标准进行误工补贴。而且，为了进一步增加村民的认同感，NJC村对于村民选举委员会的选举采用了无记名投票的方式，此举大大增进了村民的意愿表达效能感，体现了对群众的尊重。

在选举过程中所表现出的积极肯定型政治文化，直观印证了村民具有高度的对于公共事务和个人正当权利的参与意识和行为，彰显了国家基层民主政治建设多年来的显著成就，反映出新时代基层群众历经多次选举操练后能够正确认知和把握选举制度规范。

（2）积极否定型占主导的政治文化类型

该类型的政治文化意指村民积极参与选举，但并不一定通过合法的方式有序地参与，而可能通过贿选、盲选、滋事、霸占等方式来影响选举结果。这一类型的政治文化状况在少数地方曾经一度存在过。在20世纪80—90年代，由于村庄中政经合一的高度集中的人民公社体制被废止，逐步建立起基层群众性自治组织，加之社会主义市场经济体制的转型，少部分村庄中曾经出现了宗族等传统势力或者黑恶势力，这些势力凭借不正当手段积极抢占村庄资源，挑战村庄治理权威的合法性，集中表现在选举中通过贿选、威胁等不良操作行径参与竞选角逐，主动干涉选举结果。

在此次调研过程中，并未发现此种类型。各个调研点所在的村庄基本遵循选举制度程序规范有序进行，并无明显破坏选举的大规模非法行动。但选举中也存在着因认同度不高而导致的选举失利场面。在MZ村就出现了一次选举未能成功，需要另行选举的情况。在该村的正式选举日，多个会场村民未排队，领取选票场面混乱。对村民访谈得知，他们只参与了选举日的投票环节，对前面的其他环节都没有参加，村里张贴的公告也没有看，导致在第一次选举投票过程中因对领票、投票规则不了解而出现混乱。

总体而言，一方面，随着近些年来党中央和各地方持续加强"扫黑除恶"专项斗争，将一些由重大黑恶势力引起的矛盾化解在基层；另一方面，对村委会换届选举的宣传、发动和教育越来越重视，村委会换届选举的制度和程序日益规范化，特别是对于村干部候选人资格审查更加严格，实施了多部门联审机制，有效降低了村庄选举中的风险。乡村政治文化中积极否定性因素迅速减少，村民越来越理性地参与选举，选举过程越来越合规。

（3）消极肯定型占主导的政治文化类型

该类型的村庄政治文化意指村民虽然认可选举的合法性，也遵循选举的规则程序，但只是被动地参与，对选举投票等活动抱有冷漠、审慎的态度。该类型在本次换届选举过程中仍然存在着一定的比例。总体来看，消极性体现为村民对选举过程的漠不关心，具体表现在12.9%的村民选择"不愿意"参与选民登记，以及11.2%的选民选择"按候选人的顺序"进行投票，也有一定比例的村民做出了"根据和自己的关系确定""先问问别人选谁再决定""根据当时简要地了解后再做出选择""无所谓随便选"以及"未参加投票"等消极性的行为选择。而肯定性体现在村民多数认可选举的重要性，具体表现为有70.4%的村民对本届选举"很满意"。

在本次调研过程中，仍然存在一定比例的村庄保留着这一类型政治文化的特征。XJ村、ZW村、MZ村、YJ村即属于这一政治文化类型。这四个村中，选民登记率最高的也只有73.9%，但在其他方面，如认同"村庄事务是自己的事"的人数比例、投票率等，均没有极低值，总体上处于平均水平，因此反映出村民虽然对于政治参与的积极性不高，但对于当前的领导班子是持认可支持态度的，仍然愿意配合村委会组织参与活动。

消极肯定型的政治文化现象在农村地区可以说很难完全消失，总会或多或少以这种或那种具体形式存在着。主要有这些原因：一是农村地区的地理位置相对封闭，难以及时接收外来信息，导致了政治认知上的滞后；二是仍有一些农村地区因经济不发达，村民忙于生计，难以调动村民参与村庄公共事务的积极性；三是农村的法治建设还不够健全，人治色彩仍较浓，村民重视社会关系的经营而相对轻视制度规则的确立，政治文化中的法治文化、制度文化等要素扎根不够深入。村庄政治文化的发展与村民对利益诉求和实现的根本期待密切相关，当村民认为基层选举与自己的发展不相干，不会触及直接的切身利益时，就会产生一部分消极对待选举活动的现象。这种现象需要加以重视，防止其进一步扩大。一旦这种现象超过必要的限度，则不利于基层社会的稳定和发展。

（4）消极否定型占主导的政治文化类型

该类型的政治文化意指村民对选举持有冷漠态度，参与选举投票的积极性不高，甚至有的并不认可选举结果的合法性，对选举持有否定的态度。该类型占比同样很低，并没有在本届选举中被观察到，但这种类型的政治文化现象具有潜伏性，依然需要引起重视。消极否定型是积极否定型的"低配版"，区别在于主体是否会为了自己的政治价值取向去自觉主动地采取行为。持有消极否定型政治文化的村民，在选举中既不认可相关的选举规程，也不会为此而采取某种行动。

在本次调研过程中，并没有发现此种类型。"消极—否定"同时发生的可能性较低，它是一种程度较深的政治冷漠现象。有时在那些传统宗族或家族势力较强，或者存在黑恶势力、其他村民敢怒不敢言也不敢行的少数村庄可能会出现这一现象。这里需要注意辨别一下消极否定型和消极肯定型，二者都涉及主体不作为，所以很难被观察到。二者的区别在于能否认同当下的主导政治文化，也就是对于制度化的选举操作规范是认可还是排斥。对这一类现象，通常需要通过深度访谈、长期观察等方法来具体地综合判断村民的政治认知、政治情感和政治价值取向等。

（二）村民政治文化对村庄政治生态的影响机制

政治文化对村庄政治生态的影响机制，无非是通过嵌入和内生两个方向来影响，有一些制度文化、政策文化等政治文化类型是以嵌入的方式融入的，比如选举制度的推进、法制下乡、运动式治理、"一肩挑"制度的落实等国家制度文化和政策文化；有些政治文化则是内生的，比如乡贤文化、无讼文化、乡约文化、协商文化、宗族文化、长老文化等。因此，村庄政治生态在性质上是好是坏，在状态上是向好还是恶化，都需要综合权衡两种文化的协调程度。

1.嵌入介质型影响机制

（1）作用方式：吸纳外部嵌入文化

介质指的是能够传递波动能量的物质，如声波、光波可以借由空气传播，空气便是声波、光波的介质。嵌入介质型影响机制指的是，一些制度文化、政策文化等政治文化通过若干外在赋予的介质来影响政治生态。该影响机制的影响程序分为三个阶段：介入—嵌入—融入。并非所有村庄都存在介质变量的进入，作为变量介入的介质主要有新的经济发展类型、新移民和新体制三种。一是引入新兴产业链。以HF市BH区DW镇为例，该地区发展城郊型农业历史悠久，后将红色党建和绿色产业相结合，把党支部建在产业链上，把党员集聚到产业中，走上了党建助力引领农业转型发展的成功道路。二是较大比例人口的迁入。何包钢教授曾在为温岭市泽国镇扁屿村设计村级协商民主方案时发现，该村是典型的外来人口迁入占比较大的新移民村。温岭市的城市化、工业化发展非常快，带动了越来越多的企业在扁屿村设厂，吸引了大量外来人口。这些新增人口数量业已远超本村户籍人口，他们带来了文化、习俗、观念等方面的杂多混合影响。三是新政策的实施、新体制机制的设立。例如近年来的精准扶贫、美丽乡村建设、"千万工程"的实施等政策的落地。这些制度文化和政策文化的进入，在本地被吸纳接受，因而能够强化乡村政治生态的建设。

（2）作用结果：选举与监督权利的保障

前文曾经论及，政治文化对政治生态的影响机制（作用变量）主要有四种形式，其中介质包括正式性介质和非正式性介质，正式性介质具体可以包括业已成文的法律法规、制度、纪律、规定、政策、指导意见等规范性文件。在村庄选举中，最突出的影响机制或嵌入介质便是以《中华人民共和国村民委员会组织法》为中心的一系列选举制度的落地运行。当这些制度起到积极作用时，其为村民政治文化提供了制度理念约束和行为规范支撑，从而塑造着村庄的政治生态。

从权利保障角度来看，这些选举制度可以表现为提升村民权利意识、增强村民权利价值取向、保障村民选举权利的实现。在本届选举中，有46.0%的村民认为自己具有参加村民代表改选的权利，有46.6%的村民认为自己具有选民登记的权利，有25.7%的村民认为自己具有提名候选人的权利，有16.8%的村民认为自己具有参与候选人竞选的权利，有64.9%的村民认为自己具有实际投票的权利。《中华人民共和国村民委员会组织法》除了赋予村民的选举投票等权利，还赋予了村民权力监督的权利。在本次调查中，当问及村民觉得选举中有不规范甚至不合法的地方是否会向有关组织反映时，有75.4%的村民选择会向现任村干部反映，有56.5%的村民选择会向村选举委员会反映，有34.2%的村民选择会向村务监督委员会反映，有10.1%的村民选择会向乡镇政府部门反映，有3.2%的村民选择会向社会新闻媒体反映，而只有5.4%的村民表示不会反映，这充分反映出村民认识到自己拥有丰富的监督渠道行使监督权。由此可见，在选举的诸环节，受到法治文化、制度文化等方面的影响，村民的权利意识、权利价值取向、选举权利保障、监督权利意识和行使能力都有一定程度的提升和增强，这使得村民的政治态度和政治价值观以及由此影响到的政治行为选择均能够得到积极肯定型政治文化的塑造，从而也有力推动着村庄良好政治生态的塑造。

2.内源动力型影响机制

（1）作用方式：聚合内在求变心态

动力型影响机制指的是政治文化通过内源性的激励因素而对政治生态

发生作用。这种动力来自村民自身，是其内在求富求变的渴求动力。一是心理的内在渴望。本次调研的CG村，原本是省会城市市郊的普通村庄，但由于村民的内在求富心态，2013年新一届村党支部书记上任后，迅速进行了村庄产业结构的调整，将其打造成省内知名的文化艺术村，为村庄吸引了足量的投资。此次选举，村民们依然十分积极参加，希望选出能够继续带领村民致富的村委会班子。二是价值的追求。本次调研的Z村地处文旅资源丰富的地区，内含5A级景区牌坊群，2016年村庄集体经济收入394万元。该村选举中，村民并不在乎补贴的有无，更重视的是新一届村委会能不能维护好村落的发展势头与守护好文化资源禀赋，这是他们积极参与选举活动的内在动力。三是行为的原动力。有的地方的村民，认识到选举与自己切身利益密切相关，虽在外打工，路途遥远，也想方设法赶回来，积极投身换届选举活动。相反，在少部分村庄，一些村民因在心理上、价值取向上缺乏求富求变的动力激励，觉得选举与自身关联程度低，即以在外打工路途远、不愿意来回折腾为理由，没有回乡参加选举活动。

（2）作用结果：选举积极性的调整

村庄选举过程中存在着多样化的激励因素，但村民对于致富的渴望从根本上推动着村民积极参与村庄公共事务。根据问卷调查的结果，绝大部分村民认为村干部最主要的职责是带领大家致富，这一比例占82.5%，7.9%的村民认为村干部最主要的是做好村庄的日常管理服务工作，1.3%的村民认为村干部需要办理政府交办的各种事务，5.1%的村民支持村干部做好村庄基础设施建设。可见村民对于致富的渴望已经明显胜过其他诉求。再看选举中的其他促进性因素，76.3%的村民认为通过给予每个投票者一定的误工补贴可以提高大家的选举积极性，这一比例在所有选项中占比最高，23.1%的村民认为需要加大对于候选人的宣传力度，43.2%的村民认为需要组织大规模的现场竞选活动，63.2%的村民认为需要加强对公众的政治思想教育，也有68.6%的村民赞同完善选举制度并优化程序。可见，村民对于致富的渴求依然占比最高，同时对于完善自己当家作主的认知、能力和制度化机制等方面也有积极期待。通过激发这些内在动力，鼓励村民积极参与选举，以更好实现乡村振兴和共同富裕的美好愿景，从而从正面影响乡村政治生态的良性发展。

当然，我们也要看到，动力既有正面的促进的动力，也有成为阻滞性因素的反向动力。在回答"你认为选举中存在的最大的问题是什么"时（可多项选择），有20.0%的村民认为是竞争性不足，18.2%的村民认为是候选人提出环节不透明，12.4%的村民认为是选举宣传不足，12.0%的村民认为是候选人介绍不足，还有35.7%的村民认为是不知情。这也从侧面反映出，村民在村委会换届选举过程中的参与动力，不仅是基于对致富的渴望，也有对知情权、参与权等权利实现不足的不满和完善权利保障体系的期待。这启示我们在村庄选举中不能只注重经济利益的牵引，也要不断完善机制和路径，满足村民对于民主参与等价值取向的强烈追求。

3. 权威治理型影响机制

（1）作用方式：重塑村庄治理权威

权威型影响机制指的是村庄治理主体的权威归属和类型会对村庄政治生态产生影响。村庄的选举政治生态固然是多种因素综合作用的结果，但离不开当家人、带头人的引领作用。村庄的权威具有纵向结构，呈现"个人—组织—制度"三级建构，其中个人和组织往往最有号召力和威望。在本届选举中，DJ村就是村庄治理权威影响政治生态的典型案例。DJ村党支部书记L多年来团结带领村民在当地产业发展、村级公共事务治理和公益事业发展等方面取得了很好的成绩，在群众中的威望很高。在调研观察中发现，由于有这样一个具有领导艺术与组织能力的权威型领导在发挥作用，村委会换届选举工作井然有序，从前期宣传和选举时的人员安排都较为妥当，选举各个环节的操作均合理规范，符合法定程序。

（2）作用结果：干群关系的嬗变

村庄治理主体主要是村民、村干部以及乡村集体经济组织、社会组织等，基层党组织和村委会在其中发挥着重要作用，但是仍然不能忽略村民的主体性作用和主人翁意识。所调查村庄中的村民代表大会（会议）的召开情况，可以从一个角度直观地反映出村民的主体性地位。通过调查，发现42.9%的村民认为所在村庄每年召开代表大会（会议）5次以上，没有村民认为村庄每年都不召开大会（会议）。这说明村民在村庄中可以发挥主体性作用，这种作用来自法律和制度的权威赋予。

通常，我们将权威的类型分为传统型权威、个人魅力型权威和法理型权威。同样的，村庄中也存在着类似的权威分类。传统型权威指的是村庄中持续存留的宗族、乡贤等社会权威势力，个人魅力型权威指的是村庄中的那些致富能人，法理型权威指的是村庄中通过合法选举方式产生的村干部以及以法律和制度为表现形式的制度化载体。在历史上不同时期这些权威类型都曾对村庄政治生态产生过支配性作用，在实施依法治国、开展社会主义现代化建设的今天，村庄主要是由法理型权威占据主导性影响。在本次对12个村庄的总体调研中，课题组以"你认为村民与村干部是什么样的关系"为题进行调研，发现村民对于村干部持肯定态度的居多，有称呼村干部为"领头羊"的（34.4%），有称为"自家兄弟"的（35.6%），有称为"父母官"的（5.2%），称呼村干部为"办事员"的占6.3%。同时，调研发现也有一定比例的村民对村干部持其他消极甚至否定态度的，比如称呼村干部为"陌生人"的占15.3%。可以看出，无论是肯定权威还是否定权威，权威治理型文化都会通过潜移默化的方式形塑着村民的政治文化面貌，影响着村庄的政治生态建设。

4.本土认同型影响机制

（1）作用方式：同化社会认同基础

认同型影响机制指的是村民通过理性地思考、比较和判断后作出的认同选择过程，其认同度的高低及由此生发的政治情感、政治价值取向和政治行为等方面的认同表达方式会影响村庄的政治生态。村民政治文化对村庄政治生态的深层次影响来自依托本土内在资源支持的整合性的认同力量，村民主体内在的深厚认同基础能够积极主动地、可持续地对村庄政治生态产生影响。认同型影响机制就是将村庄中分布性的社会支持力量同化为内部一致性的认同，推动良性政治文化转化为和谐政治生态。这一影响机制的整合力量往往是强大的，有时会与前述三种机制结合在一起，将外在介质的嵌入机制、内源动力机制和政治权威型治理机制的力量和作用都发挥出来，最终转化为村庄主体的整体性社会认同基础，从而对政治生态产生深层影响。

（2）作用结果：选举认同度的改善

对村庄选举的认同程度可以通过村民对选举整体情况的满意率等方面来体现。经调研统计，有70.4%的村民对于本次村委会选举很满意，有19.8%的村民对此基本满意，有3.4%的村民表示不太满意，有1.4%的村民表示很不满意，有5.0%的村民表示不清楚。这说明村民对于村庄村委会选举过程总体上持满意态度。这种满意度会集约成一种分散性支持，从而对有关政策制定与制度执行起到支持作用，有利于涵养村庄良好的政治生态。

对选举结果是否认同，也是测量评估村庄选举总体认同程度的一项关键指标。对选举结果的认同实质是对村庄选举结果的合意和预期效用的认可，这可以是对选举结果之于村庄发展影响程度的判断，认为村庄选举结果对村庄发展的影响越大的，就越会对村庄选举结果的效用产生认可。在调查中，调查组设计了1—7分的数字量表，测量后得知，这一影响程度指数高达5.43分，说明村民总体上对于村庄选举结果持有高度认同。同样的，这一认同基础也会转化为社会更加广泛的支持力量，有利于促进村庄政治生态的改善。

（三）政治文化影响下的村庄政治生态演化与优化

一个地方的政治生态，通常是这一地方政治生活现状和政治发展环境的集中反映，主要指政治主体、政治制度、政治过程及其互动，以及它们与社会环境之关系的综合反映，折射出地方政治生活的内在运行体制机制在地方整体政治风貌中的结构化存在与功能性作用的发挥状态。[①]从整体运行看，乡村政治生态是由乡村政治生活中的各类主体（组织和人）、制度、关系、环境组成的有机、复杂的互动系统。探讨一个村庄的政治生态，也

---

① 参见桑玉成：《政治发展中的政治生态问题》，《学术月刊》2012年第8期；郝宇青：《"政治生态"的内涵解读》，《探索与争鸣》2015年第11期；燕继荣：《政治生态是怎么被污染的》，《探索与争鸣》2015年第11期；熊光清：《如何塑造良好的政治生态》，《探索与争鸣》2015年第8期；杜运泉：《话语·内涵·结构：政治生态的学术辨析》，《探索》2016年第3期；陈朋：《政治生态建设的中国语境与逻辑理路》，《马克思主义研究》2019年第5期。

可以从政治内生态和政治生态环境两个部分来入手。前文详述了基层换届选举中的村庄政治文化可分为积极肯定型、积极否定型、消极肯定型和消极否定型四种类型，接下来将分别探讨这些不同类型的村庄政治文化对当地政治生态演化所起到的强化、弱化作用以及在一定程度上发生影响或阻碍的不同机理作用。①

1.村庄政治内生态

（1）民主参与制度和机制

村庄的政治内生态主要体现在村庄的各种组织、制度的关系、结构和功能及其运行状态上。从基层选举角度看，村庄政治内生态包括了日常的民主参与制度以及选举过程中的组织制度和参与程序等。以村民代表大会（或者村民会议）为分析变量可从一个角度观测村庄民主参与制度情况。通过课题组针对问题"村民代表大会一年开几次"的访谈记录，发现没有村民认为本村村民代表大会（或者村民会议）每年只召开0次或1次，有12.5%的村民认为本村每年召开2—3次，有44.6%的村民认为本村召开4—5次，有42.9%的村民认为本村召开5次以上。这说明村庄中村民代表大会（或者村民会议）这样的民主参与制度与机制总体上是健全的，为村庄的政治内生态发展提供了基本的民主参与制度与机制保障。

仅有制度与机制保障并不能保证政治内生态的良好运行，还需要其他诸要素的协调配合。根据课题组的调研观察和访谈了解，有一定比例的村庄存在着村民代表固化、年龄和知识结构不够合理、普遍老龄化等现象。村民在村庄中的治理主体作用实际上并不大，村民代表大会或村民会议所发挥的实际作用仍较有限，主要事务多由村委会包揽。以此次重点观察的HF市CG村为例，该村在本届村委会选举换届中出现了村民代表老龄化、村委会成员连选连任现象。CG村55岁以上的村民代表有22人，占比高达73%；40岁以下的村民代表有6人，占比只有20%（见表2-16）。这一结果显示该

---

① 关于村庄政治文化困境的相关解释，参见戴玉琴：《政治文化视野下对村民自治发展困境的解读》，《贵州社会科学》2007年第6期；戴玉琴：《基于村民自治视野下的农村政治文化转型特征论析——以江苏为分析案例》，《求实》2008年第10期；杨根乔：《当前地方政治生态建设的状况、成因与对策——安徽政治生态建设的调查与思考》，《当代世界与社会主义》2012年第2期。

村的村民代表普遍年龄偏大，反映了村庄政治生态中"老人治村"的态势。村庄政治内生态基本正常，但仍然存在较大的进步空间。

表2-16　CG村改选后村民代表的年龄结构

年龄段＼性别	男（人）	女（人）	总（人）
40岁以下	2	4	6
40—55岁	2	0	2
55岁以上	17	5	22
合计	21	9	30

进一步分析发现，政治内生态中之所以存在民主参与制度较完善但制度运行活力不足这一现象，是因为村庄政治文化中存在的消极性因素阻碍了政治主体力量的更新焕发，阻滞了制度运行机制的活力畅通。这些消极性因素有的来自传统力量，其在村庄中往往表现为：宗族势力、乡绅长老、大姓家族等。这可以通过多种机制所产生作用的结果来分析。

（2）选举组织保障体系与运行机制

选举组织制度是选举过程中至关重要的保障体系，可以分为选举制度与程序、选举组织体系两个层面。此次对12个村庄的问卷调查发现，20.5%的村民听说过或见到过《中华人民共和国村民委员会组织法》，6.4%的村民知道本省或本市的选举工作指导方案，15.6%的村民知道本村选举工作办法，68.1%的村民了解本村选举公告，14.9%的村民表示这几种制度和文件都没有听说过。这大体说明村民大多只注意到本村具体的程序方案，而忽略了对一些宏观制度和政策文件的把握。在回答"在本届选举中，有哪些领导干部来到过本村"时，86.4%的村民表示上一届村干部在选举中来到本村，表示乡镇干部来过的占比67.7%，区县干部来过的占比46.3%，市级以上干部来过的占比24.5%。总体而言，村庄选举组织制度已经得到充分建立与发展，但是仍然需要促进完善基层单位、村民与上级单位之间的交流机制。

有时候选举组织体系的完善与否以及运行机制的顺畅与否也会影响到对选举满意度的评价。以组织能力较强的DJ村为例，DJ村占据主导的是积极肯定型政治文化，最终的投票率高达80.0%。然而投票方式中则是以"委托投票"为主。DJ村外出村民较多，实际到场参与的选民过少，大部分人采取委托投票的形式参与投票，且委托投票的方式也不够正规，有时出现1人代3个以上选民投票的现象，甚至有少数村民手拿十几张选票，投票时也未出示纸质版的委托投票书。这一问题的产生原因是选举组织力量不足、分配不合理，村党支部书记L尽管在村庄中有权威号召力，但由于村庄各投票点缺乏必要的组织力量支撑，使得积极肯定型政治文化占主导的村庄亦出现权威泛化问题。

（3）民主参与程序

村民民主参与程序指的是村民实际参与选举的各环节及其有效衔接机制。从对12个村庄的总体情况统计来看，有26.0%的村民参与了村民代表改选环节，有46.6%的村民参与了选民登记环节，有25.7%的村民参与了提名候选人的环节，有16.8%的村民参与了候选人竞选环节，有64.9%的村民参与了实际投票环节。这说明村民参与最多的环节是实际投票环节和选民登记环节，而参与其他环节的村民占比相对较低。村民有选择性地参与部分环节，既一定程度上反映了村民的实用主义态度，也容易因村民对全过程认知和判断的不足而造成各选举环节的衔接不善，影响了选民参与程序的整体性作用的发挥。在本次观察的MZ村中，村民在上述6个主要环节的参与率分别是：8.8%、30.9%、2.2%、3.7%、45.6%、8.8%，集中在选民登记环节和正式投票环节，而不注重其他环节的建设。该村最终出现了一次选举未能成功选出村委会主任的情况（未达到双过半），只能进行第二轮选举，降低了选举效率。

选举的各个环节是相辅相成、密不可分的，否则在极少数消极性甚或否定性因素占比较多的政治文化类型地区，会极易导致选举出现差错。消极性政治文化给村民带来的影响就是"随便、随意、走过场、无所谓"等不良参与态度和行为。其生成归根结底是由于内源动力不足。一方面，村民只重视选民登记环节和正式投票环节，可能是认为其他环节不如这两个环节重要；另一方面，村民也可能认为只有这两个环节才能发挥自己的影响，而对其他环节的全程参与和监督的动力和效能感不足。

2.村庄政治生态环境

（1）政治参与习惯

分析村庄政治生态环境，可从村民政治参与习惯、村庄选举环境和村庄发展环境入手。一个潜在的测量问题是：村民如果选举日当天需要在外地上班，打算怎么做？这其实是通过行为假设间接判断政治参与习惯。通过统计，5.5%的村民会放弃选举投票的权利，8.1%的村民会口头联系村委会传达投票意愿，68.1%的村民会委托他人代为书面投票，15.2%的村民会请假后主动回村投票。这说明大部分村民具有良好的政治参与习惯，不会对政治参与持强烈的抵触态度。但是这种参与习惯也存在着发展的空间，仍然有很大一部分村民选择了委托投票的方式，而不愿意主动请假回村投票。

政治参与习惯实际上在村庄不同政治文化类型中有不同程度的反映，政治参与习惯优良的村庄往往对应的是积极的或肯定的政治文化类型，政治参与习惯不良的村庄对应的通常是消极的或否定的政治文化类型。不同的政治参与习惯既受到政治文化的影响，又在一定程度上决定着村庄的政治生态环境。积极肯定的政治文化类型的村庄，例如DJ村的选民登记率达到84.6%，政治参与习惯优良，最终投票率也达到了78.6%，折射出其良性的选举政治生态；而消极肯定的政治文化类型的村庄，例如ZW村，选民登记率只有69.5%，从而最终投票率也较低，只有58.7%。

（2）选举竞争环境

通过对此次12个村庄选举竞争度的分析，发现5.4%的村民认为村庄选举非常激烈，46.4%的村民认为村庄选举比较激烈，39.3%的村民认为竞争程度一般，7.1%的村民认为不太激烈，1.8%的村民认为很不激烈。这说明村庄中的选举竞争环境总体上处于中等偏上位置，存在着一定的竞争度。调查村庄贿选情况，67.3%的村民表示从未听说过这一情况。可见村庄选举竞争环境总体健康，一方面竞争度处于正常水平，另一方面贿选现象较少发生。

（3）村庄发展环境

在村民看来，本村的突出问题有多方面，占比最高的几个是村民收入不高（56.3%）、本村缺乏农村发展急需人才（43.8%）、农村基础设施建设问题（37.5%）、村民养老保障问题（37.5%）等。这些问题都关涉村民的生活与生存问题。乡村振兴战略、精准扶贫战略等国家重大治理举措就是为了充分解决这些问题，从而修复村庄良好的政治生态。

村庄的发展环境折射出村民政治文化的导向。积极性政治文化发挥作用的空间在于能够为村庄的基本发展提供有益土壤。消极性政治文化则在村庄出现基本发展问题并得不到及时有效解决时滋生。外来介质型影响机制常常涉及村庄发展条件的变动，例如新兴产业的引入及其对村庄原有产业的冲击，往往导致观念的转变，促进积极肯定的政治文化形成，进而推动村庄政治生态环境的正向发展。

3.推动村庄场域政治文化与政治生态的良性互动

从"主体—场域"视角来看，村庄场域政治文化与政治生态的良性互动有赖于对介质、动力、认同基础、权威模式四种作用机制（或称四个核心变量）的合理有效发挥。依据政治文化对政治生态产生的不同程度的影响，可以从党建文化、协商文化、法治文化、廉洁文化等层面发展村庄场域积极肯定型政治文化，通过同化、吸纳、聚合、重塑与转型等不同效应路径，促进村庄场域的政治文化与政治生态良性互动。

（1）发展党建文化，推动对不良政治生态的治理与优良政治生态的重构

政党政治的形成与发展受制于一定的政治生态，同时反过来又影响并型构出相应的政治生态。因此，在讨论政治生态建设时不能忽视政党政治的影响。习近平总书记指出："在当今中国，没有大于中国共产党的政治力量或其他什么力量。党政军民学，东西南北中，党是领导一切的，是最高的政治领导力量。"[①]这就意味着，政治生态建设必须始终把坚持和巩固党的执政地位放在首位，以加强党的全面领导为统领。具体而言，主要抓好两点：其一，把巩固党的执政地位作为政治生态建设的主要出发点和目的归宿；其二，把加强党的全面领导贯穿于政治生态建设始终。这对于农村基

---

① 习近平：《中国共产党领导是中国特色社会主义最本质的特征》，《求是》2020年第14期。

层民主政治建设有重要的指导意义，包括在农村基层民主选举工作中，推动不良政治生态的治理与优良政治生态的重构，最主要的力量来自党，需要积极依靠党的领导与统领作用，坚持党的全面领导，进一步加强党的建设。①

具体而言，一是完善村党组织书记和村委会主任"一肩挑"制度建设。村党组织是党联系农村基层群众的神经末梢，村党组织建设好了，农村工作就有了主心骨。村党组织书记"一肩挑"是完善党全面领导农村治理制度的需要，也是理顺村党组织和村委会关系、全面优化提升村级治理效能的需要。"一肩挑"制度运行中需要拓宽渠道选人、精准施策派人、规范制度用人、加强培训育人，多管齐下，确保"一肩挑"对于村级组织力量的巩固起到主心骨的作用。②二是提升新时代基层党建引领乡村振兴的能力。聚焦增强基层党组织的政治功能和组织功能，紧紧围绕解决村民急难愁盼问题，完善"党组织+"工作模式，探索强村带动、产业拉动、项目牵引等模式，打造党建引领、区域统筹、资源整合、优势互补、共建共享的集体经济发展矩阵，积极建设农村专门的党建空间、党建平台，在切实提高基层党组织带动农民增收致富能力基础上，以先进的党建文化建设带动基层政治生态良性发展。③

（2）发展协商文化，推动政治生态系统的互动协同

推进村庄政治生态系统的科学合理建设，关键在于各主体之间的互动协同与合力共建。这需要不断完善村庄的协商机制，发展基层民主协商制度，塑造基层协商文化。协商文化在中国有着悠久的历史，古代已有"和合文化"传统。中国共产党创造性地将政治协商和民主监督制度发展成为具有中国特色的政治制度。协商文化旨在构建建言资政和凝聚共识、发扬民主和增进团结的双向发力机制。通过协商，能够最小化分歧，寻求社会

---

① 参见何金凤、王晓荣：《农村党组织治理能力提升与基层政治生态优化》，《理论学刊》2016年第3期。

② 参见董江爱、郝丽倩：《新时代实施村党组织书记"一肩挑"的困境及出路》，《社会主义研究》2021年第2期。

③ 参见黄承伟：《以深化改革激发农业农村发展活力》，《中国党政干部论坛》2024年第5期。

意愿的最大公约数，画出全社会的"同心圆"，从而促进政治生态系统的互动协同。

具体而言，一是继续优化村庄党群比例配置。基层党组织是国家开展农村工作的战斗堡垒，其队伍需要不断扩充壮大。建议将党员占村庄人口比例调整至5%以上，党员占选举委员会成员比例调整至90%以上，以充分发挥党组织的统领和引导作用以及党员的先锋模范作用。二是充分发挥村庄中的农民骨干分子的力量。有学者指出："这一群体在农村社会分层中处于中间阶层，可以成为村干部后备人才贮备的重点对象，其经济情况处于中等，生计在村，人情交往在村。"①这些"骨干农民"往往在村庄选举过程中有一定的协助组织动员和积极参与的动力及能力。三是着力健全基层协商民主机制，加强协商民主制度建设。在主体建设维度上，把基层党组织、社会组织、农民群众等多元主体联动起来；在程序建设维度上，把议题设计、信息公开、渠道畅通等各个环节统筹起来；在机制建设维度上，把运行、监督、反馈等有机链条组建起来；在协商方式维度上，把恳谈会、议事厅、小微平台说事等多种形式利用起来，以实现合力协同、规范运行、长效发展。通过这些软性的组织力量，营造基层协商文化氛围，辅助基层选举动员机制有效发挥作用。通过这些主体、程序、制度、机制之间的互动配合，促进村庄政治生态的协调发展。

（3）发展法治文化，推动政治内生态的制度化

由于部分村民受教育程度较低，加之经济条件相对落后和一些陈旧观念的影响，他们在参与基层选举和村庄政治生态建设时，往往更关注实际和即时利益。一部分村民的现代民主意识和法治观念尚显不足，而对一些村庄陈规、人情面子却较为重视。因此，加强法制教育活动和"送法下乡"活动显得尤为重要，以促进法治文化的培育和传播。法治文化是一项由法律法规、法理价值等规范引导的制度文化，发展法治文化有利于规范村庄选举过程中的规则、流程、行为等，真正做到责权到人，权随事转，有序运行。

---

① 杨东广、田丽：《村干部选拔培养长效机制探析》，《治理现代化研究》2019年第3期。

具体而言,一是严格选人标准。在候选人资格审查阶段,严格对照规章制度的明确要求,把好资格条件关,确保选拔出真正优秀的干部,尤其要把有"硬伤"的人挡在门外,这是底线要求。二是普及法律常识。将村委会选举法、有关选举制度文件通过线上线下多渠道及时传输,把宣传动员工作融入群众的日常生活。三是强化守法义务。利用法治宣传墙、普法活动室等平台,定期开展群众法治教育活动和党员警示教育活动等。

(4)发展廉洁文化,推动政治生态环境的净化

选人用人的制度和体制中的用人导向、机制运行的程序完备情况等因素,对一个地方和部门的政治生态和从政环境具有重要影响。廉洁文化倡导的是在选人用人中要举贤能、选良才,这样的选贤用能制度和氛围可以激发士气、提振风气、增进信任,有利于打造风清气正用贤能的良好政治生态。[①]

具体而言,一是严格执行干部选任标准。坚持德才兼备、以德为先、以廉为基的用人导向,把"好的村干部"的德、能、勤、绩、廉标准细化落实到选拔任用全过程。二是严格执行《中华人民共和国村民委员会组织法》,建制度、立规矩、按程序,完善选人用人制度、体制和机制,推动廉洁文化建设的制度化、程序化。[②]三是严格选人用人过程监督,完善群众监督和社会舆论监督,营造公道正派、公平公正的选人用人环境,完善用人责任追究制度,以有效监督塑造廉洁文化、促进政治生态良性发展。

[①] 参见陈朋:《政治生态建设的中国语境与逻辑理路》,《马克思主义研究》2019年第5期。

[②] 参见李斌雄、姜向红:《当代中国构建廉洁政治生态的价值、问题和对策——学习习近平总书记关于净化政治生态的重要论述》,《广州大学学报(社会科学版)》2015年第1期。

第三章

政治文化视角下优化政治生态的宏观战略

党的二十大报告指出："当前，世界百年未有之大变局加速演进，新一轮科技革命和产业变革深入发展，国际力量对比深刻调整，我国发展面临新的战略机遇。"并指出，新时代新征程中国共产党的使命任务就是"团结带领全国各族人民全面建成社会主义现代化强国、实现第二个百年奋斗目标，以中国式现代化全面推进中华民族伟大复兴"。党的二十届三中全会进一步指出："当前和今后一个时期是以中国式现代化全面推进强国建设、民族复兴伟业的关键时期。""全党必须自觉把改革摆在更加突出位置，紧紧围绕推进中国式现代化进一步全面深化改革。"在全球化趋势下和世界大变局时代，在强国建设和民族复兴伟业征程中，在加强执政党自身建设和推进中国式现代化过程中，在文化广泛传播、渗透和交融的大背景下，各种意识形态和政治文化思潮风起云涌，对不同类型的政治生态优化提出了新的挑战，需要从宏观战略角度深入探讨如何加强政治文化建设以影响推动国际政治生态、国家宏观政治生态、执政党党内政治生态良性发展。

一、世界大变局时代弘扬全人类共同价值推动构建国际政治生态发展战略

随着数字技术的飞速发展和经济全球化的深入，国家政治与经济、国际政治与经济之间的相互渗透和关联日益加深，国家之间、主权国家与非主权国际行为体之间在政治、经济上相互依存与相互作用不断增强，国际政治格局在向多极化曲折发展的过程中呈现多层次的结构特征。在当今以和平与发展为主流的国际形势下，国际政治多样性成为世界政治稳定和良

性发展的保证，是世界多样性和丰富性的前提条件，符合21世纪的国际政治秩序和国际政治生态良性发展的客观需求。

面对世界之变、时代之变、历史之变，中国共产党带领中国人民审时度势，在百年未有之大变局的加速演进中始终坚持维护世界和平与安全、促进共同发展与繁荣，致力于推动构建人类命运共同体。党的二十大报告指出："中国坚持对话协商，推动建设一个持久和平的世界；坚持共建共享，推动建设一个普遍安全的世界；坚持合作共赢，推动建设一个共同繁荣的世界；坚持交流互鉴，推动建设一个开放包容的世界；坚持绿色低碳，推动建设一个清洁美丽的世界。"[①]党的二十届三中全会作出的《中共中央关于进一步全面深化改革 推进中国式现代化的决定》指出："推动构建人类命运共同体，践行全人类共同价值，落实全球发展倡议、全球安全倡议、全球文明倡议，倡导平等有序的世界多极化、普惠包容的经济全球化，深化外事工作机制改革，参与引领全球治理体系改革和建设，坚定维护国家主权、安全、发展利益"[②]。围绕政治文化如何影响推动国际政治生态良性发展、如何以全人类共同价值引领构建开放包容与和平发展的国际政治生态这一战略目标，着重探讨如何应对国际政治生态面临的挑战以及民族国家间政治文化发展的和而不同问题，批判分析几种影响较大的政治文化思潮。在此基础上，建设融合了中华优秀传统文化和革命文化精髓的社会主义先进政治文化，并为此提出弘扬全人类共同价值、秉持人类命运共同体理念、提升中国在全球话语中的影响力等战略举措。

（一）"百年未有之大变局"与国际政治生态问题

1.世界大势："百年未有之大变局"

对世界形势的研判是完善全球治理、优化国际政治生态最具全局性、

---

① 习近平：《高举中国特色社会主义伟大旗帜 为全面建设社会主义现代化国家而团结奋斗——在中国共产党第二十次全国代表大会上的报告》，人民出版社2022年版，第62—63页。

②《中共中央关于进一步全面深化改革 推进中国式现代化的决定》，人民出版社2024年版，第47页。

长期性和战略性的重大问题。"百年未有之大变局"是习近平总书记站在人类历史进程的高度,在深刻把握新时代中国和世界发展大势的基础上作出的重大战略判断,在当前复杂变化的时代具有举旗定向的重要意义。2017年12月28日,在驻外使节工作会议上的重要讲话中,习近平总书记高屋建瓴地指出:"放眼世界,我们面对的是百年未有之大变局。"①2018年6月22日,在中央外事工作会议上,习近平总书记再次指出:"当前,我国处于近代以来最好的发展时期,世界处于百年未有之大变局,两者同步交织、相互激荡。"②此后,习近平总书记在多个场合多次重申了这一新论断,进一步丰富和发展了"百年未有之大变局"的丰富内涵。比如,在2018年11月举行的亚太经合组织工商领导人峰会上,习近平总书记指出:"当今世界的变局百年未有,变革会催生新的机遇,但变革过程往往充满着风险挑战,人类又一次站在了十字路口。"③再比如,2019年5月21日,习近平在推动中部地区崛起工作座谈会上明确提出"两个大局":"领导干部要胸怀两个大局,一个是中华民族伟大复兴的战略全局,一个是世界百年未有之大变局,这是我们谋划工作的基本出发点。"④2023年12月27—28日召开的中央外事工作会议上,习近平总书记指出,"我们倡导平等有序的世界多极化和普惠包容的经济全球化","围绕推动构建人类命运共同体这条主线","携手应对挑战、实现共同繁荣"。⑤这些新观点、新论断、新思想有助于深刻认识世界大变局与中国大发展之间的历史性交汇,有助于全面理解构建和平发展、开放包容的国际政治生态的重要性与紧迫性。

从时空维度上看,研判世界大势,通常不是以10年、20年为计,而是以百年、几百年,甚至千年为计。对于"百年未有之大变局"的时间坐标,学界有不同的理解,有的认为是自地理大发现开启全球化时代以来的500

---

① 《习近平接见二〇一七年度驻外使节工作会议与会使节并发表重要讲话》,《人民日报》2017年12月29日。

② 《习近平谈治国理政》第三卷,外文出版社2020年版,第421、428页。

③ 习近平:《同舟共济创造美好未来——在亚太经合组织工商领导人峰会上的主旨演讲》,《光明日报》2018年11月18日。

④ 《习近平谈治国理政》第三卷,外文出版社2020年版,第77页。

⑤ 《中央外事工作会议在北京举行》,《人民日报》2023年12月29日。

多年，有的认为是从18世纪60年代西方工业革命开启工业社会以来的200多年，有的严格限定在一战以来的100年的时间跨度上，有的认为是从"二战"结束到2050年这100年……结合习近平总书记关于"百年未有之大变局"的重要论述，我们认为，首先，"百年"主要是虚指而非实指，尤其不能狭隘地理解为是从提出这一论断的时间节点（2017年、2018年）往前推一百年。其次，"百年"是参照系，"百年未有之大变局"的论断重在强调当前世界形势、国际秩序之"大变局"，而最近的100年无疑是历史上的200年、500年的发展与延续，不能相互否定与排斥。再次，"百年未有之大变局"不是完成时，是正在进行时，是一种发展态势。最后，正如任剑涛教授所指出的，审视时代的变迁关键要从"社会时间"着眼，深刻把握时代变迁的范围、程度、状态、走向与影响。①基于这几点，我们认为，"百年"在本质上是一个大历史概念，是指一个相对较长且正在发生巨大变化的历史时期；"百年未有之大变局"是指在一个相对较长的历史时期深刻影响人类历史发展方向和进程的大调整、大变化、大发展。

从内涵上看，研判世界形势是否发生结构性、根本性的变化，主要看国际政治秩序、世界经济发展与人类社会变迁等层面。②"国际政治秩序"主要包括国家之间的力量对比和相互关系、地区与国际机制等；世界经济发展主要是指经济增长、技术进步以及推动增长与进步的机制；人类社会变迁主要是指人口、社会制度、社会结构、社会思想的总体变迁等。③"大变局"的含义，指的正是在这些关键方面整体上发生重大变化。客观地看，当今世界在政治、经济、技术、文化、价值等诸多方面均遭遇百年未有之大变局。正如有的学者所揭示的：政治维度上的百年未有之大变局主要体现为，20世纪所确立的以美欧等西方力量所主导的世界格局正趋于式微，而以中国为代表的发展中国家在国际格局中的主导性力量不断增强；经济维度上的百年未有之大变局主要体现为，经济体系越来越摆脱民族国家的樊篱而演变成全球经济，越来越脱离实体经济的载体而变得虚拟化和金融

---

① 参见任剑涛：《社会变迁的时间尺度》，《华中师范大学学报》2020年第4期。
② 参见陈文通：《资本竞争及其发展演变（下）》，《中国延安干部学院学报》2020年第3期。
③ 参见张蕴岭：《在大变局中把握发展趋势》，《理论导报》2019年第3期。

化，经济危机变得更加具有毁灭性和世界性；科技维度上的百年未有之大变局主要体现为，从工业2.0和3.0向工业4.0转变，从机器生产和信息化向网络化和智能化转变；文化维度上的百年未有之大变局主要体现为，曾对西方国家乃至世界不少地方产生重要影响的新自由主义等思潮的影响力趋于式微，意识形态多元化的格局已初步呈现。①

世界大变局的本质在于世界秩序的历史演进与变革，即世界政治、经济、技术、文化、价值等所引起的世界秩序格局的大调整、大变化、大发展。世界多极化应该是有序的，"要确保多极化进程总体稳定和具有建设性"②。当前世界历史演进趋向包括五个不可逆转的"百年之变"③：一是世界经济格局百年之变。随着一大批新兴大国和发展中国家快速崛起，"东升西降""南起北落"的趋势不可逆转。二是国际权力格局百年之变。随着世界经济重心的逐步多元，国际力量对比更趋均衡的态势更加明显，从"极化格局"向"群体格局"的趋势不可逆转。三是全球化的主导力量与发展方向百年之变。随着国际权力格局、经济格局的深刻调整，长期以来西方发达资本主义国家主导的全球化面临"再全球化"的方向与趋势不可逆转。四是全球治理体系及治理规则百年之变。随着全球治理主体和议题多元化，以及全球治理规则和理念加速演变，长期以来以发达国家"治人"、发展中国家"治于人"的全球治理格局之变的趋势不可逆转。五是人类文明及交往模式百年之变。随着一大批新兴国家开始成为知识、技术、信息的生产源和传播源，在方兴未艾的新技术、新产业革命中不断崭露头角，世界范围的思想、观念、制度、模式日益呈现多元的格局，"新自由主义""西方文化中心论"衰落的趋势不可逆转。④

---

① 郭忠华：《比较视野下的"百年未有之大变局"——基于世界结构性原则的论述》，《四川大学学报（哲学社会科学版）》2021年第4期。
② 王毅：《深入贯彻中央外事工作会议精神 不断开创中国特色大国外交新局面》，《求是》2024年第2期。
③ 参见罗建波：《当前世界历史演进趋向的五个"百年之变"》，《世界社会主义研究》2019年第8期。
④ 参见罗建波：《从全局高度理解和把握世界百年未有之大变局》，《学习时报》2019年6月7日。

2.国际政治生态面临的新机遇与新挑战

"百年未有之大变局"及其对国际政治生态的深远影响要客观、辩证地看，一方面要深刻认识到"变局中危和机同生并存"，不能偏执一端，盲目乐观或悲观；另一方面要顺势而为，积势蓄势谋势，识变求变应变，在危机中育先机，于变局中开新局。正如习近平总书记在2018年6月中央外事工作会议上所强调的，我们要深入分析世界转型过渡期国际形势的演变规律，准确把握历史交汇期我国外部环境的基本特征，"既要把握世界多极化加速推进的大势，又要重视大国关系深入调整的态势。既要把握经济全球化持续发展的大势，又要重视世界经济格局深刻演变的动向。既要把握国际环境总体稳定的大势，又要重视国际安全挑战错综复杂的局面。既要把握各种文明交流互鉴的大势，又要重视不同思想文化相互激荡的现实"①。"四个既要"是要求从总体大势上有效把握世界变局，战略上在把握机遇中创造机遇；"四个又要"则是要求从具体态势上重视世界变局，战术上不惧风险并善于处置风险。扼要地说，"四个既要"是新机遇的生长点，"四个又要"是新挑战的滋生点。

（1）世界大变局下优化国际政治生态面临的新机遇

一般而论，大发展、大调整、大变革的时代亦是盛产发展机遇、发展动力、发展红利的时代。就本书所论及主题而言，"百年未有之大变局"对于推进全球治理体系和治理能力现代化、改进与优化国际政治生态无疑是一次难得的重要战略机遇期，有助于凝聚变革的共识、集聚变革的动力、探索变革的体制、共享变革的红利。

第一，有助于凝聚变革的共识。"百年未有之大变局"是世界政治大势、经济大势、文化大势、新技术革命大势共同形塑的世界大势，是不以人的意志为转移的大潮流，尽管会出现一些"回头浪"，会遇到很多险滩暗礁，但时代潮流浩浩荡荡，不可阻挡。②人类是一个整体，是休戚与共的命运共同体、利益共同体与责任共同体。习近平总书记在中国共产党与世界政党

---

① 《习近平谈治国理政》第三卷，外文出版社2020年版，第428页。

② 参见李海青：《习近平总书记对共产党执政规律的原创性贡献——结合党的二十大报告文本的分析》，《学习论坛》2023年第1期。

领导人峰会上的主旨讲话中号召各国政党,要担负起引领方向的责任,把握和塑造人类共同未来;要担负起凝聚共识的责任,坚守和弘扬全人类共同价值;要担负起促进发展的责任,让发展成果更多更公平地惠及各国人民;要担负起加强合作的责任,携手应对全球性风险和挑战;要担负起完善治理的责任,不断增强为人民谋幸福的能力。①这些深刻、丰富而科学的理念有助于全球凝聚变革的共识。

第二,有助于集聚变革的动力。当前,随着新兴市场国家和发展中国家群体性崛起,西方出现了自工业革命以来的第一次全面颓势,西方与非西方关系的不对称性正在缩小。与此形成鲜明对照的是,新兴市场国家和发展中国家在推动实现国际关系民主化方面正扮演着越来越重要的角色。它们在推动国际事务进程和完善全球治理体系中的影响力和话语权不断增强,为优化国际政治生态注入了强劲动力。需特别强调的是,正如一些学者深刻指出的,在"百年未有之大变局"中不能盲目迷恋国际权力结构正在出现的"东升西降"的基本态势,不是一味地"唱衰西方",更不是简单地强调新时代的中国力量不可逆转的崛起。②中国的崛起同样需要深化拓展更多的伙伴关系、发展更多的友好合作,从而在推动构建新型国际关系中发挥重要力量。

第三,有助于探索变革的体制。近代以来,西方国家在技术创新、制度建设和观念革新等方面始终走在世界前列,占据显著优势,而非西方国家总是亦步亦趋地学习与模仿,处于落后者、追赶者的地位,在国际体系与全球治理结构上更是如此。尽管当前西方国家整体上仍然处于优势地位,但美国主导的世界秩序——包括美式价值观、以美国为基础的国际政治经济体系、以美国为中心的军事同盟——正面临越来越多的内外挑战,"单边主义""针对特定国家的阵营化""排他性小圈子"越来越受到国际社会的质疑和反对。在这一背景下,中国作为全球治理的重要参与者、贡献者和引领者,进行了有益的探索与实践变革。中国致力于推动世界多极化,促

---

① 参见《习近平出席中国共产党与世界政党领导人峰会并发表主旨讲话》,《光明日报》2021年7月7日。

② 参见李毅:《认识把握新发展阶段的几个问题》,《中国经济评论》2022年第Z1期。

进经济全球化，提倡文明和发展模式的多样化。比如，推动"金砖国家"合作的制度化，大幅提升了新兴市场国家和发展中国家在国际事务中的话语权；建立"上海合作组织"，推动中国与俄罗斯及广大中亚国家在地区安全事务上的协商合作；倡导的"一带一路"，为全球发展中国家之间的政治、经济、文化交流合作搭建平台；提出的全球发展倡议、全球安全倡议赢得国际社会广泛赞誉并正在积极推进实施。

（2）世界大变局下优化国际政治生态面临的新挑战

第一，国际环境正进入高度不确定的时期。当前，百年变局正加速演进，世界进入动荡和变革的新时期，国际环境面临更多不稳定性、不确定性。在前文，我们主要从积极的角度勾勒了世界大变局下五个不可逆转的"百年之变"，强调和平、发展、合作、共赢的时代潮流依旧强劲。然而，作为一场广泛、深刻、急剧的百年大变局，它势必会将世界带入一个充满不确定性的时期，其负面影响和破坏性客观存在，不容忽视。

第二，全球性问题正进入集中爆发期。在世界大变局的背景下，全球性问题正进入集中爆发期，人类面临的全球性问题数量之多、规模之大、程度之深都是前所未有的。2020年9月22日，联合国秘书长古特雷斯在第75届联合国大会上指出，当今世界面临五大挑战：地缘紧张局势、气候危机、全球互不信任、数字世界黑暗面及新冠疫情全球大流行。古特雷斯呼吁，世界不仅需停止"热"冲突，也必须避免新冷战，建议通过制定新的社会契约和改善全球治理来共同应对挑战。①党的二十大报告深刻指出："恃强凌弱、巧取豪夺、零和博弈等霸权霸道霸凌行径危害深重，和平赤字、发展赤字、安全赤字、治理赤字加重，人类社会面临前所未有的挑战。"全球性问题的多发、突发，折射出全球正进入一个充满挑战的时代。

第三，全球合作与治理正面临前所未有的挑战。当前，世界面临转折点，全球合作和世界繁荣都在承受前所未有的历史性压力。大变局大变革的时代呼唤大胸怀大合作大格局大治理，期待全球治理提升集体行动能力、

---

① 参见张骥：《马克思主义时代观的核心要义与科学认识百年未有之大变局》，《河北师范大学学报（哲学社会科学版）》2022年第5期。

协调合作能力、危机应对能力。然而，不可否认的是，全球合作与治理面临前所未有的分化、内卷化、极化现象。自2008年金融危机以来，尤其是2016年的"黑天鹅"事件、2020年新冠疫情的大流行和2022年的俄乌冲突等事件，不断加剧并呈现"升级换代"的趋势。冷战思维、地缘政治冲突、通胀高企、能源资源短缺等问题给世界各国带来严峻挑战，世界面临多重危机加剧的风险。

（二）世界大变局下对当前影响较大的政治文化思潮的批判性分析

在扼要了解了世界百年未有之大变局的宏观视野下，当前国际政治生态的特征及其面临的挑战与机遇之后，我们将从政治文化的批判性视角出发，重点探讨近年来对国际政治生态影响较大的社会政治思潮，分析其总体概况、趋势、特点及其成因。

1.近年来影响较大的政治文化思潮总体概况

政治文化思潮从某种观点的形成到思想倾向的确立，再到政治主张的提出，形成特定的思想流派，这一过程融合了不同立场、不同领域、不同阶层、不同利益群体的复杂诉求。它们经历了交流交锋、冲击对抗、传播扩散、融合共生、裂变蜕化等演化过程，最终形成影响国内与国际政治生态的重要思想潮流。因此，对政治文化思潮，特别是对在全球影响较大的政治文化思潮的发展演变规律及其对国际形势的影响进行长期研判，对于我们把握发展大势、优化政治生态、完善全球治理具有重要意义。

一般而论，政治文化思潮是社会政治生活的晴雨表，具有高潮与低谷的周期性流变的动态性和相互碰撞、相互掣肘、此消彼长的互动性。新近一波在全球影响较大的政治文化思潮是世界百年未有之大变局的衍生物。从较长时间段来看，自二战结束以来，一批社会主义国家和民族独立国家兴起，西方世界也掀起福利国家建设，既引发两大阵营对抗，也推动世界范围内新一轮民主化浪潮和现代化运动，不同政治思潮在此过程中进行了激烈的辩论和交锋并相互影响。到了20世纪70年代，随着科技革命、知识经济的出现，市场化、信息化和全球化潮流的推动，世界进入了多极化、经济全球化的新时期。继而，随着冷战结束，面对世界范围日益严峻的贫困、种族冲突、生态失衡、信仰危机等问题，特别是2008年的国际金融危机，2016年的一系列"黑天鹅"事件以及2020年的新冠疫情等突出问题，各种政治思潮之间既呈现出相互借鉴、交叉渗透的趋势，又在具体主张上呈现出多样化和相互批评的特点。《人民论坛》自2010年起对社会思潮监测与研判形成的统计大数据（见表3-1）[①]与研究报告[②]，为我们把握这十多年来全球政治文化思潮的总体概况与发展演变提供很好的理论素材与思想借鉴。纵观近年来在全球影响较大的政治文化思潮演变，有的异军突起，有的影响日隆，有的渐渐式微，有的成为新宠，其总体概况与态势可以归纳为以下四个方面。

（1）"新自由主义""普世价值"论等思潮相对式微

"新自由主义"思潮影响力持续下降。"新自由主义"的式微，是世界百年变局背景下国际政治经济格局进行深入调整的突出反映。在"2010—2021年度十大社会思潮排行榜"中，2016年之前，"新自由主义"稳居前三名，很多年份甚至占据榜首；然而，2016年之后，"新自由主义"排名下滑趋势明显，在2019年和2020年甚至未进入榜单。与之并行的，是反"新自由主义"的强势回潮。需强调指出的是，"新自由主义"的式微并不意味着其影响会立即消失殆尽，它仍然是西方政治文化的一大底色与主流意识形态。"新自由主义"对于分离主义、民粹主义、极端主义等思潮的发展依然具有推波助澜的作用。

"普世价值"论因引发普遍质疑与反思而走向衰退。随着新兴市场国

[①] 人民论坛"特别策划"组：《2020国际十大思潮》，《人民论坛》2020年第36期。

[②] 参见贾立政、王妍卓、张忠华：《重大社会思潮十年发展变革趋势研判》，《人民论坛》2020年第3期；贾立政、王慧、王妍卓：《大变局下的国际社会思潮流变——2020国际社会思潮发展趋势研判》，《人民论坛》2020年第36期。自2021年以来，《人民论坛》虽未发布类似于年度十大（国际国内）社会思潮这一排行榜形式，但仍发表文章继续关注国际国内社会思潮演变。比较集中探讨的文章如贾立政、孙墨笛：《历史交汇点上的国内社会思潮观察》（《人民论坛》2021年第3期）；金灿荣：《世界百年未有之大变局的六大新趋势》（《人民论坛》2023年第12期）。除此之外，还有一些文章仍关注国际上的民粹主义、激进保守主义、右翼势力、种族主义、排外主义和在国内外影响广泛的消费主义、女性主义、泛娱乐主义、生态主义等。

表3-1 2010—2021年度十大社会思潮排行榜

排序	1	2	3	4	5	6	7	8	9	10
2021年	保守主义	种族主义	反智主义	遏制主义	技术民族主义	新民粹主义	新自由主义	网络暴力主义	—	—
2020年（国内）	民族主义	生态主义	网络民粹主义	泛娱乐主义	消费主义	文化保守主义	个人主义	实用主义	科技本位主义	国家主义
2020年（国际）	反全球化	霸凌主义	民粹主义	极端右翼	国家主义	科技至上主义	技术民族主义	反智主义	平等主义	生态主义
2019年	逆全球化	贸易保护主义	民粹主义	多边主义	民族主义	科技本位主义	消费主义	泛娱乐主义	生态主义	女性主义
2018年（国内）	贸易保护主义	民粹主义	单边主义	排外主义	极端主义	新自由主义	生态主义	种族主义	女性主义	普世价值论
2018年（国际）	民粹主义	历史虚无主义	民粹主义	泛娱乐主义	新左派	消费主义	文化保守主义	生态主义	女性主义	新自由主义
2017年（国际）	民粹主义	分离主义	生态主义	极端主义	逆全球化	生态主义	泛娱乐主义	新自由主义	普世价值论	西方左翼
2017年（国内）	民粹主义	新权威主义	民粹主义	消费主义	泛娱乐主义	激进左派	新左派	历史虚无主义	新自由主义	普世价值论
2016年	民族主义	历史虚无主义	新自由主义	极端主义	新左派	虚无主义	新儒家	功利主义	消费主义	生态主义
2015年	新自由主义	民粹主义	新左派	民粹主义	普世价值论	普世价值论	历史虚无主义	生态主义	极端主义	道德相对主义
2014年	新自由主义	历史虚无主义	民粹主义	民粹主义	普世价值论	宪政思潮	民粹主义	极端主义	新儒家	宪政思潮
2013年	民粹主义	创新马克思主义	新自由主义	拜物教主义	普世价值论	极端主义	新儒家	新儒家	新儒家	伪科学
2012年	普世价值论	新自由主义	创新马克思主义	道德相对主义	社会民主主义	文化保守主义	新国家干预主义	民粹主义	道德相对主义	社会民主主义
2011年	新自由主义	历史虚无主义	社会民主主义	文化保守主义	道德相对主义	新左派	历史虚无主义	民族主义	民粹主义	公平正义
2010年	新自由主义	民族主义	社会民主主义	文化保守主义	道德相对主义	新左派	历史虚无主义	民族主义	大国心态	伪科学

家与发展中国家的崛起,尤其是"北京共识"引起全球性的广泛关注,以及西方发展模式在非西方世界出现的"水土不服"现象越来越严重,全球政治文化思潮出现了大规模的交锋,"普世价值"论之"普世主义"与"普适主义"、"独断主义"与"绝对主义"广受批评与质疑。在"2010—2021年度十大社会思潮排行榜"中,普世价值论的处境比新自由主义更为糟糕。普世价值论衰退的另一重要原因是全人类共同价值与人类命运共同体等理念日渐引起全球性的共鸣,成为与普世价值论竞争性对话的重要话语体系。

(2)保守主义、民粹主义、国家主义等思潮泛滥

保守主义与自由主义、社会民主主义并称为现代西方三大政治思潮。虽然跻身西方三大政治思潮行列,但长期以来,保守主义却无法与雄居主流地位数百年的自由主义相提并论,即使与光鲜讨巧的社会民主主义对比也有些相形见绌。不过,大变革的时代往往是保守主义"大显身手"的时代,保守主义是欧美国家新近一轮全球政治文化思潮鲜明的底色。

保守主义是一种依赖历史情境定义的思潮,"保守主义思想的出现主要是为了回应对现存制度的种种挑战",通常主张的是对社会现状和历史传统的维护,反对激进的革命,并主张通过调和与妥协来解决利益冲突。有研究者认为,作为对人类历史发展进程中重大"进步性"事件的"反动式"思想回应,保守主义经历了四次浪潮,即对公民权之基本个人自由或人权、公民的政治权利、经济社会权利、文化权利的反动。当前欧美国家全球性保守主义的泛滥,既是对国内各种积重难返之矛盾与不满的反动,如税收政策、福利政策、移民政策、多元文化、身份政治等,是各种传统保守主义在大变局时代的回响,也是对经济全球化、国际力量对比变化,尤其是对其传统"优势"与"实力"受到挑战的霸权焦虑与反动的体现。

民粹主义思潮在当代西方社会更多体现为一种政治心态,也逐步酝酿形成一种社会运动或者政治策略,即通过煽动和蛊惑群众将其作为达成政治目的的手段或工具。许多欧美国家目前正经历民粹主义思潮或运动的兴起,其根源在于,随着新自由主义主导的全球化陷入严重危机,欧美国家的经济困境与社会不平等加剧,尤其是2008年国际金融危机发生后,世界经济长期未能从根本上走出困境,逆全球化、贸易保护主义和反建制力量

相互交织，民粹主义乘势兴起。而在2015—2018年和2022年以来的两波民粹主义浪潮影响下，民粹主义势头空前高涨，出现了各式各样"杂乱的反抗"，特别是在欧洲，激进政党趁势崛起，演变为一种值得关注的政治极化现象。有学者研究认为，"民粹主义和政治极化正在重塑欧洲的政治生态"，是当前逆全球化的重要驱动力量。随着欧洲主流政党民粹化和民粹政党主流化在政治光谱两侧同时推进，该地区政党政治呈现出激进右翼和激进左翼"双峰凸起"并以前者更为突出的格局。在这种"失衡的极化"之下，各种政治力量之间的纷争加剧，政党联盟瓦解、政治领导人遭遇信任危机，欧洲的政党格局更趋碎片化，国内政治纷争和不稳定性加剧。①

随着不同国家对经济、政治等领域的干预管制不断加强，糅合了复杂诉求的国家主义强势回归，同时也释放了与极端思潮进一步合流的危险信号。国家主义的回归是当前全球化发生"由外向内"转向、新自由主义模式的资本主义世界体系面临系统性危机的必然结果。在全球化快速推进的时期，生产要素在全球市场范围内充分流动，自由市场模式在一定程度上削弱了国家的主导作用，国家主义发挥的作用较为有限。近年来，一些全球化的推动者转而成为反全球化的先锋，在政策制定中增加保护性、限制性因素。在这一过程中，政府权力不断得到强化。在2020年的新冠疫情中，国家力量在动员、组织和调配资源等方面起到了决定性作用。同时，协调各方力量应对国内危机，关切与维护本国利益，也促使国家主义再度登台。

（3）逆全球化已汇聚成一股强大浪潮并粉墨登场

逆全球化思潮又称反全球化思潮，顾名思义，指的是对全球化现象的一种逆向思考所形成的思想倾向。作为一种新型意识形态，其往往寄希望于通过对全球化进程的反动以维护或实现自身利益诉求。从人类发展史来看，逆全球化是与全球化此消彼长、相互掣肘的一种历史进程。②从历史来看，人类经历了三次全球化浪潮，相应地也有三次逆全球化浪潮相伴而

---

① 参见卜永光：《民粹主义浪潮下的欧洲政治极化态势》，《当代世界》2024年第4期。
② 参见马超、王岩：《逆全球化思潮的演进、成因及其应对》，《思想教育研究》2021年第6期。

生,两者在周期性波动中曲折前进。一般认为,现代意义上的全球化发端于1492年哥伦布发现新大陆。自那时算起到第一次世界大战之前是第一次全球化,随之而来的则是直到第二次世界大战结束的第一次逆全球化运动。第二次全球化从第二次世界大战结束算起到20世纪90年代初冷战结束,其间伴随着各种逆全球化思潮的夹杂涌现。自20世纪90年代初到2008年金融危机是第三次全球化,2008年至今则是第三次逆全球化汹涌而来,与全球化趋势交织。中国在"逆全球化"浪潮下维护和践行多边主义,推动构建人类命运共同体,提出了"逆全球化"治理的中国方案。具体而言,中国提出并坚持共商共建共享原则,坚持多边主义、开放包容、互利合作、与时俱进,推动全球化转向更加开放、包容、普惠、平衡、共赢的新全球化,推动"西方中心治理"向"东西方共同治理"转变。尽管全球化与逆全球化呈现一定周期性和交织性,但全球化无疑依然是主流与主旋律,逆全球化主要在经济意义与文化意义上被论及。这一轮逆全球化是传统的经济议题、文化议题与新发的秩序变革与大国力量较量在同一时空境遇下相互激荡,汇聚成一股新的政治文化思潮,并大有可能成为各种右翼思潮、极端主义信奉的教条。

(4)有关科学技术的政治文化思潮异军突起

近代以来,科学技术引领的工业革命是推进人类社会发展和世界格局演变的重要力量。现如今,人们对科技与政治之间关系的认识越来越深入,聚焦于科学技术与地缘政治、国家发展、政治军事格局相互关系的政治文化思潮开始涌现。在经济上,科技是第一生产力;在政治上,科技是软实力;在文化上,科技是影响力;在军事上,科技是威慑力。近年来,随着国际竞争的加剧,科技领域已经成为大国竞合的新前沿,对技术的创新和控制日益成为大国博弈的关键性因素。2019年"科技本位主义"首次入围年度十大思潮。2020年的新冠疫情更是前所未有地强化了科技的至上地位和相关议题,"科技民族主义"异军突起成为民族主义思潮中最具影响的一派。此外,与科技相关联的"科技民粹主义"与"反智主义"悖论也颇有市场。

2.新近一波在全球影响较大的政治文化思潮的特点

从范围上看，新近一波在全球影响较大的政治思潮的主体以欧美发达国家为主。从英国脱欧公投到欧盟右翼政党崛起，从特朗普政府的"退群""筑墙""脱钩"到拜登政府联合"盟友"围堵中国，从"贸易战""关税战"到"科技战"，从新冠疫情"疫苗垄断"到"溯源政治化"，从金融恐慌到身份焦虑，俄乌和中东冲突加剧，世界进入新的动荡变革期，无论是保守主义、民粹主义、种族主义，还是民族主义、国家主义，抑或去全球化、逆全球化、反全球化，甚或各种变体与极端主义，毋庸讳言其始作俑者与主导者主要是欧美发达国家。以民粹主义为例，近代以来曾经出现过三波民粹主义浪潮：第一波发生在19世纪末处于现代化进程中的俄国和美国，代表性的社会运动主要有俄国的民粹派运动和美国的人民党运动。20世纪30—60年代的第二波民粹主义浪潮几乎席卷了所有拉美国家。第三波民粹主义则主要发生在以欧美民主制度为标杆，试图实现所谓民主化转型的东亚、东南亚国家和地区。与过去三波民粹主义有着明显区别，新近一波民粹主义的特征主要有：一是几乎波及整个西方资本主义世界，在欧美国家都有上升势头；二是主要是对资本主义国家内外矛盾的激化的反映，是对全球化进程的反动。[1]

从结构形态看，新近一波在全球影响较大的政治文化思潮多元纷呈，但暗流涌动。多元化发展是新近政治文化思潮流变最显著的一大特征，除了在经济、政治领域有突出反映，在科技、文化、社会等领域也有延伸反映，总体上呈现为一种以经济和政治为轴心，以科技、文化、社会等为辐射点，相互渗透、彼此交织的"多维网状型"结构形态。比如政治领域的单边主义、经济领域的保护主义、社会领域的民粹主义、科技领域的科技民族主义、文化领域的身份政治思潮，都呈现出多元化、综合性特征。[2] 客观地说，多元纷呈的政治文化思潮勃兴在一定程度上有助于促进文化的多样化，从而进一步推动世界的多极化与经济全球化。但毋庸讳言，新近一

---

[1] 参见王明进：《2020年全球民粹主义的异动》，《人民论坛》2020年第36期。
[2] 参见戴长征：《欧美新近一波民粹主义的成因、特点及影响》，《人民论坛》2020年第32期。

波全球性政治文化思潮较为复杂与特殊，暗流涌动。粗略地看，其背后存在三股暗流：一是"再意识形态化"。各种思潮不仅将利益诉求、政治诉求不断带入其中，而且显露出强烈的意识形态对立与对峙的话语色彩。二是"再国家化"。尽管各种思潮出发点不同、核心理念不同、理论主张不同，但念兹在兹的是国家的"竞争优势""实力优势"，传统的个人主义与"新自由主义"的主基调明显淡化了。三是"再全球化"。尽管各种思潮对全球化的评判与态度不尽相同，甚至出现去全球化、逆全球化、反全球化倾向，但它们的价值诉求都或明或暗地指向"再全球化"，即扭转或否定当前全球化的走势与方向，试图重构一种变异的新形态的全球化发展格局、全球化规则格局、全球化利益格局。

从思想倾向上看，当前影响较大的政治文化思潮中的右翼、极端右翼风头更盛，呈现出"失衡的极化"。一般而论，从思想倾向上看，各社会思潮内部都有左右等不同的流派与派系。比如，自由主义与保守主义都有左翼与右翼。再比如，左翼民粹主义一般主张扩大福利、救济失业和保障公平，右翼民粹主义一般要求国家执行贸易保护主义政策，维护"我们—人民"利益。尽管当前各思潮内部与各思潮之间仍然延续"左"与"右"之争，但总体上来看，右翼化、极端化倾向尤为显著。比如，"以退为进"的右翼、极右翼保守主义在欧美强势回潮，单边主义、霸凌主义甚嚣尘上，并进一步推动西方社会思潮的政治极化。再比如，欧美国家的移民问题引发了普遍的民粹主义、种族主义、排外主义等极端性思潮呈集体性活跃，严重加剧了社会的撕裂与文化的冲突。下面要分析与揭示的当前影响较大的政治文化思潮的"升级""杂糅""合流""变种"基本在"朝右转"，甚至在极右、极端主义的泥潭中越陷越深。

从发展态势上看，当前影响较大的政治文化思潮"升级""杂糅""合流""变种"成为新常态。相较于过去以贸易保护主义、单边主义、排外主义等"保护"为主基调的形式，近年来，有所变异的反全球化思潮进一步增加了遏制、霸凌的激进色调。民族主义思潮延续了一如既往的强劲发展势头，经济民族主义、科技民族主义成为其中最鲜明的两个面向，并且两者之间的内在关联日趋紧密。此前或明或暗的种族主义，正大光明地重返国际政治舞台前沿，与右翼民粹、极端民族主义深度合流，在一些西方国家，其主张正受到越来越多普通民众和青年群体的认同。这种"升级版"的种族主义满足了一些西方政客将内部矛盾外部化的政治需要，他们以偏激手段进行社会炒作试图赢得各种社会支持。同时，这种民族主义也成为加剧意识形态对抗和文明冲突的新利器，刻意制造出一种失控局面和难以在短时间内突破的政治障碍。在过去几十年的全球化进程中，不同国家、不同民族被不同程度地卷入全球经济浪潮之中，一些反全球化思想潮流与民族、经济、科学、技术等因素杂糅交错，导致保护主义、反智主义、排外主义、种族主义、霸凌主义等思潮沉渣泛起。

3.新近一波在全球影响较大的政治文化思潮的成因

当前在全球影响较大的政治文化思潮所呈现的"极化"特征，是经济极化、政治极化、社会极化、思维极化、心态极化等复杂而综合的反映，是"和平赤字""发展赤字""安全赤字""治理赤字""信任赤字"等日益尖锐化的表现。

"和平赤字"是全球影响较大的政治文化思潮"极化"的政治根源。如果把人们对和平的期待看作一项美好的预算的话，那现实世界就是通篇红色的账本。长期以来，美欧一些学者鼓吹霸权稳定论，竭力维护单靠一种大国主导的国际政治经济秩序，认为这才能带来永久和平。在这种"新干涉主义"的影响下，霸权主义和强权政治依然横行。仅就美国而言，在二战结束后到 2008 年这63年里，就参加了全球30场战争，平均每2.1年就卷入或发动一场战争；而在冷战结束到2008年这17年里，共参加了全球12场战争，平均每1.4年就卷入或发动一场战争，其中，阿富汗战争、伊拉克战争给所在国人民带来的巨大灾难和不幸，至今仍在延续。①在霸权主义和强权政治影响下，局部战争与大规模冲突不断，同时由宗教、领土、种族等问题引发的国家或地区间冲突和争端也是祸患不停，如俄乌冲突、巴以冲突，战火又起。此外，气候变化、网络安全、难民危机等非传统安全威胁持续蔓延。这些都是当前导致和平赤字的重要来源。

---

① 参见汪亭友：《"共同价值"不是西方所谓"普世价值"》，《红旗文稿》2016年第4期。

"发展赤字"是全球影响较大的政治文化思潮"极化"的经济根源。发展赤字本质上是发展的不平衡与发展鸿沟的问题,既表现为国内收入分配的不平衡不平等,也表现为国际发展空间的不平衡不平等。即使在发达资本主义国家国内的收入分配不平衡不平等,也概莫能外。以美国为例,其贫富差距已经逼近1920年以来的最高水平。2018年,美国最富有的10%家庭掌握了全国家庭净资产的近75%。1989—2018年,最底层50%家庭的财富基本上没有增长。受到新冠疫情影响,美国的贫富差距越来越大。根据美国政策研究所和美国税收公平协会公布的数据,新冠疫情期间,美国亿万富翁的财富总共增长了1.1万亿美元。与之相对的是,超过800万美国人因新冠疫情影响,收入跌到了贫困线以下。到2020年,美国亿万富翁所占据的财富共有4.1万亿美元之多,这比底层50%的美国人的总收入还要多2/3。伴随着美国贫富差距的拉大,美国不平等危机也日益加剧。就全球范围而言,"全球最富有的1%人口拥有的财富量超过其余99%人口财富的总和,收入分配不平等、发展空间不平衡令人担忧"①。近年来,全球性利益分配的不均衡、不充分进一步显现,不仅在发达国家与发展中国家之间有所体现,而且在发达国家之间、发展中国家之间,以及不同社会、不同阶层之间都有所体现。②

　　"安全赤字"是全球影响较大的政治文化思潮"极化"的社会根源。当前全球面临的安全赤字是巨大的,安全威胁多元化的趋势更加明显,导致全球安全赤字持续高涨。一方面,地区冲突和纷争联动性明显增强,国际社会担忧出现"冲突链",引发更大范围的冲突和安全问题;另一方面,全球议题泛政治化、泛安全化趋势明显,不断冲击和平的国际环境和稳定的国际秩序,网络安全、气候变化、难民危机等非传统安全问题也越来越严重地影响到全球民众的生活,给全球安全增加了更多变数,使得全球安全形势更加复杂。③若任由全球安全赤字扩大则更为危险。它可能导致不同类

---

　　① 习近平:《共担时代责任 共促全球发展——在世界经济论坛2017年年会开幕式上的主旨演讲》,《人民日报》2017年1月18日。
　　② 参见鲁明川:《逆全球化的政治经济学论析》,《浙江社会科学》2021年第1期。
　　③ 参见翟崑:《消解"四大赤字":完善全球治理的中国方案》,《人民论坛》2024年第8期。

型、不同地区的安全问题由小问题演变成大问题，地区问题演变成全球问题，本可以对话协商的问题演变成武力对抗、流血牺牲，本应由国际社会共同治理的问题变成单边制裁、小集团决策。这不仅严重破坏世界和平发展的环境，也将严重削减整个人类社会的福祉，甚至可能将人类社会推向更大范围的冲突与战争。然而，一些国家将自身安全建立在别国不安全的基础上，无视他国合理安全关切，在面对矛盾纷争时将对话协商与和平谈判抛在一边，霸权主义、冷战思维、集团对抗威胁持续上升；大国博弈升级，地缘政治博弈和风险愈演愈烈。一些国家热衷于搞"小圈子""小集团""小联盟"，鼓吹集团对抗、阵营冲突，企图以集团"小圈子"规则替代国际多边规则，这也加剧了全球安全治理体系的分化。

"治理赤字"是全球影响较大的政治文化思潮"极化"的直接根源。政治文化思潮的极化是政治极化的直接显现，而其直接根源就是治理赤字。当前全球治理体系、治理规则和治理能力不能有效应对全球性挑战，表现为"不适应"、"不充分"、"不管用"与"不公平"等突出问题。在治理主体上，目前仍以主权国家尤其是大国的协调治理为主，没有充分发挥中小国家、跨国组织等的作用，对各种非政府组织和跨国公司等非国家行为体缺乏有效整合、规范和引导。在治理的范围与内容上，与全球性问题的广泛性相比，全球治理的范围和领域都还不够，存在广度上的"赤字"。当前的治理重点仍是军事、经济等传统问题，对恐怖主义、难民问题、传染疾病、气候变化、能源安全、网络安全等非传统安全问题的治理还很不够。在治理规则上，沿袭多年的全球治理体系与治理规则以西方国家为主导，以维护西方国家利益为目的，治理体系呈现"中心—外围"结构，发达国家是"中心"的"治理者"，而发展中国家则是"外围"的"被治理者"，治理位势严重不平等，亟待对这一全球治理体系进行深刻变革。①

"信任赤字"是全球影响较大的政治文化思潮"极化"的文化与价值根源。信任被有的研究者理解为"社会复杂性的简化机制"②，是国际交往合作

---

① 参见张程：《治理赤字的思想根源及化解之道》，《红旗文稿》2017年第17期。
② 参见［德］尼古拉斯·卢曼：《信任：一个社会复杂性的简化机制》，瞿铁鹏、李强译，上海人民出版社2004年版，第30页。

的基础和前提,是健康的国际政治生态的文化与价值纽带。随着保护主义、单边主义、民粹主义和逆全球化思潮的泛起,国际竞争摩擦呈现上升之势,地缘博弈色彩明显加重,全球信任赤字日益凸显。所谓信任赤字,是指国际社会积累的信任存量或可以提供的信任供给不能满足全球信任需求,导致国际关系中信任供不应求的状况。这种信任赤字,具体表现为全球信任积累不足、信任质量不高、信任发展不平衡以及信任关系不对称等方面。[1]造成全球信任赤字的原因很多很复杂,比如从理性选择主义视角看,国际关系中信任合作与失信毁约的成本与收益赋值并不均匀,同时缺少有效的惩罚机制,信任难以有效或持续维系。从社会心理分析角度看,保护主义、反智主义、排外主义、种族主义、霸凌主义等思潮的泛滥,以及"脱钩""退群"等反全球化思潮逆流,导致全球依存度、关联度遭遇逆境。而其背后深层次的文化与价值根源无疑是本国优先的"零和博弈"思维和"强权至上"理念在作祟。

(三)以全人类共同价值推动构建和平发展开放包容的国际政治生态

1.弘扬全人类共同价值,拒斥"普世价值"

全人类共同价值是人类基于自身利益和文化传统,以人类普遍、共同的需要和诉求为基础而形成的价值取向、规范标准和价值实践。[2]2015年,习近平主席在第70届联合国大会上的讲话中明确指出,和平、发展、公平、正义、民主和自由是全人类共同价值。此后,习近平总书记多次阐述全人类共同价值,并不断赋予其时代意义。在庆祝中国共产党成立100周年大会上的讲话中,习近平总书记再次重申:"中国共产党将继续同一切爱好和平的国家和人民一道,弘扬和平、发展、公平、正义、民主、自由的全人类共同价值,坚持合作、不搞对抗,坚持开放、不搞封闭,坚持互利共赢、

---

[1] 参见吴志成、李佳轩:《全球信任赤字治理的中国视角》,《政治学研究》2020年第6期。
[2] 参见董青:《论全人类共同价值的时代意义》,《南京社会科学》2022年第5期。

不搞零和博弈,反对霸权主义和强权政治,推动历史车轮向着光明的目标前进!"①在党的二十大报告中,习近平总书记强调:"我们真诚呼吁,世界各国弘扬和平、发展、公平、正义、民主、自由的全人类共同价值,促进各国人民相知相亲,尊重世界文明多样性,以文明交流超越文明隔阂、文明互鉴超越文明冲突、文明共存超越文明优越,共同应对各种全球性挑战。"②"共同价值"是全球治理的基石和理论基础,如果没有公认的共同价值观作为标准和约束,就很难建立有效的全球治理方式。③

正如有的学者所揭示的,"共同价值"与"普世价值"有着本质的区别。第一,世界观基础根本不同。"普世价值"是一种形而上学和神秘主义的世界观,鼓吹抽象人性论,认为存在超越历史条件的所谓"永恒价值"。而"共同价值"以实践理性为依据,以人类现实的共同利益为基础。第二,价值内涵有着本质区别。"普世价值"以资产阶级倡导的抽象的自由、平等与人权为最高价值,认为这些价值抽象地、永恒地存在,无关具体的、现实的人。而"共同价值"是在特定历史条件下人们为争取自身生存与发展而形成的现实价值,在不同的历史发展阶段、不同的命运共同体中,会有不同的共同价值。现代社会通常以人的生存权与发展权为基础,贯穿经济、政治、伦理、文化等各个领域,反映共同体的信念、伦理和行动规则等方面的价值取向,是一个历史范畴,具有丰富性和实践性等内涵特征。第三,价值导向有着本质区别。"普世价值"被西方世界自诩为人类任一时代普遍适用的唯一正确的价值体系,并以这样的价值标准衡量别国的发展,实际上已成为西方霸权的一种精神力量体现。而"共同价值"是历史发展的产物,尊重历史发展规律,尊重各民族发展道路的多样选择,尊重不同民族与国家根据自身生存与发展需要形成自身的共同价值,任何民族与国家都不能将自身的价值观强加于他人。第四,在倡导主体方面,我国是"全人类共同价值"的积极倡导和有力助推者,反映一大批发展中国家以及世界

---

① 习近平:《在庆祝中国共产党成立100周年大会上的讲话》,《人民日报》2021年7月2日。
② 习近平:《高举中国特色社会主义伟大旗帜 为全面建设社会主义现代化国家而团结奋斗——在中国共产党第二十次全国代表大会上的报告》,人民出版社2022年版,第63页。
③ 参见蔡拓等:《全球学导论》,北京大学出版社2015年版,第348页。

上追求和平、发展、公平、正义、民主、自由的最为广泛人群的心声；"普世价值"的倡导者则是少数西方资本主义国家。① 第五，在战略目的方面，共同价值旨在谋求和平发展、开放包容的人类社会发展前景和追求构建合作共赢的新型国际关系秩序，即构建人类命运共同体；② 西方国家推行"普世价值"，其战略意图在于确立少数西方资本主义国家主导的国际秩序，实质是通过文化霸权、军事霸权，颠覆不符合自身意愿和利益的他国政权，以获取对世界秩序的统治这一根本战略利益。③

弘扬全人类共同价值，有助于拒斥"普世价值"之"普世主义"的荒谬。"普世价值"论主张存在超阶级、超民族、超国家的，所有时代的任何人都认同的价值观念，这既有违历史也有悖于现实。自由、民主、平等、博爱等价值观念从其萌生到发展，其概念内涵之莫衷一是，其思想理念之歧义丛生，其理论流派之斑驳陆离，从未呈现出统一性的价值图谱，因而"普世主义"作为一种幻象从未存在过，也不可能实际存在。在否认"普世价值"存在的同时，我们应承认人类社会存在着共同价值，存在着反映人类社会客观发展规律的正确价值取向④，反映了人类在处理人与自然、人与社会、人与自身的关系方面对于相同的现象和问题会以具有共性的思维方式进行认知和评价，从而形成一些共同的价值观念。这也正是为什么即使不同文明在相互隔绝的情况下也会产生相似的价值观念的原因，共同价值的存在从实践哲学层面来看也是真实地反映了人类文明发展进程中的一个基本特征。⑤

弘扬全人类共同价值，有助于拒斥"普世价值"之"普适主义"的荒谬。

---

① 参见鲁品越、王永章：《从"普世价值"到"共同价值"：国际话语权的历史转换——兼论两种经济全球化》，《马克思主义研究》2017年第10期；项久雨：《莫把共同价值与"普世价值"混为一谈》，《人民日报》2016年3月30日；汪亭友：《"共同价值"不是西方所谓"普世价值"》，《红旗文稿》2016年第4期。

② 参见石仲泉：《当代中国化时代化马克思主义理论的伟大创新》，《中共党史研究》2022年第6期。

③ 参见项久雨：《莫把共同价值与"普世价值"混为一谈》，《人民日报》2016年3月30日。

④ 参见董青：《论全人类共同价值的时代意义》，《南京社会科学》2022年第5期。

⑤ 参见杨洁篪：《推动构建人类命运共同体》，《人民日报》2017年11月19日；项久雨：《莫把共同价值与"普世价值"混为一谈》，《人民日报》2016年3月30日；汪亭友：《"共同价值"不是西方所谓"普世价值"》，《红旗文稿》2016年第4期。

对于西方所谓"普世价值",尽管有很多解释,但有其特定的内涵,概括起来是指存在一种为普天下所有的人共同接受并贯穿人类社会发展过程始终,亦即普遍适用、永恒存在的价值。它打破了所有民族、种族、阶级、国家的界限,也超越了一切文明、宗教、信仰的差异,并且不会因时代的变迁、社会形态的更替而有任何的改变。这种"普适性"的价值无论理论上还是现实中都不可能存在。马克思指出:"人们按照自己的物质生产率建立相应的社会关系,正是这些人又按照自己的社会关系创造了相应的原理、观念和范畴。所以,这些观念、范畴也同它们所表现的关系一样,不是永恒的。它们是历史的、暂时的产物。生产力的增长、社会关系的破坏、观念的形成都是不断运动的"①。"普世价值"绝非普遍适用的,它实际上表达的只是以西方为中心的价值观,反映的是从西方宗教的普世主义演变而来的、载于西方制度模式和发展理念中的一种意识形态。正如美国学者塞缪尔·亨廷顿所言:"普世文明的概念有助于为西方对其他社会的文化统治和那些社会模仿西方的实践和体制的需要作辩护。普世主义是西方对付非西方社会的意识形态。"②

　　弘扬全人类共同价值,有助于拒斥"普世价值"之伪科学主义的荒谬。西方宣扬和推行"普世价值"的一个重要方式,是将"价值性知识"包装为"真理性知识",为"普世价值"打上所谓"科学主义"的标签。"普世价值"绝非单纯的学术概念,在浓密的学术外衣包裹之下,是以美国为首的西方发达国家的全球话语霸权及其强势政治诉求。③与"普世价值"之伪科学主义不同,全人类共同价值是在"求同存异""和而不同"之前提下的"重叠共识"与最大价值公约数,它避开了进步理念与西方优越性之间的密切关系,避开了西方叙事所导致的帝国主义扩张,避开了强加于人的做法④。人类共同价值观实现了对西方"普世价值"观的全面性超越和根本性变革,为全球治理实践提供了重要的价值支撑,是百年未有之大变局下推

---

① 《马克思恩格斯选集》第1卷,人民出版社1995年版,第142页。
② 转引自项久雨:《莫把共同价值与"普世价值"混为一谈》,《人民日报》2016年3月30日。
③ 参见张艳涛:《"普世价值"争论走向"共同价值"凝练》,《人民论坛》2017年第8期。
④ 参见[英]马丁·阿尔布劳:《中国在人类命运共同体中的角色:走向全球领导力理论》,严忠志译,商务印书馆2020年版,第34页。

动构建人类命运共同体的观念指引和致思理路。①

　　弘扬全人类共同价值，有助于拒斥"普世价值"之独断主义的荒谬。马克思主义价值论认为，价值是客体对于主体需要的满足和意义，价值具有客观性、主体性、社会历史性、多样性。满足主体需要的客体，可以是物质的，也可以是精神的。而主体可以指具体的个人，也可以指社会群体（如团体、集团、阶级、民族、种族等），还可以指国家、地区、国际社会甚至全人类。主体的需求总是一般与特殊、共性与个性的统一。一般需求或共性需求催生出主体间的共同利益，进而基于相同的需求和利益取向而形成一定的价值共识。共同价值，其实是指主体间为满足共同的需求、实现共同的利益而达成的价值共识，是一种共识价值。共识价值是广泛存在的，如个体间价值共识、群体间价值共识、个体与群体间价值共识、国家间价值共识，乃至全人类价值共识。"共同价值"与西方所谓"普世价值"有着本质区别。前者具有历史条件性，所有的共识价值包括全人类共同价值，都是以承认彼此的特殊价值为前提条件的，因而都是相对的、变化发展的，作为全人类共同价值的和平、发展、自由、民主、法治等观念也丝毫不排除世界各国人民对之有自己不同的看法。②"普世价值"却将自己视作绝对的、永恒的、凝固不变的，进而试图把多元价值一元化、把特殊价值普遍化，这种强加才是造成文明的冲突的根本原因。

　　总之，全人类共同价值科学地将实践性、具体性、历史性、多样性贯穿其中，实现了对西方"普世价值观"的全面超越和根本性变革，超越了由发达资本主义国家主导的全球治理体系中的霸权逻辑，倡导平等有序的世界多极化、普惠包容的经济全球化，为共商共建共享的全球治理体系奠定了明确的价值基础，为全球治理实践的创新发展提供了合理的价值依据。

　　2.秉持人类命运共同体理念，构建和平发展、开放包容的国际政治生态

　　百年未有之大变局不仅重塑着世界经济政治格局，也对国际关系的理

---

① 参见孔艳丽、韩升：《百年未有之大变局下全球治理的价值共识凝聚》，《社会主义研究》2021年第3期。

② 参见汪亭友：《"共同价值"不是西方所谓"普世价值"》，《红旗文稿》2016年第4期。

论与实践提供新视角，提出新课题。以"西方中心论"为主导的国际关系理论已不能适应新的国际格局变化，以西方价值观为导向的治理理念、体系和模式也无法顺应新的时代潮流，西方大国自身也出现了治理失灵和诸多累积的问题。国际社会迫切呼唤新的全球发展理念、治理良策，期待构建更加公正合理的国际关系新体系和国际新秩序，构建更加美好的国际政治生态前景。正是在这样的背景下，习近平总书记站在人类历史发展进程的高度，以大国领袖的责任担当，深入思考"建设一个什么样的世界、如何建设这个世界"等关乎人类前途命运的重大课题，并在不同场合对构建人类命运共同体进行了重要阐述，形成了科学完整、内涵丰富、意义深远的思想体系。构建人类命运共同体的重大理念是习近平外交思想的核心理念，为优化国际政治生态，推动完善全球治理提供了重要遵循。①

（1）人类命运共同体理念下的国际政治生态目标与愿景

人类命运共同体理念面对世界政治经济发展和全球治理中的政治、经济、文化、安全、生态等领域的问题，本着建设和平安全、共同繁荣、开放包容、美丽清洁的国际政治生态框架所给出的中国方案、奉献的中国智慧，已逐渐赢得广泛的国际社会赞同。

政治上，要努力构建远离战争、保持持久和平的世界政治生态。追求永久和平是人类始终不渝的梦想。当今世界，要建设一个持久和平的国际政治秩序和政治生态，根本要义在于遵循国家之间一律平等，国际事务治理要坚持平等协商原则，那种试图以冷战思维和强权政治称霸世界、主宰国际秩序的道路是行不通的，我们应该走的是对话而不对抗、结伴而不结盟的国家间新型关系交往新路。尤其是大国之间的关系应该坚持不冲突不对抗、相互尊重、合作共赢的原则，切实担负起大国在决定战争与和平方面的关键作用，担负起在地区和世界和平与发展方面的更大责任。

经济上，要努力构建远离贫困、追求共同繁荣的世界发展生态。发展是通往繁荣的必由之路。推动经济全球化有助于各国贸易和投资自由化便利化，朝着更加开放、包容、普惠、平衡、共赢的方向发展。加强全球经

---

① 参见杨洁篪：《推动构建人类命运共同体》，《人民日报》2017年11月19日。

济治理，需要各国和衷共济，共同维护国际和平及创造良好发展环境，遵守世界贸易组织规则，推进开放、透明、包容、非歧视性的多边贸易体制。在解决南北之间和地区内部发展失衡问题，以及共同发展面临的时代新课题方面努力，健全发展协调机制，推动建设开放型世界经济。

文化上，要努力构建远离封闭、秉持开放包容的世界文明生态。世界文明多样性反映了辩证唯物主义和历史唯物主义的基本立场，文化和文明的差异不应该成为战争与冲突的根源，而应该成为人类文明在比较借鉴中携手进步的力量源泉。我们坚持落地走实全球文明倡议，在不同国家、地区和不同文明之间，秉持求同存异、开放包容，以文明交流超越文明隔阂、文明互鉴超越文明冲突、文明共存超越文明优越。促进不同文化和文明在交流对话中兼容并蓄，在竞争比较中扬长避短，使文明的交往交流交融互鉴成为增进各国人民友谊的桥梁和发展的动力，成为维护国际秩序和世界和平的纽带。①

安全上，要努力构建远离恐惧、促进普遍安全的世界安全生态。普遍安全是人类适应全球化发展进程，超越传统安全观念，更加重视共同安全和持久和平而产生的需求。人类命运共同体理念的提出能够有效适应和满足这一需求。要坚持落地走实全球安全倡议，倡导以对话解决争端、以协商化解分歧，强调世界各国无论大小、强弱、贫富以及历史文化传统和社会制度的差异，都要尊重和照顾其合理安全关切。树立共同、综合、合作、可持续的新安全观，顺应国际社会追求公平正义、和平稳定发展的强烈愿望，在构建全球普遍安全格局中展现中国的责任担当。②

生态上，要努力构建远离污染、崇尚清洁美丽的世界环境生态。要坚持人与自然和谐共生的生态文明观，像对待生命一样对待生态环境，尊重自然、顺应自然、保护自然。要践行"绿水青山就是金山银山"的发展理念，坚持走绿色、低碳、循环、可持续发展之路。深刻反思传统文明形态特别是工业文明的成果，不断开拓生产发展、生活富裕、生态良好的现代

---

① 参见阮宗泽：《构建人类命运共同体 助力中国战略机遇期》，《国际问题研究》2018年第1期。
② 参见杨洁篪：《推动构建人类命运共同体》，《人民日报》2017年11月19日。

文明发展道路。在此基础上，构建一个全球生态体系，实现人类与自然、发展与安全之间关系的综合平衡。①

（2）秉持人类命运共同体理念，优化国际政治生态的思路与举措

第一，要树立正确的历史观、大局观与角色观。习近平总书记反复强调，把握国际大势要树立正确的历史观、大局观、角色观。优化国际政治生态、完善全球治理，首先需要以正确的历史观观照世界大变局，以正确的大局观认识世界大变局，以正确的角色观回应世界大变局。

首先，要树立正确的历史观，以史为鉴，全面把握国际政治生态发展的规律。树立正确的历史观，从科学的角度来看，就是要坚持辩证唯物主义历史观；从深度与广度来看，就是要树立全球史观。所谓全球史观，就是将人类社会的历史作为一个整体来考察的历史观，又称为整体史观。全球史观是一种大历史观，用全球史观观照国际政治生态，要求我们站在长时空的维度上，树立整体性、开放性的文明视野与历史意识，洞察国际环境、国际秩序与国际格局演变的大规律。历史是最好的教科书，以史为鉴，知古鉴今。尽管当今世界霸权主义思维和武力干涉他国内政的强权政治逻辑依然存在，恐怖主义、极端主义等各种安全威胁时有涌现，反全球化或逆全球化思潮屡有新的表现②，但是只要我们正确地运用历史望远镜，深刻洞察国际秩序与格局变革的逻辑，积极吸取一战、二战和冷战的历史教训，摒弃冷战思维，反对恃强凌弱、零和博弈行径，就能构建充满光明与希望的国际政治生态。

其次，要树立正确的大局观，坚持系统思维，准确研判国际政治生态发展的方向。面对世界风云变幻，我们要善于抓住事物发展的主要矛盾和矛盾主要方面观大势、看主流，才能善于把握国际环境、国际格局变革的本质和全局，厘清国际关系与国际秩序的主要矛盾和矛盾的主要方面，避免在各式各样、复杂变幻的国际乱象中迷踪失路、弃本从末。要坚持系统

---

① 参见刘增明、吴友军：《唯物史观视域下人类命运共同体理念的伦理意蕴》，《江汉论坛》2024年第7期。

② 参见刘增明、吴友军：《唯物史观视域下人类命运共同体理念的伦理意蕴》，《江汉论坛》2024年第7期。

思维，既要看到世界多极化加速推进的大势、经济全球化持续发展的大势，也要能够洞察世界政治经济格局深刻演变的曲折和繁杂局面，在把握人类文明交流互鉴的大趋势中积极应对不同思想文化相互激荡带来的不确定性和风险性，从世界百年未有之大变局和积极推动构建人类命运共同体的大局出发来观察和把握世界，准确研判国际政治生态发展的大方向。[①]

最后，要树立正确的角色观，勇于担当，深入推进国际政治生态的变革实践。角色特别是社会角色通常涵盖身份地位、责任义务、行为模式等方面。在国际政治生活中，我们要树立正确的角色观，即从中国与世界的关系出发定位中国的角色，并在世界格局演变和全球事务治理中担负起相应的责任，积极发挥建设性作用。就优化国际政治生态、完善全球治理而言，中国的角色就是要紧扣服务民族复兴和促进人类进步的主线，增强战略定力，积极战略运筹，同国际社会一道努力落实全球发展倡议、全球安全倡议、全球文明倡议。一方面中国要坚定不移走和平发展的道路，实现中华民族伟大复兴；另一方面中国将积极推动构建人类命运共同体，努力建设一个更加开放包容的美好世界。具体而言，中国将致力扮演好三重角色：一是做好以联合国宪章宗旨和原则为核心的国际秩序的坚定维护者角色；二是做好全球治理体系朝着公正合理方向发展的着力推动者角色；三是做好全人类共同价值的积极倡导和弘扬者角色。

第二，善于积势蓄势谋势，提高对大变局的判断力、适应力和驾驭力。《宋史·崔翰传》中说，"所当乘者势也，不可失者时也。""时"与"势"，相互为导，相辅相成。习近平总书记指出："当今世界正经历百年未有之大变局，但时与势在我们一边，这是我们定力和底气所在，也是我们的决心和信心所在。"[②]我们要科学研判"时"与"势"，辩证把握"危"与"机"，既要善于"应势""顺势"，也要积极"谋势"和"塑势"，在危机中育先机、于变局中开新局，承担大国责任，展现大国担当，着力优化国际政治生态，推进全球治理体系的完善。

---

① 参见于洪君：《中国特色大国外交的历史观大局观角色观》，《人民日报》2018年10月8日。
② 《深入学习坚决贯彻党的十九届五中全会精神 确保全面建设社会主义现代化国家开好局》，《人民日报》2021年1月12日。

察势者智。"势"是客观存在的，预示着事物发展的形势、态势、趋势。《孙子兵法》有云："善战者，求之于势"，对"时"与"势"的洞察能力与驾驭水平，影响着事物前进的方向和行动取得的成效。世界正经历百年未有之大变局，世界舞台中心的"东升西降"、国际力量对比的"北分南合"以及世界秩序变革的"地覆天翻"①，是当前最大的"时"与"势"，是优化国际政治生态，推进全球治理的历史新坐标和不可逆转的大势。因而，我们要直面世界之变、时代之变、历史之变，进一步增强机遇意识、风险意识，顺势而为。

向势而转。汉代扬雄说"物不因不生，不革不成"，梁启超说"变者，天下之公理也"，"变革"是不可抗拒之势。世界大变局的本质与核心在于世界秩序和格局的重大变革，其核心议题是构建一个什么样的世界秩序，以及如何构建这一世界秩序。世界大变局是国际秩序革故鼎新的大变局，17世纪以来，国际秩序相继经历了威斯特伐利亚体系、维也纳体系、凡尔赛—华盛顿体系、雅尔塔体系等。当前，国际秩序处于革故鼎新的转型过渡期，我们要有应变之方、求变之勇，应势而转。

谋势取势。"肯取势者可为人先，能谋势者必有所成。"在世界百年大变局的滚滚浪潮前，我们要善于积极"谋势"和"塑势"。扼要地说，我们要与广大的发展中国家与新兴市场国家一道，维护以联合国为核心的国际体系和以联合国宪章为基础的国际关系基本准则，继续顺应和平发展之势，谋合作共赢之势，塑开放包容之势，厚植利益共同体、责任共同体与命运共同体，把世界百年未有之大势转化为世界人民美好的幸福新生活。

第三，加强话语体系建设，提升中国话语权的国际影响力。在百年未有之大变局中，中国的综合国力和国际影响力迅速增长。中国的国际地位和角色正经历前所未有的转变，中国已经成为世界和平的建设者、全球发展的贡献者和国际秩序的维护者。尽管国际力量对比与国际格局呈现"东升西降""南起北落"的态势，但毋庸讳言，在国际规则体系与话语权方面，"西强东弱"的格局还没有根本改变，中国的发展优势和综合实力还没有很

---

① 参见赵可金：《如何在"百年未有之大变局"中理解中国角色》，《探索与争鸣》2019年第1期。

好地转化为话语优势，中国的对外话语体系还不够完善。因而，在全球秩序转型期和中国发展关键期，"加快构建中国话语和中国叙事体系，用中国理论阐释中国实践，用中国实践升华中国理论"①，是优化国际政治生态、改进全球治理必须解决好的重大现实问题。

加强话语体系建设，提升话语权的影响力，首先离不开坚实的话语基础，即话语权是建立在一定"硬实力"尤其是"软实力"的基础之上的。有实力就有地位，有地位就具有无声的话语权。②其次，离不开话语体系本身的创新性、科学性、鲜活性，即话语体系本身的概念、观点、理念、范式等要具有感染力、吸引力与感召力。再次，离不开话语体系的传播力、渗透力。最后，离不开话语体系的适用性、有效性。正如一些学界同人所洞见的，当今中国学术界的使命是双重的，既要努力构建中国特色哲学社会科学体系，也要把中国本土化、地方性的哲学社会科学知识转化成世界性的知识。积极传播世界和平与发展理念，积极参与全球发展和安全规则制定，只有这样才意味着现代化实践的"中国故事"及其理论和价值得到了世界的认可和接纳，中国在世界上才拥有强大的软实力。③需特别强调的是，在这一过程中，需要着力避免"价值观输出"，不把自己的发展模式与发展道路定于一尊。

二、强国建设、民族复兴征程中主导政治文化推进构建政治生态发展战略

党的十八大以来，中国特色社会主义进入了新时代，以习近平同志为核心的党中央团结带领全国各族人民共同向着强国建设、民族复兴新征程

---

① 《习近平谈治国理政》第四卷，外文出版社2022年版，第317页。
② 参见韩庆祥：《提升中国话语权的基本路径》，《光明日报》2015年11月14日。
③ 本刊编辑部：《中国本土性知识必须"再全球化"》，《社会科学》2021年第3期。

奋力迈进。正如习近平总书记所言，"实现中华民族伟大复兴的中国梦，是中国各族人民的共同愿景"。①中华民族伟大复兴征程中内含的价值理念与实践指引之统一，为当前通过主导政治文化推进构建协调有序、充满活力的政治生态发展战略提供了相应的逻辑前提与实践指南。但我们也应注意到，随着市场化改革的深入推进，当前中国社会已然进入了结构深度重组与形态迅速变迁的转型期，这对在中华民族伟大复兴征程中通过主导政治文化推进构建协调有序、充满活力的政治生态发展战略亦产生了重要影响。这种影响反映在作为政治系统深层结构的利益层面上，表现为不同群体、阶层的多样性利益诉求，由此形成社会政治取向的多样化。比如，不同社会主体参与政治活动的动力从以往基于社会整体利益诉求推动，转向基于不同个体、群体的利益诉求分化。从主导政治文化与政治生态二者间的辩证关系看，通过主导政治文化推进政治生态构建的核心，在于发挥主导政治文化整合与引导多样化政治取向的功能，并建设以主导政治文化为内核，多种政治亚文化（不含反文化）并存的政治文化格局，进而推进协调有序、充满活力的政治生态之构建。因此，如何正确处理社会阶层和利益格局多元结构、政治取向多样化与主导政治文化一元性三者之间的辩证关系，也就成为社会主义现代化强国建设、中华民族伟大复兴征程中通过主导政治文化推进政治生态良性发展的战略问题。解决这一战略问题，需要认真完成两大战略任务，一是以中国式现代化全面推进中华民族伟大复兴征程中，通过引导多样化的政治亚文化构建协调有序的政治生态；二是通过推动主导政治文化大众化、社会化和生活化，构建充满活力的政治生态。

（一）强国建设、民族复兴征程中，政治文化发展与政治生态构建的辩证关系

任何一个政治系统都会表现出该系统特有的政治行动取向模式，而这

---

① 《习近平致2013成都〈财富〉全球论坛的贺信》，《人民日报》2013年6月7日。

种取向模式就是该政治系统的政治文化。①政治生态事实上是政治体系内部各种政治要素之间达成一种有机协调的生态联动,政治文化则在其中作为一种"软要素",影响着政治生态系统的构建与运转。因此,在以中国式现代化全面推进中华民族伟大复兴征程中,需要认真面对社会阶层和利益格局分化,以及由此引起的政治取向多样化的现象,并在此基础上科学分析主导政治文化的一元性与政治亚文化的多样性,即政治文化的"一"与"多"关系问题对良好政治生态构建的影响。

1.民族伟大复兴征程中政治文化的"一"与"多"关系问题

政治文化作为政治生活中的一种主观意识领域,从根本上来说仍是由一定的社会物质生活条件决定的。正如马克思所言:"这些生产关系的总和构成社会的经济结构,即有法律的和政治的上层建筑竖立其上并有一定的社会意识形态与之相适应的现实基础。"②也就是说,任何社会政治文化的性质、内容及其观念取向,都不是源于思想家的理论与设想或人们的主观情感与想象,而是作为社会意识的一部分,直接根源于现实的社会生活,是由人们的社会存在状况决定的。③为准确理解中华民族伟大复兴征程中政治文化的"一"与"多"关系问题,首先需要回归到作为政治系统深层结构的利益层面,对社会利益结构变化及其对政治文化"一"与"多"关系问题的影响进行辩证分析。

(1)社会阶层和利益格局的分化

在市场化改革前,中国社会的运作主要基于单位制,社会成员的衣、食、住、行等均与所在单位有着密切联系。换言之,每位社会成员都有与其单位相关联的特定的社会身份,并以此为基础进行日常的生活交往与工作。与之相适应的,社会阶层的划分亦是以"社会身份"这一政治性指标为标准,如阶级身份、城乡居民身份、干部工人身份和所有制身份等。④但

---

① 参见孙关宏等编:《政治学概论》,复旦大学出版社2016年版,第260页。
② 《马克思恩格斯选集》第2卷,人民出版社1972年版,第82页。
③ 参见王沪宁主编:《政治的逻辑:马克思主义政治学原理》,上海人民出版社2004年版,第342—343页。
④ 参见孙立平、王汉生等:《改革以来中国社会结构的变迁》,《中国社会科学》1994年第2期。

自1978年实行改革开放以来，尤其是随着社会主义市场经济体制建设的深入推进，既有建基于单位制的整体型社会结构开始瓦解，在此基础上通过"社会身份"划分社会阶层的政治性标准也逐渐淡化，转向以"非身份"的经济性指标、文化性指标等综合指标来判断一个人的社会阶层[①]，社会阶层划分的具体类别也发生了较大的变化。

当前中国，一方面社会阶层正在从原来的简单化向现在的多层级、多样态趋势发展，社会阶层结构发生了深刻变化。在这一过程中，最为显著的是新经济组织、新社会组织和新兴就业群体的出现，这让既有社会阶层呈现出进一步细化分化的趋势。另一方面不同社会阶层之间的流动性正逐渐增加，既有的社会阶层流动渠道逐步开放，打破了以往各社会阶层之间的封闭铁笼和固化状态，进而使社会成员实现阶层跨越成为可能。质言之，中国社会阶层的多元化与流动性特征凸显了当前社会阶层不断分化的客观事实。

同时，我们应当关注并进一步分析，改革开放对作为政治系统中更深层次的利益结构之变化带来的长远影响。一般认为，"社会利益结构是在占统治地位的社会生产关系的基础上，各社会成员之间以追求利益为目的的相互作用以及社会对这种相互作用的控制和调节的过程中形成的"[②]。

在改革开放前中国社会呈现为一个总体结构，而改革开放后，社会逐渐向分层分化的方向发展。这一转变导致中国的社会阶层和利益格局也呈现出相应的分化趋势。这意味着在以中国式现代化全面推进中华民族伟大复兴征程中，需要妥善处理和协调各社会阶层的利益诉求，实现有效的整合，同时也要引导与规范一个结构合理的稳定有序社会之生成，进而维护社会秩序与缓和利益矛盾，减少以至避免由此引发的各类社会政治问题。

（2）社会阶层和利益格局多样化影响下的政治文化"一"与"多"关系问题

阿尔蒙德和小鲍威尔在《比较政治学——体系、过程与政策》中将政

[①] 参见李强：《转型时期中国社会分层》，辽宁教育出版社2004年版，第14页。
[②] 李景鹏：《当代中国社会利益结构的变化与政治发展》，《天津社会科学》1994年第3期。

治文化定义为"一个民族在特定时期流行的一整套政治态度、信仰和情感。这个政治文化是由本民族的历史和现在社会、经济、政治活动进程所形成的"①。这表明，政治文化事实上反映了一个国家社会成员政治取向的总和，从根本上由特定时期的社会存在决定。由此审视政治文化的功能可以发现，因政治文化一经形成就具有了相对稳定性，故而其能够贯穿到社会生活的各个方面，并成为指导人们行为活动的隐蔽且约定俗成的规则，如社会历史上依次出现的奴隶社会政治文化、封建社会政治文化、资本主义政治文化和社会主义政治文化，均是维系对应时期的社会发展的重要支撑。在全面推进中华民族伟大复兴征程中，与之对应的政治文化支撑则是中国特色社会主义政治文化。一方面，正如党的二十大报告所言，"从现在起，中国共产党的中心任务就是团结带领全国各族人民全面建成社会主义现代化强国、实现第二个百年奋斗目标，以中国式现代化全面推进中华民族伟大复兴"②，实现中华民族伟大复兴正是矢志不渝地走中国特色社会主义道路的价值目标所在。因此，作为坚持和发展中国特色社会主义重要内核和组成部分的中国特色社会主义政治文化，自然成为当代中国推进中华民族伟大复兴征程中的主导政治文化，需要始终坚持。另一方面，我们也应注意到，在当前中华民族伟大复兴征程中，除中国特色社会主义政治文化这一主导政治文化外，还存在着诸多政治亚文化，如社会主义政治亚文化、反文化、传统政治文化和外来西方政治文化等。这些政治亚文化是在政治社会中由于社会成员的民族、种族、社会阶层、社会群体、地域等的不同，产生的有别于主导政治文化的政治心理和政治价值取向，并在政治体系中起着一定影响作用的政治文化。③造成这些政治亚文化出现的根本原因正是在实现中华民族伟大复兴这一共同利益之外，还存在着前述提及的由于社会阶层和利益格局多样化而产生的不同政治取向。也就是说，在当前中华民族伟

---

① [美]加布里埃尔·A.阿尔蒙德、小G.宾厄姆·鲍威尔：《比较政治学——体系、过程和政策》，曹沛霖等译，上海译文出版社1987年版，第153页。

② 习近平：《高举中国特色社会主义伟大旗帜 为全面建设社会主义现代化国家而团结奋斗——在中国共产党第二十次全国代表大会上的报告》，人民出版社2022年版，第21页。

③ 参见陈义平、王建文：《当代中国政治文化论》，安徽人民出版社2014年版，第36页。

大复兴征程中,社会阶层和利益格局的多样化对政治文化"一"与"多"关系问题的出现产生了深远影响。

一是社会阶层和利益格局的多样化对主导政治文化的影响。中国特色社会主义政治文化作为当前中华民族伟大复兴征程中的主导政治文化,根源于全体人民对实现民族伟大复兴的共同利益诉求。因此,当前社会阶层和利益格局的多样化必然影响着主导政治文化的发展。具体来说,这种影响主要表现为以下几个方面:首先,社会阶层和利益格局的多样化能够丰富主导政治文化内涵,促进政治文化良性发展。对主导政治文化来说,其需要在坚持核心取向的同时采取与时俱进、兼收并蓄的策略,主动吸收其他政治文化中的积极部分。政治文化作为政治上层建筑,不能因循守旧、一成不变,否则难以顺应时代发展。同样地,任何一个国家的政治文化也不会只有一种表现形式,往往是由主导政治文化、政治亚文化等构成的政治文化体系。就此而言,当前中华民族伟大复兴征程中社会阶层和利益格局的多样化,虽然带来了多样化的政治亚文化出现,但其中的一些含有肯定性的、合理性的元素亦为主导政治文化内涵创新提供了新的内容资源。在这一过程中,社会成员政治文化世界的形成和发展受到了影响,从而推动了政治文化的民主化、体系化进程。其次,社会阶层和利益格局的多样化能够有助于推动主导政治文化社会化,促进政治文化现代化发展。主导政治文化必然要通过一定的社会化机制的传播、宣介、教育和引导,方才能够为社会成员感知与接受,也唯有如此,主导政治文化才能够发挥指引政治方向、引领政治价值取向和建构政治合法性等功能。社会阶层和利益格局多样化催生了多样的政治亚文化,这些亚文化在与主导政治文化的互动中有助于将主导政治文化转化为社会成员在参与政治生活过程中可直观感知和接受的政治文化形式,从而有助于丰富社会成员的政治文化的形塑与发展。最后,社会阶层和利益格局的多样化亦会冲击主导政治文化地位,降低主导政治文化的社会认同度。社会阶层和利益格局多样化催生的不同政治取向,事实上也反映出社会成员政治取向的分化趋势。比如,当少部分社会成员对传统政治文化、外来西方政治文化不加甄别地盲目吹捧,或主张极端个人主义、享乐主义甚至是信奉反文化时,这些政治亚文化的存在，就会在不同程度上冲击乃至削减主导政治文化的社会认同基础，造成对主导政治文化地位的挑战。

二是社会阶层和利益格局的多样化对政治亚文化的影响。当前中华民族伟大复兴征程中主要存在着四种政治亚文化形态：社会主义政治亚文化、反文化、传统政治文化和外来西方政治文化。社会主义政治亚文化是指由于当代中国利益结构的深层分化导致的不同阶层和群体对国家的政治制度、政府系统及其运行过程持有的态度和情感的差异，这种差异实质是在认同社会主义主导政治文化基础上，基于各自的利益机制而产生的意见分歧。反文化指的是当代中国存在的极少数敌对分子的政治心理与政治价值取向，是一种否定或背离社会主义文化的敌对性政治文化。传统政治文化指的是在小农经济、封建宗法制度基础上产生的以家国同构的国家观念、君主民本的政治思想、权力本位的价值取向为主要特征的政治文化，其价值观念和政治生活准则至今仍然广泛地存在于政治生活之中。传统政治文化不仅包含了民本思想、社会责任意识、爱国主义精神以及自强不息、道德自律、崇尚和谐等对现代社会具有积极借鉴意义的理念，也包含了封闭保守的思维方式、浓厚的臣民意识、等级观念、宗族观念和人治意识等需要批判和超越的陈旧思想。外来西方政治文化是一种以资本主义为制度载体和价值取向的异质文化，在与中国主导政治文化的碰撞冲突中既可能提供有价值的思想资源，也可能导致思想上的冲突与混乱，削弱人们对主导政治文化的认同感。这几种政治亚文化形态的存在，表明当代中国政治文化已形成了中国特色社会主义政治文化一元主导下的多元并存格局。[①]

这些政治亚文化的出现与社会阶层和利益格局多样化有着密切联系，并深受其影响。一方面，由于社会阶层的分化程度正在扩大，不同社会阶层之间的文化区隔也随之日益凸显。比如，个体工商户、私营企业主等新兴社会阶层往往深受市场经济的影响，与老一辈的工人、农民和知识分子等秉持的整体型政治文化认同有着明显差别，他们更倾向于基于个体利益诉求的政治文化取向。另一方面，在当前中华民族伟大复兴征程中也充满

---

① 参见陈义平：《论发展中国特色社会主义政治文化》，《政治学研究》2008年第4期。

了机遇与挑战，这要求我们展现勇于改革的勇气，围绕建设中国式现代化的主题，全面深化改革。但需要指出的是，随着改革的深入推进，可能会触及某些群体的利益导致这些群体出现离心化倾向，对主导政治文化产生冷漠甚至反感态度，冲击着主导政治文化在政治文化发展中的核心地位。质言之，社会分层和利益格局多样化为政治亚文化的出现提供了相应的社会基础。因此，如何在当前实现中华民族伟大复兴征程中引导和规范这些政治亚文化发展，推动主导政治文化与多样化的政治亚文化并存，也就成为处理政治文化"一"与"多"关系问题的主要内容。"任何系统都具备一定的主导政治价值，它们会给政治行为规范和结构排列确定基调和方向。"①政治文化的"一"与"多"关系问题的核心正在于如何用一个主导政治文化来指导整个社会政治系统的运转、规范人们的行为及维护社会的秩序，在处理好与多样化政治亚文化的关系中发挥主导政治文化的整合引领作用。

2.辩证分析强国建设、民族复兴征程中政治文化的"一"与"多"关系问题对政治生态构建的影响

政治生态通常指的是，以政治性公共权力为核心，以政治性公共资源的获取与利用为内容，政治主体基于对相应的政治价值观念、政治行为规范、政治制度与法律制度的认知和理解而采取行动，彼此之间行为相互影响、相互作用，从而展现出一个社会中人们的政治生活的境况。②这表明，良性政治生态的构建不仅需要制度、政策、法律等相对硬性构成要素之间的协调互动，亦需要价值、心理和意识形态等相对软性成分在政治生态系统中发挥引领和支撑功能③，由此实现政治文化发展与政治生态构建的有机耦合。也就是说，政治文化对政治生态的影响主要表现在政治内生态的制度化发展和政治生态环境的净化两个方面。为此，需要辩证分析政治文化的"一"与"多"问题对政治生态构建的影响，进而为通过发展主导政治文化，推进协调有序、充满活力的政治生态之构建，提供相应的战略指引。

---

① [美]戴维·伊斯顿：《政治生活的系统分析》，王浦劬等译，华夏出版社1999年版，第232页。
② 参见姚建宗：《当代中国政治生态的修复、重建与养护——一个法学视角的观察与思考》，《辽宁大学学报（哲学社会科学版）》2020年第1期。
③ 参见张学娟、曹景文：《国内政治生态的优化与困境：一个研究综述》，《求实》2017年第1期。

（1）主导政治文化强势影响下政治生态的有序构建

政治生态的构建需要相应的政治文化支撑，也只有通过发挥政治文化的引领功能，才能实现政治生态的良性运转。但需要指出的是，这种政治文化应是一种以主导政治文化为内核并能够对多元化的政治亚文化进行整合的整合型政治文化，即主导政治文化居于强势地位的政治文化。这种政治文化才能推动政治生态向着制度化、协调化方向发展，营造风清气正的政治生态环境。当这种主导政治文化即中国特色社会主义政治文化居于高势位时，也就能够推动政治内生态的制度化和政治生态环境的优化。

一是能促进政治内生态的制度化。从系统论看，政治生态事实上是一个政党、政府、社会等多元主体以及其他诸政治要素有机组合的政治系统，其中的各个政治主体和政治要素呈现出协调互动的制度化发展态势，也就是政治生态的有序运转。以此审视之，居于主导地位的中国特色社会主义政治文化，对推动政治内生态的制度化发展之影响主要表现为以下两个方面：一方面，中国特色社会主义政治文化中蕴含的民主制度文化能够塑造社会多元主体的基本文化认知，使其通过制度化渠道实现民主选举、民主管理、民主决策和民主监督。正如亨廷顿对发展中国家政治参与及政治制度化二者间关系的考察，只有通过制度化途径参与政治过程，才能促进政治现代化发展，也就是本文所言的政治生态构建的一个重要方面。对处于中华民族伟大复兴征程中的社会多元主体而言，由于其有着多元化的利益取向和相应的政治取向，因此希望通过政治参与寻求相应的目标实现。就此而言，借助中国特色社会主义政治文化中蕴含的民主制度文化，也就能够塑造并内化为社会多元主体的基本文化认知，进而在中国特色社会主义民主制度文化影响下实现政治参与行为的有序化和制度化。另一方面，对党和政府而言，这种民主制度文化又能够深刻影响其政治决策、政治执行和政治监督等政治行为。这不仅表现为党和政府主动建立与民主制度文化相匹配的制度体系，如畅通社会主体的政治参与渠道、社会公共政策制定的公开透明化等，还表现为党和政府主动践行民主制度文化的价值理念，遵守相应的政治规章制度，进而在党、政府和社会等多元主体的有机协调中实现政治内生态的制度化发展。

二是能促进政治生态环境的净化。正如前述所言，一个良性的政治生态系统除了社会公共权力的有序运转、社会公共资源的有效配置以及各类政治主体之间的协调互动，亦需要一个良好的政治生态环境予以支撑。这些政治主体在参与政治生活时能否采取与主导政治文化要求相适应的政治行为，直接影响着政治生态环境的发展方向。因此，在当前中华民族伟大复兴征程中，构建协调有序的政治生态，就需要通过发展中国特色社会主义政治文化涵养风清气正的政治生态环境，铲除滋生不良政治风气的土壤，推动政治生态环境的净化。一方面，中国特色社会主义政治文化中蕴含的廉政文化、法治文化等，能够建立与之相适应的内部约束政治文化并推动政治生态环境的净化。内部约束政治文化是指政治主体在主导政治文化的熏陶影响下，形成相应的自我约束意识并主动规范自身政治行为，减少以至杜绝各类与主导政治文化要求相违背的"越轨"行为。就其对政治生态环境的净化效果而言，建立政治主体的内部约束政治文化能够从根本上减少以至避免出现不良风气，让政治主体自觉形成自我约束的价值取向，进而从源头上涵养风清气正的政治生态环境。另一方面，则能够通过外部监督政治文化的建立促进政治生态环境净化。我们也应注意到，部分政治主体在参与社会公共权力的运用和社会公共资源的分配过程中，仍会出现权力寻租、贪污腐败等行为，进而侵蚀并毁坏政治生态环境的良性土壤，造成政治生态环境的污浊化。因此，发挥中国特色社会主义政治文化中蕴含的监督文化功能，也就能够塑造与政治主体行使社会公共权力和社会公共资源的分配相适应的外部监督文化，进而从内约束和外监督双重层面形成主导政治文化促进政治生态环境净化的促动机制，实现政治生态的有序构建。

（2）政治亚文化消极影响下政治生态的失序演化

多样化的政治亚文化虽是当前中华民族伟大复兴征程中构建良性政治生态难以避免的客观存在，但政治亚文化的过度发展会削弱主导政治文化的影响力，也会给政治生态构建带来相应的阻碍，可能导致政治内生态的失序化和政治生态环境的污浊化。具体来说，在政治亚文化消极影响下的政治生态的失序演化主要包括以下两个方面。

一是造成政治内生态的失序化。前已述及，当主导政治文化居于强势地位并能够对多样化的政治亚文化进行有效整合时，有助于实现政治内生态的制度化发展。反观之，政治亚文化的过度发展则会让不同政治主体呈现出分化程度较高的政治取向，致使主导政治文化难以对政治亚文化进行有效整合，进而阻碍政治生态系统的有序运转并造成政治内生态的失序化。因此，对部分政治主体而言，其所持的不良政治取向往往会侵蚀中国特色社会主义政治文化的认同基础，进而影响政治生态构建所需的政治文化认同的形成。比如，对传统政治文化中的封建残余保持认同，就会造成庇护主义、唯心主义和裙带主义等政治取向的出现；对外来西方政治文化中自由主义的过度推崇、拜金主义和享乐主义的过度信奉；认同社会主义政治亚文化而对社会主义核心价值观持次级认同态度；甚至部分政治主体还产生了反文化认同，对中国特色社会主义政治文化持批评和反对态度等。这些政治亚文化的过度发展，在侵蚀中国特色社会主义政治文化的认同基础上破坏了政治文化与政治生态二者间的良性互动，进而引发各种非制度化政治行为的出现，显然有碍于政治内生态的制度化发展。

二是造成政治生态环境的污浊化。政治亚文化既然是政治文化众多类型中的一种，也就表明其作为潜在的政治行为取向，必然会对政治主体的政治行为模式产生重要影响。[①]就此而言，在主导政治文化难以有效整合多样化的政治亚文化时，这些过度发展的政治亚文化引发的分化的政治取向往往会映射到政治主体参与政治的行为过程中，致使诸多与主导政治文化所倡导的价值理念不相契合的政治行为的出现，如贪污腐败、权力寻租等，对政治生态环境的净化产生阻碍作用，进而造成政治生态环境的污浊化。具体来说，政治亚文化的消极影响在政治生态环境污浊化的表现包括：在传统政治文化认同的影响下，为谋求部分政治群体利益而损害其他群体利益的政治行为，如操控社会公共权力运作、瓜分社会公共资源等；在外来西方政治文化认同的影响下，部分群体过度追求市场经济中的个体权利和利益而忽视责任义务的政治行为，如将个体利益建立在公共利益之上的权

---

① 参见孙关宏等编：《政治学概论》，复旦大学出版社2016年版，第264页。

力寻租行为等；在社会主义政治亚文化的影响下，部分群体因利益差别而对国家政治制度、政府系统及其运行过程表现出的政治冷漠行为，如对公共政策的决策、政治候选人选举的漠不关心等；在反文化的影响下，少部分群体对政治体系、过程与结构的极端否定与反对等。

概言之，政治亚文化虽能在一定程度促进良性政治生态的构建，但倘若过度发展，则会有碍于政治内生态的制度化发展和政治生态环境的净化，造成政治内生态的失序化和政治生态环境的污浊化。因此，分析主导政治文化强势影响下和政治亚文化消极影响下的政治生态构建逻辑后可知，在当前中华民族伟大复兴征程中，通过主导政治文化推进构建协调有序、充满活力的政治生态发展需要遵循以下两大原则：一方面，要正确制定引导多样化的政治亚文化发展战略，推进协调有序的政治生态构建。需要指出的是，这里所指的政治亚文化不包含反文化，必须从根本上铲除反文化的滋生土壤，消除其对政治生态构建造成的不良影响。另一方面，要正确制定主导政治文化的大众化、社会化和生活化发展方向，推进充满活力的政治生态构建。

（二）通过引导多样化的政治亚文化构建协调有序的政治生态发展战略

政治亚文化通常指政治社会中由于社会成员的民族、种族、社会阶层、社会群体、地域等的不同，产生的有别于主导政治文化的政治心理和政治价值取向，并在政治体系中起着一定影响作用的政治文化，主要表现为社会主义政治亚文化、传统政治文化、外来西方政治文化和反文化四种类型。就其产生原因看，主要源于在当前中华民族伟大复兴征程中除了实现中华民族伟大复兴的共同利益诉求，还存在不同社会阶层的多元化利益诉求，进而在此基础上生成多元化的政治取向，即本文上述提及的政治文化的"一"与"多"问题。但政治亚文化的过度发展，亦会冲击主导政治文化在构建政治生态中的积极作用，对政治内生态的制度化和政治生态环境的净化造成阻碍。就此而言，在当前中华民族伟大复兴征程中，需要正确制定引导与规范政治亚文化的发展战略。可以围绕政治亚文化的生成、现状与未来发展三个方面,制定如何引导政治亚文化以构建良好政治生态的发展战略:

(1) 协调各亚文化主体间利益关系,构筑政治亚文化推进政治生态构建的利益基础

政治亚文化的产生并不是空穴来风,而是存在着固有的社会土壤。纵观40余年的改革开放历程可以发现,社会主义市场经济体制实行以来不同社会阶层的利益分化以及由此产生的多元化利益诉求,正是政治亚文化得以产生的社会土壤所在。"欲筑室者,先治其基。"正确制定推进政治生态构建的政治亚文化发展战略,首先需要从政治亚文化的生成环节着手,协调各政治亚文化主体之间的利益关系,为通过发展政治亚文化推进政治生态构建构筑相应的社会利益基础。

一是要承认各亚文化主体间利益要求、生活方式和价值观念等方面的差别。自市场化改革推行以来,中国正经历着结构深度重组与形态迅速变迁的社会转型,其中一个重要表现即改革前依托单位体制形成的整体型利益格局逐渐走向瓦解,并呈现出以"体制内"和"体制外"、家庭和个人等为载体的多元化利益取向。这种从整体型利益格局向分化型利益格局的变化凸显出中国社会阶层也正在经历着分化。与此同时也应注意到,"实现社会主义现代化,实现祖国完全统一,实现中华民族伟大复兴,这是毛泽东同志、邓小平同志等老一辈革命家和千百万革命先辈的深切夙愿,是全体中华儿女的共同心愿"①,即中国社会各阶层的利益取向虽呈现进一步分化趋势,但实现中华民族伟大复兴仍是各阶层的根本利益所在。概言之,在当前中华民族伟大复兴征程中,需要首先承认的一个前提是:在实现中华民族伟大复兴这一根本利益外,还存在着社会阶层和利益格局分化的现实,以及由此引发的不同社会阶层在生活方式、价值观念等方面的多元差异,而这些差异正是多样化的政治亚文化出现的重要根源。为进一步把握各社会阶层的利益分化取向,需要认识到以下几个方面:首先,阶层分化与身

---

① 《习近平谈治国理政》第二卷,外文出版社2017年版,第14页。

份群体交织在一起产生了多元利益群体；其次，户籍、地域的差异与阶层差异交织在一起，形成了"利益多元化、碎片化"的特点；最后，体制的差异与阶层的差异交织在一起，也产生了多元化利益群体。① 因此，考虑到政治亚文化与社会阶层和利益格局分化之间存在着的固有演化逻辑，在当前中华民族伟大复兴征程中，我们必须认识到市场化改革以来出现的社会阶层和利益格局分化的现实及其对政治生态构建产生的复杂影响，我们需要秉持辩证的态度审视这一复杂影响，并在此基础上制定和完善推进政治生态构建的政治亚文化发展战略。

二是要通过民主、法治的制度化手段化解各亚文化主体间的利益矛盾，为通过发展政治亚文化推进政治生态构建构筑坚实的利益基础。在承认各政治亚文化主体间利益要求、生活方式和价值观念等方面的差别后，我们应当利用民主、法治的制度化工具来解决由此产生的利益冲突与矛盾。同时，我们需要引导和规范各政治亚文化主体间的利益关系，进而为通过发展政治亚文化推进政治生态构建构筑坚实的利益基础。为此，可从以下几个方面着手：首先，要通过民主、法治等手段兼顾各亚文化主体间的利益差异，确保各亚文化主体间利益关系得到有效协调。一个运转良好的政治生态，其内部各政治主体间应该都享有平等、充分的权利，进而通过民主权利的有效运用推进政治生态的构建，形成相应的良性互动效应。因此，利益作为各亚文化主体权利的生成基础，自然要建立行之有效的制度机制确保其合理分配以及利益关系的有序协调。就此而言，应在落实我国现有的以按劳分配为主体、多种分配方式并存的基本分配制度的基础上，进一步探索和完善再分配机制和第三次分配机制，从利益生成与分配环节的制度化层面推进各政治亚文化主体间利益关系的协调。其次，要建立健全各政治亚文化主体间利益矛盾的化解机制。从根本上看，唯有通过建立健全化解利益矛盾的制度机制，才能让各政治亚文化主体通过民主协商、司法调解等制度化途径化解彼此间的利益冲突，减少甚至避免暴力和群体性事件等非制度化途径可能引发的社会问题，实现政治生态的有序运转。因此，

---

① 参见李强：《当代中国社会分层》，生活·读书·新知三联书店2019年版，第122—127页。

应有意识地推动民主、法治等制度化的利益矛盾化解机制的建立，从利益矛盾化解的制度化层面推进各政治亚文化主体间利益关系的协调。最后，要培养各政治亚文化主体通过民主、法治等制度化手段化解利益矛盾的主体意识。对各政治亚文化主体而言，唯有主动通过民主、法治等途径寻求解决，方才能够确保利益矛盾得到有效解决。因此，不仅需要通过宣传手段提高各政治亚文化主体的相关意识，更重要的是，要将民主、法治等理念贯彻于各政治亚文化主体的教育培训中，尤其是要利用学校的教育功能，将民主、法治等理念内化于心外化于行，培养各政治亚文化主体通过民主、法治等制度化手段解决彼此间利益矛盾的良好习惯。

（2）正视政治亚文化的客观存在，发挥政治亚文化推进政治生态构建的能动作用

结合政治文化发展的实际情况看，因社会阶层和利益格局分化而产生的各种政治亚文化，在社会的影响力日益增强，俨然成为当前推进政治生态构建中不可忽视的一个重要因素。正如前述，我们应对政治亚文化的发展持有辩证的态度，正确引导与规范政治亚文化的发展，既充分发挥政治亚文化在政治生态构建中的正面作用，也要弱化以至消除其可能带来的负面作用，进而制定政治亚文化推进政治生态构建的发展战略。就此而言，应主动正视政治亚文化的存在，并进一步发挥政治亚文化推进政治生态构建的正面功能。

一是要正视多样化的政治亚文化的客观存在事实。"对于一个特定群体而言，当其与其他群体的差异程度足够强时，我们就说它形成了一个'亚文化'"①，即政治亚文化是存在于主导政治文化中的次群体政治文化。就此而言，由于市场化改革造成的社会阶层和利益格局的分化而出现的社会主义政治亚文化、外来西方政治文化、传统政治文化和反文化等政治亚文化，事实上表明在当前中华民族伟大复兴征程中，已然形成以中国特色社会主义政治文化为主导政治文化、多样化的政治亚文化并存的政治文化发展格局。马克思主义唯物辩证法的首要原则即承认矛盾是客观存在的，

---

① ［美］迈克尔·罗斯金等：《政治科学》，林震等译，中国人民大学出版社2009年版，第144页。

也只有通过分析客观存在的矛盾，才能进一步寻求矛盾的解决方法。因此，在当前的政治文化格局下，针对多样化的政治亚文化而言，首先，应主动正视其客观存在的事实。反之，倘若忽视该事实，则易招致虚无主义问题的出现。其次，要主动将各类多元化的政治取向按照相应标准进行归类，以便更清晰明朗地研究政治亚文化，区别不同政治亚文化对政治生态构建的影响。最后，则要在正视多样化政治亚文化的基础上深入探究分别造成不同类型政治亚文化的社会根源，为进一步把握隐于其中的深刻逻辑奠定相应的研究基础。

二是要在辩证分析多样化的政治亚文化对政治生态的影响的基础上，发挥政治亚文化推进政治生态构建的积极功能。一方面，诚然正如前述，当前在中华民族伟大复兴征程中，多样化的政治亚文化表明了不同社会阶层具有不同的政治取向，并不同程度地映射到相应的政治行为中，进而对政治体系运转带来一定影响。另一方面，政治生态作为一个政治体系中各种政治关系、政治活动按照特定的生态位要求，所形成的彼此联系、相互制约又相互制衡的平衡、有序状态①，显然与政治亚文化有着密切关联并深受其影响。因此，要在辩证分析多样化的政治亚文化如何影响政治生态构建的基础上，进一步寻求政治亚文化推进政治生态建设的耦合逻辑，发挥政治亚文化推进政治生态构建的积极功能。首先，要结合不同类型政治亚文化的性质辩证分析其对政治生态构建的影响。如传统政治文化中的不合理成分虽阻碍了政治内生态的制度化和政治生态环境的净化，但其中值得传承和发扬的成分则能够推进良性政治生态构建；再如反文化则从根本上不利于推进政治生态构建，需要严厉取缔等。其次，要剖析政治亚文化对政治生态构建的影响机制，即政治亚文化与政治生态的耦合逻辑。良好的政治生态通常涵盖政治生活、政治制度、政治文明和政治发展四个维度，而政治文化作为一种潜在的行为取向，必然会通过政治主体相应的政治行为表现出来，因此，政治亚文化也会相应地从上述四重维度影响政治生态

---

① 陈义平、王友叶：《政治文化与政治生态耦合的四重维度》，《安徽大学学报（哲学社会科学版）》2021年第4期。

构建，进而需要围绕政治生活、政治制度、政治文明和政治发展四重维度剖析二者间的耦合逻辑。最后，则要根据二者间的耦合逻辑有针对性地构建政治亚文化推进政治生态构建的能动机制，也就是根据政治生态构建的实际情况规范政治亚文化发展。通过这样的方式，确保政治亚文化在政治生态中发挥其正面影响，推进政治生态体系的健康发展。

（3）坚持主导政治文化对政治亚文化的整合，推动协调有序的政治生态的构建

多样化的政治亚文化虽能够在一定程度上推进政治生态构建，实现政治亚文化与政治生态的协调互动，但"任何未经融合的亚文化都带来或多或少的问题，最坏的便是对一国政治系统的威胁"[①]。因此，在引导多样化的政治亚文化发展的过程中，亦需要加强主导政治文化即中国特色社会主义政治文化对政治亚文化的整合，增强不同社会阶层对主导政治文化的认同感，进而形成以主导政治文化为主导、多样化的政治亚文化融合并存的"求同存异"的政治文化发展格局，全面推进中华民族伟大复兴征程中协调有序的政治生态构建。为此，可从以下几个方面展开：

一是坚持马克思主义的指导地位，在凸显中国特色社会主义政治文化的时代性特征中增强对政治亚文化的整合效度。党的二十大报告中指出："我们要坚持马克思主义在意识形态领域指导地位的根本制度，坚持为人民服务、为社会主义服务，坚持百花齐放、百家争鸣，坚持创造性转化、创新性发展，以社会主义核心价值观为引领，发展社会主义先进文化，弘扬革命文化，传承中华优秀传统文化，满足人民日益增长的精神文化需求，巩固全党全国各族人民团结奋斗的共同思想基础，不断提升国家文化软实力和中华文化影响力。"[②] 中国特色社会主义政治文化作为当前中华民族伟大复兴征程中的主导政治文化，发挥着引领政治文化发展的核心功能，因此，在通过加强主导政治文化对政治亚文化进行整合而推进政治生态构建过程中，首要前提就是坚持马克思主义的根本指导思想。从历史的角度来

---

① [美]迈克尔·罗斯金等：《政治科学》，林震等译，中国人民大学出版社2009年版，第144页。

② 习近平：《高举中国特色社会主义伟大旗帜　为全面建设社会主义现代化国家而团结奋斗——在中国共产党第二十次全国代表大会上的报告》，人民出版社2022年版，第43页。

看，中国特色社会主义的发展展现了连续性和一致性。在不同的历史阶段和时代背景下，社会发展的具体实践虽有所变化，但始终不变的是贯穿其中的马克思主义的根本指导思想，由此指引中国特色社会主义事业的前进与发展。因此，必须始终坚持马克思主义的根本指导思想地位。同时，在发展中国特色社会主义政治文化的过程中，也需要与时俱进，结合时代变化增添"变"的成分，在实践中汲取养分，丰富中国特色社会主义政治文化的时代内涵，确保其始终与时代发展同步，进而巩固并强化主导政治文化较之政治亚文化的地位。而这正是通过主导政治文化整合政治亚文化，构建协调有序的政治生态的前提，必须始终坚持。

二是努力构建以中国特色社会主义政治文化为主导、多样化的政治亚文化并存的"求同存异"的政治文化发展格局，为推进协调有序的政治生态构建提供相应的政治文化支撑。前已述及，构建协调有序的政治生态的关键在于位居其中的不同政治主体和政治客体能够保持有序互动的关系，形成一个有机政治系统。就此而言，面对当前不同社会阶层政治取向多元化状况，需要在增强中国特色社会主义政治文化对这些不同类型的政治亚文化的整合效度基础上进一步凝心聚力，保持中国特色社会主义政治文化与多元化政治取向之间的合理张力，并发挥其"黏合剂"作用，为协调有序的政治生态构建提供政治文化内核支撑。

有研究者认为，当代中国政治文化动态发展模式的典型特征是主导政治文化对多元政治文化的整合与创新，表现为传统政治文化在现代化转型中的创造性发展、中西方政治文化冲突中的交融、主导政治文化在与政治亚文化交锋中的引领、政治体系文化在对社会成员政治文化引导中的互构、先进政治文化在整合中的自主创新发展等。一方面，要通过中国特色社会主义政治文化取缔反文化并协调其他类型的政治亚文化间关系，迈向以中国特色社会主义政治文化为主导、其他政治亚文化并存的融合发展道路，为政治生态建设提供和谐融洽的政治文化内核。另一方面，则要通过发展中国特色社会主义政治文化有意识地塑造政治亚文化，"任何系统都具备一定的主导政治价值，它们会给政治行为规范和结构排列确定基调和方向"①。因此，作为主导政治文化的中国特色社会主义政治文化在实现自身发展和协调各政治亚文化间关系的同时，更需要主动将其价值取向传播至社会各阶层，并推动这些价值取向逐渐内化为社会各阶层的政治取向。这将增强社会对中国特色社会主义政治文化的认同感，在中国特色社会主义政治文化的熏陶下塑造不同社会阶层向心化的政治取向，实现主导政治文化引领、政治亚文化调适互动的格局，进而为构建协调有序的政治生态提供政治文化支撑。

（三）通过主导政治文化引领构建充满活力的政治生态发展战略

中国特色社会主义政治文化是当前中华民族伟大复兴征程中的主导政治文化，其蕴含的政治心理倾向、政治价值取向、政治意识指向影响并制约着民族、政党、人民团体以及民众个人的政治行为方式和社会政治生活的发展过程、状态、性质与方向。就中国特色社会主义政治文化发展与政治生态构建二者间关系来看，中国特色社会主义政治文化不仅能够对多样化的政治亚文化进行整合，推进协调有序的政治生态构建，更能够凭借自身的先进性和时代性等特征引领充满活力的政治生态构建。然而，面临的一个迫切需要解决的问题是，如何实现中国特色社会主义政治文化的大众化、社会化和生活化，让中国特色社会主义政治文化的精神导向、价值理念能够被各个社会阶层、社会群体和个人直观地、通俗地理解和接受，并逐渐内化为指导政治主体参与政治生活的心理认同和价值准则，进而厚植滋润优良政治生态的政治文化土壤，构建充满活力的政治生态。正如习近平总书记在云南考察参观艾思奇纪念馆时强调的，"新时代坚持和发展中国特色社会主义，需要大批能把马克思主义中国化讲好的人才，讲人民群众听得懂、听得进的话语，让党的创新理论

---

① 陈义平：《论发展中国特色社会主义政治文化》，《政治学研究》2008年第4期。

'飞入寻常百姓家'"。①只有推动中国特色社会主义政治文化的大众化、社会化和生活化发展，才能让不同社会阶层、社会群体和个人在中国特色社会主义政治文化的浸润中得到影响和启发，以实际行动参与充满活力的政治生态构建。

（1）推动主导政治文化的大众化发展，厚植构建充满活力的政治生态的社会土壤

主导政治文化的大众化是指运用大众能够听得懂、听得进的话语和感兴趣的形式传播中国特色社会主义政治文化，使之更好地为广大干部群众理解、接受、运用。借由中国特色社会主义政治文化的大众化发展，可加深不同社会阶层和群体对中国特色社会主义政治文化基本内涵的理解与把握，增强他们的理想信念与政治觉悟，让他们成为主动推进构建充满活力的政治生态的积极政治主体，进而培育和厚植有利于推进构建充满活力政治生态的社会土壤。从实际情况来看，当前主导政治文化的大众化发展仍面临以下问题的挑战：第一，普通民众对中国特色社会主义政治文化基本内涵缺乏系统性认知，不少民众仍处于不甚了解甚至理解模糊的状态，难以有效发挥中国特色社会主义政治文化对社会大众在价值、理念等方面的塑造功能。第二，主导政治文化的大众化发展需要借助一定的媒介渠道才能广泛传播，但随着新媒体时代的到来，尤其是短视频平台、微信公众号等渠道的兴起，给依托报纸、电视等传统媒介的主导政治文化传播方式带来了巨大挑战。这些传统渠道正逐渐从民众视野中淡化，其传播功能也大打折扣。因此，通过主导政治文化的大众化发展厚植构建充满活力的政治生态的社会土壤，可从以下两个方面展开：

一是要进一步推动中国特色社会主义政治文化的通俗化。通俗化意味着通过浅显易懂的话语将特定知识传递给受众，即使对象的认知水平参差不齐，也能获知传播主体意图传达的基本信息。就此而言，实现中国特色社会主义政治文化的大众化发展，需要采取普通民众能够理解的话语来宣讲来传播，并加强对中国特色社会主义政治文化基本内涵的直观、形象化

---

① 毛强：《用"大众话"推进马克思主义大众化》，《学习时报》2020年9月25日。

的解读：一方面，要出版系列化、通俗化的大众读物。对普通民众而言，由于不同个体的受教育程度、生活经验等方面存在差异，难以准确把握中国特色社会主义政治文化中蕴含的哲学依据、价值导向等抽象概念，不利于中国特色社会主义政治文化的大众化传播和发展。因此，要有计划、有步骤地出版系列党的创新理论普及读物，如图绘本、故事本、电子阅读物等，让普通民众能够以通俗易懂的方式理解和把握中国特色社会主义政治文化的基本内涵。另一方面，要以党员干部、知识分子等群体的实践行动为中心形成辐射效应，让身边的普通民众知晓中国特色社会主义政治文化蕴含的价值导向、行动理念等。通过这些少部分群体的实践行动及其本身所属的社会关系网络，能够让普通民众主动学习和了解中国特色社会主义政治文化的基本内涵，形成共同学习的良好局面。因为"人们在集体行动中会观察其他人的行动，关键群体的率先投入行为对集体行动的出现具有至关重要的示范作用。"①因此，要培养和建设一支有能力的人才队伍。这些人员应能够使用通俗化的语言和实际行动将中国特色社会主义政治文化的基本内涵传递至身边的普通民众，让党的创新理论"飞入寻常百姓家"，并带领普通民众一起学习和践行中国特色社会主义政治文化。

二是要充分发挥新兴信息技术的媒介功能，推动中国特色社会主义政治文化的广泛传播。随着信息技术的进步，我们已迈入以网络为载体的新媒体时代，这不仅为信息生产者提供了更加多元化的传播渠道，也让信息接受者获取信息更加便利。就此而言，新媒体时代的到来也给中国特色社会主义政治文化的大众化发展提供了新的机遇。但需要注意的是，机遇总是伴随着挑战。②一方面，通过影音形式传播的中国特色社会主义政治文化往往存在系统性缺乏和受众群体断层等难题，造成不同社会阶层和群体在全面、系统地了解中国特色社会主义政治文化方面存在差异；另一方面，网络平台如微博、微信公众号等虽创新了中国特色社会主义政治文化的传播途径，但也容易出现对文化作品的自发性解释与"组装"，如少数微博

---

① 罗家德、孙瑜等：《自组织运作过程中的能人现象》，《中国社会科学》2013年第10期。

② 参见郭明飞、杨俊哲：《马克思主义大众化的影音式推进价值及推进困境消解》，《思想教育研究》2021年第6期。

"大V"捏造历史事实、歪曲马克思主义理论,有的甚至散播历史虚无主义、文化虚无主义等错误观点,严重影响了用户对真实历史和正统马克思主义的理解,阻碍了中国特色社会主义政治文化的大众化传播。为此,在新媒体时代推动中国特色社会主义政治文化的广泛传播,需要紧紧围绕以下几个方面展开:

首先,要加强主流媒体在推动中国特色社会主义政治文化大众化发展中的中坚作用。主流媒体如人民网、央视网等通过官方网站、微信公众号等网络平台发挥了重要作用,积极参与到中国特色社会主义政治文化的传播、宣讲、解疑释惑中。为进一步发挥主流媒体的正面引导功能,这些主流媒体还需继续巩固壮大奋进新时代的主流思想舆论,更加主动地创新中国特色社会主义政治文化的传播形式,塑造主流舆论新格局,提升新闻舆论传播力引导力影响力公信力,结合社会热点和重大历史事件等主题宣传,将中国特色社会主义政治文化内嵌其中,使受众群体能够迅速理解和接受。其次,要注重挖掘和培育网络公众人物,借由其在网络平台中的巨大影响力推动中国特色社会主义政治文化的广泛传播。这些网络公众人物通常在某一领域具有较高影响力,能够吸引大量关注,因此,借由网络公众人物传播中国特色社会主义政治文化,往往可以取得事半功倍的效果。应进一步主动挖掘并培育各个领域中的网络公众人物,利用他们向受众群体传播中国特色社会主义政治文化中蕴含的崇高理想信念、价值信仰等。最后,要借助网络平台改变以往普通民众被动式接受文化灌输的形式,构建大众化传播的互动格局,推动形成良好网络生态。新媒体时代的到来为信息生产者与信息接受者之间的良性互动提供了技术手段。应有意识地利用新兴信息技术打造中国特色社会主义政治文化传播与接受的交互平台,让国家和政府及时了解民众真实需求,因时制宜地采取民众更加喜闻乐见的形式推动中国特色社会主义政治文化的大众化发展。

概言之,借助中国特色社会主义政治文化的大众化发展,能够让不同社会阶层和群体中的绝大多数成员通过简单明了的方式,了解和学习中国特色社会主义政治文化中蕴含的崇高信仰、价值理念等丰富内涵。这样的普及和学习有助于社会成员学习领悟和主动践行这些理念,进而在此基础上生成涵养政治生态的深厚社会土壤，让政治生态在中国特色社会主义政治文化的滋养中向着充满活力的方向发展。

（2）推动主导政治文化的社会化发展，营造构建充满活力的政治生态的社会环境

主导政治文化的社会化是一个社会学习、传播和继承主导政治文化的过程，也是不同社会阶层和广大民众形成对主导政治文化认同的重要过程。对主导政治文化推进政治生态建设的发展战略而言，除了借助通俗化话语传播转化实现主导政治文化的大众化发展，更重要的是通过主导政治文化的社会化发展，让不同社会阶层、不同群体的民众能够在专门的社会化机构中习得主导政治文化，进而形成对主导政治文化的认同，由此让整个社会形成学习和传播主导政治文化的氛围，并在此氛围熏陶下充分发掘主导政治文化对构建充满活力的政治生态的正面导向作用。但总体来看，当前不同社会阶层和群体对主导政治文化的了解和学习仍呈现零散化的状态，系统化学习不足，对主导政治文化的认同有待加强，难以全面发挥主导政治文化在推进构建充满生机活力的政治生态中的价值与作用。因此，在推进主导政治文化的社会化发展中，需要充分利用教育系统、社会政治组织、工作场所、大众传媒以及政治实践活动等多种渠道，在不同社会阶层了解和学习主导政治文化的过程中塑造他们对主导政治文化的认同，通过营造一个良好的政治文化环境，发挥主导政治文化推进政治生态构建的正面作用。具体来说，可围绕以下几个途径展开：

一是要通过学校系统化传授中国特色社会主义政治文化相关知识。学校作为专门的政治社会化机构，在学习和传播中国特色社会主义政治文化中扮演着重要角色。因此，应围绕中国特色社会主义政治文化的基本内涵、价值导向和实践理念等开展专门的系列课程建设。一方面，要围绕不同年龄段和不同身份群体有针对性地设计相应的差异化课程，由此促进其形成对中国特色社会主义政治文化的基本认知；另一方面，要有计划、有步骤地开展关于中国特色社会主义政治文化的系列课程，即不论是在纵向的知识延续层面，还是在横向的课程种类层面，都要有意识地系统融入中国特色社会主义政治文化知识，为学生提供长期、系统的教育，进而深刻塑造

其对中国特色社会主义政治文化的强烈认同感。

二是要借助社会政治组织的组织功能，让不同社会阶层在组织生活中习得中国特色社会主义政治文化。诸如工会、政党、行业协会、社会团体等均是人们基于某种目的而组成的社会政治组织，能够以特定组织文化影响该组织成员的认知和态度。因此，应有意识地将中国特色社会主义政治文化贯彻其中，让不同社会阶层的群体在参与社会政治组织过程中形成对主导政治文化的认同。一方面，要善于发挥各类象征性物品的作用，如徽章、会旗等，作为认知和表达政治文化的工具，使组织成员能够直观地感受到中国特色社会主义政治文化的氛围；另一方面，要在组织培训教育中设立专门的中国特色社会主义政治文化课程，让组织成员能够在培训教育中获取相关知识，并通过相应的组织活动付诸实践，在实践中学思用，达至知识习得与实践应用相统一的效果。

三是要用好大众传媒，引导不同社会阶层和群体关注并传递中国特色社会主义政治文化的价值导向、实践理念等。在政治文化的社会化过程中，大众传媒主要发挥着两个方面作用：第一，能够推动特定政治事件和相关政治信息的传播；第二，在信息传播过程中附加相关政治情感、政治理念，进而引导民众形成对该政治事件的认知、情感和态度等。[①]因此，要充分发挥大众传媒在引导不同社会阶层和社会公众对中国特色社会主义政治文化的认知、情感和态度中的重要作用。一方面，诸如党报党刊、电视广播等媒体要大力宣传中国特色社会主义政治文化，将其内涵、理念等通过文字、艺术作品和新闻报道等形式灌输到不同社会阶层和广大民众中。这需要加强全媒体传播、可视化呈现、个性化服务，以塑造公众对中国特色社会主义政治文化的基本认知。另一方面，在传播中国特色社会主义政治文化中，亦要借助革命人物、中国好人、时代楷模、道德模范等正面人物的光辉事迹来增强传播的感染力，强化不同社会阶层、群体和民众对中国特色社会主义政治文化的认同感。

四是要经常性地开展各类政治实践活动，让不同社会阶层、群体和民

---

① 参见孙关宏等编：《政治学概论》，复旦大学出版社2016年版，第383页。

众在参与活动的过程中习得中国特色社会主义政治文化。政治实践活动是社会成员将习得的关于中国特色社会主义政治文化相关知识付诸实践的重要形式，通过这些政治实践活动不仅能够进一步丰富人民群众关于中国特色社会主义政治文化内涵的基本认知，更能够在实践中检验既有认知的真理性，进而实现自我修正。因此，应经常性开展各类政治实践活动，将中国特色社会主义政治文化贯穿其中。一方面，要引导好基层民众积极参与政治活动和群众性自治活动，在基层选举等政治实践活动中，让社会成员在参与中亲身体验中国特色社会主义政治文化的实际存在；另一方面，在社会成员参与政治实践活动过程中，引导其了解和学习党和国家宏观规划、战略决策、中心任务，了解和学习政治制度、政治过程、政治参与的基本知识，坚持不懈地用习近平新时代中国特色社会主义思想塑造其通过制度化、合法化途径参与政治实践活动的基本认知，使其政治取向能够与中国特色社会主义政治文化倡导的价值理念保持一致。

（3）推动主导政治文化的生活化发展，在日常生活中涵养充满活力的政治生态

主导政治文化的生活化是指将主导政治文化的学习和传播融入不同社会政治组织和广大社会成员的日常生活，如家庭生活、社区生活等，由此在日常生活中塑造社会成员对主导政治文化的基本认知、情感和态度等，这是一种基于生活领域对人们价值观的潜移默化的传输、改造和塑造过程。通过中国特色社会主义政治文化的生活化发展，能够利用日常生活中微观的、普遍存在的生活介质和场景有效地塑造人们的价值认知，并在"知行合一"基础上将优良政治生态的构建紧密嵌入日常生活，进而在人们的日常生活中涵养充满活力的政治生态。就此而言，未来应继续围绕日常生活领域推动中国特色社会主义政治文化的生活化建构与发展，将中国特色社会主义政治文化倡导的价值导向、实践理念等内化为不同社会阶层、群体和广大社会成员的生活规范，通过浸染、渗透、感知和体悟，成为人们"日用而不觉"的价值观取向和行为准则，影响人们的思想方式和行为方式。具体来说，通过日常生活中的实践来加强中国特色社会主义政治文化的生活化建设，以涵养充满活力的政治生态，

可从以下几个方面着手。

一是要将中国特色社会主义政治文化传播与以人民为中心的理念及特定的民生政策解读相结合，在各种社会政治组织理解与实施政策、不同社会阶层和群体关注和认同政策过程中，实现中国特色社会主义政治文化的有效传播。民生政策，如城乡医保、生育政策和个税改革等，与各个社会阶层和民众的切身利益紧密相关，故而是人们密切关注的重要内容。因此，将中国特色社会主义政治文化的传播与将抽象的、一般性的民生政策解读为具体的、贴近民众生活的过程相结合，有助于不同社会阶层和社会群体准确理解特定民生政策的相关内容，并在此过程中习得党与政府在政策中倡导与传达的价值理念、人民情怀和服务宗旨，进而推动主导政治文化的传播。一方面，要培训一批善于将中国特色社会主义政治文化传播与共同富裕价值理念铸魂、民生政策解读相结合的人才队伍，围绕党和政府每一阶段颁布的重大民生政策进行及时解读和发声，确保不同社会阶层和群体的民众能够读得懂，促进情理交融、民心相通；另一方面，要借助新闻媒体、门户网站等渠道将这些关于民生政策的解读信息传递给不同社会阶层和广大社会成员。此外，应采取插画、图绘、景观等较为生动形象的方式，通过地铁、公交车厢和车站等公共空间向公众传递民生政策的解读信息，确保不同社会阶层、社会群体和广大民众能够有效接收并认可其中传达的政策理念，增强主导政治文化的覆盖面、到达率和影响力。

二是要紧跟社会热点、围绕特定议题开展中国特色社会主义政治文化在日常话语中的普及，增强日常叙事能力。随着全媒体时代到来，信息传播更加便捷，不同社会阶层可超越时间与空间实现彼此间的信息交流，这促成了社会热点、群体性事件的频现。社会热点和群体性事件中，大多数人所持的价值取向可能会被其他人接受，从而影响他们对该社会热点和群体性事件的看法。因此，需要在社会热点出现时用中国特色社会主义政治文化进行引导与规范相关议题的生成与讨论，确保该议题向着正确方向发展。一方面，主流媒体需要主动基于中国特色社会主义政治文化倡导的人民情怀、价值导向、实践理念等对社会热点进行发声，减少甚至避免大多数群体在从众心理驱动下形成偏见甚或错误的价值认知，进而引发非制度性的政治行为；另一方面，亦要针对不同社会阶层普遍关心的议题进行主动回应，加强全媒体传播体系建设，塑造主流舆论新格局，及时疏导社会情绪，加大优质内容生产供给，引导社会主流思想积极健康向上。这有助于塑造广大干部群众对党和政府的认同感，为政治生态的健康有序运行构筑坚实的政治文化认同基础。

三是要将中国特色社会主义政治文化的价值导向和实践理念等贯穿到人际交往、家庭教育等日常生活中，增强主导政治文化的日常生活融入能力。要实现中国特色社会主义政治文化的生活化发展，需要将其价值导向、民生关怀和实践理念等贯穿于各类社会成员的日常交往、家庭教育、社区生活等，进而在这种生活情境中塑造人们的基本政治认知、政治情感、政治态度与政治参与行为方式。一方面，这种基于生活情境、生活场景的关于中国特色社会主义政治文化的认知塑造能够以一种弥散式的方式展开，如通过家庭家风教育活动能够有效塑造孩童的基本认知，通过社区人际交往能够发挥伙伴群体对个体认知形成的影响等；另一方面，针对村庄、社区不同人群的需求，社区党组织和居委会要积极营造生活化的主题和场景，将中国特色社会主义政治文化的价值导向和实践理念融于党群服务中心的环境布置与服务供给中，融于基层协商共议的生活情境中。譬如党群服务中心中的鲜明的党旗、党徽等就能够发挥标识性感召作用，党员主动服务群众就能够塑造普通村（居）民对党员和党组织的认同感等，这不仅是推动中国特色社会主义政治文化生活化发展的重要途径，也是增强群众对党委、政府等政治主体的政治信任的重要举措。

综上所述，借助中国特色社会主义政治文化的生活化发展，能够在不同社会阶层、社会群体和广大社会成员的日常生活中通过一种潜在的、弥散式的方式塑造他们基本的政治文化认同，为政治生态的构建厚植政治文化认同基础，推进在日常生活中涵养充满活力的政治生态。

三、党内政治文化体系建设引领
构建党内政治生态发展战略

从宏观战略角度深入探讨如何加强政治文化建设以影响推动执政党党内政治生态良性发展，需要研究在执政党加强自身建设和领导推进国家治理体系和治理能力现代化过程中，如何建构完善以党内法规、政治规矩、政治纪律为主要内容，以党内民主为价值取向的积极健康的党内政治文化体系，破除潜规则、权力崇拜、关系学、厚黑学、官场术等庸俗腐朽政治文化，从而制定出以先进党内政治文化体系引领构建健康廉洁、风清气正的党内政治生态发展战略。

（一）构建积极健康的党内政治文化体系

1.发展积极健康的党内政治文化

党内政治文化来源于党和国家的政治生活，是一个政党在生存和发展过程中，从特定思想文化环境和经济社会制度中生长出来的政治认知、政治情感、政治价值观、政治理想和政治信仰等的综合。作为现代政治文化的核心构成，政党政治文化历史地积淀于政党制度体系、组织结构及其成员的政治思想意识形态中，又现实地活跃于政党治理体系的运行过程及其成员的政治行为模式中。作为一个客观存在，党内政治文化在现实中有健康和不健康、先进和不先进等性状差异、类型区分。党内政治文化的具体性状不仅集中体现着党内成员的党性修养与政治价值观总体水平，突出表明着政党组织的先进性与纯洁性水平，还深刻形塑着政党政治生活的灵魂，潜移默化地影响着政党政治生态，由内而外地深刻影响着政党系统之外的政治文化、政治生活和政治生态的整体性状。党内政治文化是一个体系，通常可以根据政党组成要素将其划分为党内制度文化、精神文化与行为文化三个维度。其中，党内制度文化构成了党内政治文化的制度之基，党内精神文化是引导党内政治文化的精神之源，党内行为文化则把准党内政治文化的行为之舵，三者良法善治、凝心铸魂、清廉担当的功能实现，不断创新党内政治文化的建设路径，将党建设得更加坚强有力，以更加自觉的行动推动新时代党内政治文化积极健康发展。

作为中国无产阶级先进政党的主体精神结晶，中国共产党的党内政治文化自党成立之初便开始孕育并不断生成、发展，在守正创新实践中持续被赋予愈加丰富而明确的内涵。作为一项重大的党建命题，中国共产党的党内政治文化是在党的十八届六中全会上正式提出的。之后，在党的第十八届中央纪委第七次全体会议等重要会议中，习近平总书记进一步科学阐释了党内政治文化的内涵特征、源流结构等。[①]他指出："我们的党内政治文化，是以马克思主义为指导、以中华优秀传统文化为基础、以革命文化为源头、以社会主义先进文化为主体、充分体现了中国共产党党性的文化。"[②]这一重要论断明确了中国共产党党内政治文化的理论指导、主体结构和鲜明特质，展现了中国共产党党内政治文化的恢宏历史根脉，彰显了中国共产党的大党气魄和先进品格。

首先，中国共产党党内政治文化建设和发展必须始终坚持以马克思主义为科学理论指导。我们党坚定信仰信念、把握历史主动的根本所在，就是马克思主义这一治党治国理政根本指导思想和全党全国各族人民团结奋斗的共同思想基础。[③]不断推进马克思主义中国化时代化，是将我们党的伟大事业不断推向前进的理论基础和方法武器。其次，中华优秀传统文化、革命文化和社会主义先进文化是中国共产党党内政治文化的主体结构性内容。呈金字塔式的中国传统社会结构既产生了等级制、王权思想、臣民意识、官本位的政治价值观等传统政治文化中的根本缺陷和时代局限，同时也孕育了一些积极的政治理念和政治实践，如"天下为公、天下大同的社会理想，民为邦本、为政以德的治理思想，九州共贯、多元一体的大一统传统，修齐治平、兴亡有责的家国情怀"等。这些优秀传统加以创造性转

[①] 参见陈义平：《党内政治文化建设的路径选择》，《安徽日报》2017年5月5日。
[②] 《习近平关于全面从严治党论述摘编》，中央文献出版社2021年版，第112页。
[③] 参见史成虎：《党内政治文化建设的体系架构与制度保障》，《长白学刊》2021年第1期。

化和创新性发展，为今后提供了更为坚实可靠的政治文化基础。① 党领导的革命斗争史淬炼了强大的革命文化。习近平总书记指出："一百年来，在应对各种困难挑战中，我们党锤炼了不畏强敌、不惧风险、敢于斗争、勇于胜利的风骨和品质。这是我们党最鲜明的特质和特点。"② 从红船精神、井冈山精神、长征精神，到延安精神、抗美援朝精神，澎湃激昂的革命文化源源不断汇集成中国共产党党内政治文化的不竭之源。而建构于社会主义经济基础之上，反映社会主义先进生产关系的社会主义文化，则以培养"四有公民"为目标，坚持面向现代化、面向世界、面向未来，是民族的、科学的、大众的、健康向上的人类先进文化，彰显了科学性、人民性、时代性，构成了党内政治文化最鲜活的主体内容。再次，中国共产党党内政治文化充分体现了中国共产党的党性，反映了中国共产党作为马克思主义政党的鲜明特征。《中国共产党章程》对党员党性作出规定和要求是"坚持党和人民的利益高于一切"的政治立场，"有共产主义觉悟的先锋战士"的政治追求。党的政治立场和先锋队性质规定了党内政治文化的根本属性，即人民性、先进性和纯洁性。中国共产党党内政治文化深刻检验着党组织和全体党员在政治、思想、组织、行为和作风等方面是否与党性时刻保持一致。

不同于其他政党的党内文化，中国共产党党内政治文化具有明确而坚定的发展方向。2017年，习近平总书记在山西考察工作时强调，要"建设正气充盈的党内政治文化"。③ 党的十九届六中全会审议通过的《中共中央关于党的百年奋斗重大成就和历史经验的决议》明确指出，要"发展积极健康的党内政治文化"。党内政治文化建设的这些要求，正是基于中国共产党党性和宗旨所规定的，党必须始终保持人民性、先进性、纯洁性的根本属性而提出来的。同时，这些要求也始终贯穿于党的制度体系之中，始终

---

① 参见马健永：《新时代中国共产党党内政治文化建设研究》，山东师范大学博士学位论文，2022年。
② 习近平：《在党史学习教育动员大会上的讲话》，人民出版社2021年版，第19页。
③《习近平在山西考察工作时强调 扎扎实实做好改革发展稳定各项工作 为党的十九大胜利召开营造良好的环境》，《人民日报》2017年6月24日。

体现在党对国家政治生活和全社会进行政治思想引领，特别是对政治价值观念、政治思想思潮、政治行为作风等方面的方向性引领之中。历史地看，这些要求也表明了在马克思主义基本原理同中国具体实际相结合的过程中，始终伴随着党内主导政治文化与各种非主流政治文化之间"立"与"反"的激烈斗争。一些政治亚文化，甚至如关系学、厚黑学、潜规则等庸俗腐朽的"反文化"在党内一度泛滥，严重侵蚀党的肌体，严重污染党内生态土壤。在这一极其复杂、坚持不懈斗争的历史过程中，中国共产党的坚强党性始终规定和制约着党内政治文化的发展方向。总结党内政治文化的建设历程和发展规律可以看到，在新时代，我们党仍将经历中国社会结构日益复杂多元带来的多样化社会思想和社会思潮的侵袭，仍将面临现代社会转型与发展过程中传统政治文化的影响和外来政治文化的渗透。面对诸种风险和挑战，我们党必须始终坚守政治本色、牢固树立以人民为中心的执政理念，不断自我净化、自我完善、自我革新、自我提高，以自我革命性的锻造和更加自觉的行动不断引领党内政治文化前进方向。

2.积极健康的党内政治文化体系建设的基本架构

从系统视角来看，中国共产党党内政治文化是中国共产党在将马克思主义基本原理与政党建设实践相结合的过程中，形成的具有相对独立性且鲜明反映中国共产党党性的政治认知、政治态度、政治价值观和政治理想信仰集成的精神文化体系。其结构可从内涵要素和实践主体两个纵横交错的维度加以分析：内涵要素方面，主要包含由共产党党性规制的、以共产党人崇高政治理想信念为核心载体的观念性（或理念性）党内政治文化和以制度规矩为载体的规范性党内政治文化两大圈层式基础要素。实践主体方面，主要包括由个体的党员、群体的党组织、总体性的党三类主体构成的复合结构。作为由两大圈层和三类主体以及多种变量和因素构成的有机复合系统，中国共产党党内政治文化依据其遵循的党性原则和宗旨意识不断创新、丰富和完善，其具有的系统集成性、结构稳定性和独立发展能力不断渗透并引领社会整体发展。同时，也正是在这一伟大斗争过程中，百年来中国共产党形成的包含马克思主义信仰、社会主义理想信念、社会主义核心价值观等组成的观念性或理念性党内政治文化和由党内规章制度等组成的规范性党内政治文化两大部分之间彼此联系、互为补充，分别作为内核和外显蕴含在各类主体之中，从而统一于党内政治文化的整体系统中①。

在此，我们侧重从内涵要素的维度将中国共产党党内政治文化建设理解为以马克思主义意识形态学说和共产党人理想信念为核心，包括价值观体系、制度规矩、思想方法和行事作风等基本元素在内的全方位、多层次的系统建设。②从这一角度看，党内政治文化建设的结构框架与党的建设的结构框架具有某种程度的一致性。而二者的差异性在于，前者尤其聚焦于政治建设的价值维度、精神维度，从观念性价值内核和制度性价值外显两个圈层对党的建设政治性和规范化提出更高要求。为聚焦这一特性，我们可以将中国共产党党内政治文化体系建设的基本架构大致理解为一个"有的放矢"的动态模型，即以价值规范、精神魂魄为标靶的价值体系建设和以制度、活动、方法等为实现路径的运行体系建设两个部分。

党内政治文化体系建设涉及指导思想、整体方向、精神动力和价值规范等观念性价值内核。任何一个政党从诞生到幼年阶段，都必然拥有明确而坚定的核心政治价值目标和宗旨规范作为其赖以生存和发展的精神力量和意义皈依。而任何一个政党从幼年到成熟阶段，都必须紧紧围绕这些核心政治价值目标和宗旨规范进行系统性挖掘和整理，深思熟虑地建构其完整而自洽的价值体系，科学搭建其体系化建设的有效路径，最终通过使党内政治文化的价值核心元素发展为价值体系，将精神信仰锻造成精神支柱，从而使其价值信念、精神魂魄层面的吸引力和内聚力更加持久更加坚固。作为马克思主义政党的实践主体，中国共产党始终将实现共产主义作为最高理想，同时将这一宏大目标细化落实到每一个阶段性理想中，从而构成党内政治文化价值体系终极性与阶段性的有机统一。在当下，党内政治文化建设的价值体系坚持"以党内民主，带动人民民主"，坚持"以人民为中

---

① 参见张亚琴：《新时代中国共产党党内政治文化建设研究》，东北师范大学博士学位论文，2023年。
② 参见李长学：《习近平关于加强党内政治文化建设重要论述的科学内涵》，《科学社会主义》2021年第3期。

心"，包括"信念坚定、为民服务、勤政务实、敢于担当、清正廉洁"的好干部标准、"讲政治、重民心"的政治意识、"不忘初心、砥砺前行"的精神追求、"平等参与、忠诚服从"的组织观念、"真抓实干、联系群众"的务实作风、"坚守底线、敬畏严守"的制度意识等具体内容，由此形成的价值体系为新时代党内政治文化提供了源源不断、纯正可靠的价值源泉和精神滋养。

外显圈层，即运行子体系，是党内政治文化体系建设的实践载体和实现路径，涉及党内政治文化体系建设的制度支撑、现实内容和对策方法。党内政治文化体系的建设以政治价值建设为灵魂，但同时作为实实在在的政治现象，也需要依托具体的政治环境、通过具体的政治实践生发出来。其中，以党内法规、政治规矩、政治纪律等为主的党内制度体系是党内政治文化建设的保障系统和刚性支撑；内容体系是党内政治文化建设中的具体实践，直接关系到党的政治价值目标引领和制度规范约束的实现；方法体系涉及党内政治文化建设中针对问题和矛盾所要采取的一系列思想方法和工作方法，涵盖哲学层面的根本方法、中观层面的思维方法和微观层面的具体工作方法。方法体系既从方法论维度反映了中国共产党的政治价值观，也是实现特定价值观的方法武器和思维工具。党的十八大以来，中国共产党运用马克思主义历史唯物主义和辩证唯物主义世界观及方法论，以党章为根本、两部准则和近三十部条例为主干、若干规则为分支的党内政治制度体系为制度依托，先后通过一系列党内集中教育活动，如党的群众路线教育实践活动、"三严三实"专题教育、"两学一做"学习教育、"不忘初心，牢记使命"主题教育、学习贯彻习近平新时代中国特色社会主义思想主题教育、党纪学习教育等，使得党内政治文化建设的内容、方式、程序更加科学化、规范化，党内政治文化运行子体系建设稳步推进。

3.构建党内政治文化体系的政治生态意义

营造良好政治生态，离不开党内政治文化的浸润滋养。作为党内政治生态的内生性、主导性和保障性因素，党内政治文化通过向党内政治生活注入价值观导向、精神魂魄，"日用而不觉"地影响着党内政治生态的演化和优化发展。习近平总书记指出："党内政治生活、政治生态、政治文化是相辅相成的,政治文化是政治生活的灵魂,对政治生态具有潜移默化的影响。要注重加强党内政治文化建设,要注重加强党内政治文化建设,倡导和弘扬忠诚老实、光明坦荡、公道正派、实事求是、艰苦奋斗、清正廉洁等价值观,旗帜鲜明地抵制和反对关系学、厚黑学、官场术、'潜规则'等庸俗腐朽的政治文化,不断培厚良好政治生态的土壤。"①"弘扬忠诚老实、公道正派、实事求是、清正廉洁等价值观,坚决防止和反对个人主义、分散主义、自由主义、本位主义、好人主义,坚决防止和反对宗派主义、圈子文化、码头文化,坚决反对搞两面派、做两面人。"②这些重要论述,深刻揭示了党内政治文化建设在党的政治生态发展中的独特地位和作用,为深化对全面从严治党规律的认识,深入把握发展积极健康的党内政治文化与营造风清气正的政治生态之间的关系提供了科学指南。

党内政治文化建设为形成良好党内政治生态夯实价值之基。党内政治文化的观念性内核为党内政治生态提供价值准绳和精神支柱。可以说,有怎样的党内政治文化,就会展开为怎样的党内政治生活,从而就会生成怎样的党内政治生态。党在执政过程中面临的"四大考验""四大危险"将长期存在,"七个有之"的腐朽现象影响恶劣。这些问题产生的根源涉及两个层面:社会意识层面,既有中国历史遗留下来的庸俗腐朽的官场文化和依附性人格的不良基因,也有社会主义市场经济中的商品交换原则、功利主义等价值观冲击,还有西方资本主义意识形态渗透所带来的西方政党文化的负面影响;社会存在方面,作为历史悠久的超大规模复杂国家,我国长期形成的社会结构和路径依赖,资本逻辑驱动的市场经济行为及其衍生现象,西方资本主义为继续维持其全球霸权而展开的全方位进攻等,构成消极影响党内政治生态的多层面、深层次、长期性的客观因素。对此,《关于新形势下党内政治生活的若干准则》的第一条基本准则,就是坚定理想信念。它指出:"共产主义远大理想和中国特色社会主义共同理想,是中国共产党人的精神支柱和政治灵魂,也是保持党的团结统一的思想基础。必

---

① 《习近平谈治国理政》第二卷,外文出版社2017年版,第181页。
② 《中国共产党第十九次全国代表大会文件汇编》,人民出版社2017年版,第50页。

须高度重视思想政治建设，把坚定理想信念作为开展党内政治生活的首要任务。"①

党内政治文化建设为形成良好党内政治生态培厚政治生活土壤。除了健康良善的政治价值观作为重要内核，优良的政治生态作为政治上层建筑的整体形态还需要良好的政治制度、规范的政治行为和科学的方法论作为支撑。党内政治文化建设以政治制度价值谱系的不断调整完善为关键内容，使之既适应客观发展实际和人民根本需求的变化，又始终符合政党的政治理想和执政理念。不仅如此，党内政治文化还内蕴于政治制度的设计与安排、执行与监督等过程中，同党内纪律、准则等正式制度与规矩、传统等非正式制度之间保持逻辑一致性和自洽性等，从而为党内政治生态提供扎实严密的制度骨骼。党内政治文化建设以党内政治活动和行为为直接对象，通过集中性和常规性教育活动等强化党性、提升觉悟、改进作风，以健康的党内政治行为文化净化、优化党内政治生态的运行。此外，党内政治生态治理任务艰巨复杂，特别是治理主体与治理对象不仅共同身处同一政治生态系统，且治理主体与治理对象本身也往往具有政治信念与根本利益的同一性，因此需要积极健康的党内政治文化长期浸润生态系统，为其奠定科学而坚实的世界观和方法论基础。

（二）庸俗腐朽政治文化的表现及其对党内政治生态的影响

党内政治文化是孕育党内政治生态的土壤。有怎样的党内政治文化，就将孕育出怎样的党内政治生态。而党内政治文化建设是一个与各种思想文化激烈碰撞的历史过程，是一个扶正祛邪、激浊扬清的系统工程，稍有不慎，就容易"钝化"、"丢失"党的优良政治文化传统，并导致政治生态的失范、滑坡。现实中，过去一个时期、一定范围内党内政治生态出现"宗派主义"、"山头主义"、贪污腐化、违法乱纪等这样那样的问题，党内

---

① 《关于新形势下党内政治生活的若干准则》，《人民日报》2016年11月3日。

政治生活"随意化、形式化、平淡化、庸俗化"。习近平总书记就曾以"七个有之"对这一现象进行概括:"一些人无视党的政治纪律和政治规矩,为了自己的所谓仕途,为了自己的所谓影响力,搞任人唯亲、排斥异己的有之,搞团团伙伙、拉帮结派的有之,搞匿名诬告、制造谣言的有之,搞收买人心、拉动选票的有之,搞封官许愿、弹冠相庆的有之,搞自行其是、阳奉阴违的有之,搞尾大不掉、妄议中央的也有之,如此等等。"①凡此种种,其"根子还是一些党员、干部理想信念这个'压舱石'发生了动摇,世界观、人生观、价值观这个'总开关'出现了松动"②,而"对党员、干部来说,思想上的滑坡是最严重的病变,'总开关'没拧紧,不能正确处理公私关系,缺乏正确的是非观、义利观、权力观、事业观,各种出轨越界、跑冒滴漏就在所难免了"③。如此,庸俗腐朽、恶劣有害的党内政治文化就会滋生蔓延,对党的肌体和党内政治生态都会产生负面影响。庸俗腐朽的党内政治文化通常有以下几种典型表现:

1. 权力崇拜

长期封建专制制度形成的权力崇拜是不良党内政治文化的最典型特征,并衍生出形式主义、官僚主义、厚黑学、关系学、官场术,以及"圈子文化""码头文化"等官场亚文化④。其中,如"四风"之首的形式主义、官僚主义现象,"形式主义实质是主观主义、功利主义,根源是政绩观错位、责任心缺失……官僚主义实质是封建残余思想作祟,根源是官本位思想严重、权力观扭曲"⑤。再如"关系学""圈子文化"现象,信奉在熟人社会中要聚拢各式人员编织利益网、搞小圈子,拜大码头,放下党性原则,高谈"哥们义气"。邓小平同志曾深刻批判道:"小圈子那个东西害死人呐!很多失

---

① 《习近平关于党风廉政建设和反腐败斗争论述摘编》,中国方正出版社、中央文献出版社2015年版,第50页。

② 《习近平关于全面从严治党论述摘编》,中央文献出版社2016年版,第73页。

③ 《习近平关于全面从严治党论述摘编》,中央文献出版社2016年版,第63页。

④ 参见唐皇凤、姚靖:《中国共产党党内政治生态建设的基本经验》,《郑州大学学报(哲学社会科学版)》2020年第3期。

⑤ 《习近平关于党风廉政建设和反腐败斗争论述摘编》,中国方正出版社、中央文献出版社2015年版,第75页。

误就从这里出来,错误就从这里犯起。"①这种政治文化一旦形成,必将破坏党员干部在党性原则与正确处理人际关系之间的支点平衡,私利、私情将超越公利、党性,原本清清爽爽干净规矩的同志关系、上下级关系等将被打破,直接威胁政治生态系统的各要素生态位的稳定有序。其他如"两种截然相反的价值取向在同一人身上互为表里"②的"两面人"现象,这样一种伪装者形象、双重人格表现,使得其言行不一的伪装性更加难以被准确识别。"潜规则"作为一些看不见摸不着、不成文又见不得光的暗箱操作规则,在现实中被有些人利用,大搞台上台下各一套、人前人后各一套,甚至将违规性、隐蔽性的"潜规则"公开化、组织化。习近平总书记专门指出:"破除潜规则,根本之策是强化明规则,以正压邪,让潜规则在党内以及社会上失去土壤、失去通道、失去市场。"③再如厚黑学、"官场术"等现象,信奉者信奉的是在官场中脸皮要厚、官职要跑、业绩要吹,修身不真、信仰不真,为一己私利钻研权术,不问马列问鬼神,更有甚者,成为黑恶势力的"靠山"和"保护伞"。从近年来中央纪委国家监委曝光的数十起涉黑涉恶腐败和"保护伞"典型案例可以看到,局部党内政治生态的恶化往往起源于其政治文化的腐坏。一些党员干部在理想信念缺失之后,精神缺钙、内心缺魂,沉溺于"厚黑之学""官场之术",在其位不谋其政,明知黑恶势力为非作恶,却背离群众不作为,姑息养奸任其坐大,也有的与黑恶势力沆瀣一气,甚至直接组织参与黑恶活动,把持基层政权,攫取非法利益,还有的为黑恶势力壮胆撑腰,有案不立、立案不查,甚至通风报信、说情抹案,严重危害人民群众生命财产安全,侵蚀党的执政根基,破坏党内政治生态。

2."好人主义"

明哲保身、"好人主义"是不良党内政治文化的另一典型类型。它所反映的是遇事说好,逢人说对,奉行事不关己高高挂起、谁也不招谁也不惹

---

① 《邓小平文选》第3卷,人民出版社1993年版,第301页。
② 姚桓:《党内政治文化建设初析》,《理论学刊》2018年第6期。
③ 《习近平关于党风廉政建设和反腐败斗争论述摘编》,中国方正出版社、中央文献出版社2015年版,第45页。

的处世哲学。其表现主要有三：一是对人只说好话，回避不足，擅长"戴高帽""抬轿子"，宁可违心也不愿得罪人；二是对事只点头不摇头，回避争议，不问是非曲直，只求一团和气；三是面对矛盾绕着走，好坏不分，不讲原则，对错误言行、不良现象听之任之不愿做"恶人"。这种无立场无原则的"好人主义"，看似无伤大雅，实则破坏深重。其根源在于丧失党性、私心太重，信奉爱惜羽毛，遇人遇事失之于宽，怕得罪人导致自身利益受损，而变相出卖党和人民的利益。这种"软骨病""和稀泥""你好我好大家好"的习气一旦日久积成，其结果必然导致政治上软弱无力、风气上涣散恶化、工作上任性妄为，使政治生态持续消极恶化。第二章对"辽宁贿选案"的分析已清晰表明，现实中，在一些地方、部门、单位，"好人主义"仍有市场，而一旦关键岗位的高级领导干部深陷其中，将导致局部政治生态的系统性恶化。其深层原因在于党内政治文化局部的不健康、不严肃，庸俗腐朽的政治文化大行其道。在这样的政治文化环境中，往往批评与自我批评的作风缺失、有效监督缺位，而"把圆滑当本事""把巧言令色当高情商"的"好好先生"却屡获好处；坦荡正直、敢于斗争者则被孤立排斥，"出现劣币驱逐良币"的现象。特别是当这样的地方、部门、单位党内领导干部、主要领导干部一旦长期奉行"好人主义"，则一定会产生更多"好好先生"，用"一团和气"掩盖"一潭死水"，用"皆大欢喜"换来"隐患重重"。事实一再证明，有问题不指出、有错误不批评，少了经常性的扯扯袖子提个醒，少了常态化的红红脸出出汗，任由事态逐渐恶化，既是对党的事业发展极不负责，也成为败坏党内政治生态的重要根源。

3. 商品交换原则

改革开放的不断深入和社会主义市场经济的加快发展，极大地激发了经济社会发展活力，但同时也改变了原有的资源配置方式和社会生产与组织方式，人们的物质生产、精神生产及生活方式等发生了极大的变化。在资本主义社会条件下，商品交换原则与其社会所尊崇的个人主义和利己主义等结合起来，运用到一切领域，并使所有社会关系商品化。它所反映的是一切皆是市场、一切皆可交换的泛在的利己主义、个人主义和计算理性。马克思在《共产党宣言》中揭示和批判的正是资本主义条件下，人和人之间除了赤裸裸的利益交换关系，再无其他联系的原子化的残酷世界。在中国特色社会主义现代化建设的今天，我们要构建的是高水平社会主义市场经济体制，充分发挥市场在资源配置中的决定性作用，更好发挥政府作用，坚持和完善社会主义基本经济制度。①同时在这一全面建成高水平社会主义市场经济体制的进程中，注重对由资本逻辑所规定的市场交换关系、利己主义思潮等加以规制和约束，反对特权主义，防范公共权力的商品化，防范"政治问题和经济问题交织的腐败"，防范和自觉抵制商品交换原则侵蚀党内生活。然而，"不可否认的是，在发展社会主义市场经济条件下，商品交换原则必然会渗透到党内生活中来，这是不以人的意志为转移的。社会上各种各样的诱惑缠绕着党员、干部，'温水煮青蛙'现象就会产生，一些人不知不觉就被人家请君入瓮了"②。当这种短期内无法根本清除和取消的交换关系和利己思想反映到党内政治文化中，则往往表现为权权交易、权钱交易、权色交易等。其根本就是将手中掌握的公权力视作一种可兑现的商品，用以获取更大的权力、更多的金钱和更好的享乐来满足个人不断膨胀的私欲。

上述几种类型的庸俗腐朽政治文化具有影响上的深刻性、内容上的杂糅性和治理上的顽固性，一有时机，仍然会以愈加驳杂交织和隐蔽弥散的方式对党的政治文化肌体持续侵蚀，严重威胁新时代党内政治生态健康。

（三）以先进党内政治文化体系引领风清气正党内政治生态发展战略

党的十八大以来，中国共产党在全面从严治党进程中更加注重以党内政治文化建设引领党内政治生态建设实践，在发展战略的宏观规划与路径预设中更加注重二者之间的多维联动与共振增效，这使得先进党内政治文化体系建设向党内政治生态净化与重构的融入更加科学高效。

---

① 《中共中央关于进一步全面深化改革 推进中国式现代化的决定》，《人民日报》2024年7月22日。

② 习近平：《在党的群众路线教育实践活动总结大会上的讲话》，《人民日报》2014年10月9日。

1. 以思想教育和制度建设有机结合为战略考量的宏观策略

思想教育和制度规约双管齐下，可以对人们的行为起到综合引导和约束作用。基于人的本质的社会性、历史性、发展性和可改造性，中国共产党注重将内生动力激发与外部力量规制相结合，将柔性引导规劝和刚性约束纠正相结合，强调思想建党与制度治党相结合。正如习近平总书记所言："思想教育要结合落实制度规定来进行，使加强制度建党的过程成为加强思想建党的过程，也要使加强思想建党的过程成为加强制度建党的过程。"①

一方面，由内而外，以思想政治教育的强大传输引导功能的发挥坚持不懈丰富党内政治价值观建设，内在地驱动引领风清气正的党内政治生态。②

党内政治生态与外部环境之间存在复杂的非线性交互关系，在这一过程中内生态保持由简单到复杂、由低级向高级的演化进程。作为政党自我完善和自我发展的客观形态，党内政治生态由简单向复杂的演化主要表现为系统规模的扩张、要素的丰富、结构层次的增加、关联的多元等。一般而言，党内政治生态的复杂程度与其抗风险水平和稳定程度呈正相关，与不确定性和脆弱性呈负相关。例如，党内政治生态内部复杂程度越高，其整体形状的稳定性越不容易受局部波动的影响。但这并不是绝对的。因为党内政治生态复杂化演进的过程，往往伴随着要素的冗余和结构的臃肿、价值的多元和关系的增生，这将影响其清晰性、高效性和规范性。政治内生态系统的这一熵增趋势往往与其内在政治价值观系统的变化有关。因此，以健康强劲的党内政治文化价值观系统来对这一动态演进的过程进行必要干预，将直接有助于其保持结构形态的稳定、要素构成的纯净、生态位的规范和简明及演化的健康有序。

以价值观建设为核心保障党内政治生态系统正向有序发展，应通过思想教育由内而外逐步推进。思想教育是实现人类行为转换的基本方式之

---

① 习近平：《历史使命越光荣奋斗目标越宏伟 越要增强忧患意识越要从严治党》，《人民日报》2014年10月9日。

② 参见张旭、田雪梅：《制度建设、过程防腐与廉政文化——反腐败斗争常态化的三维互动》，《广西社会科学》2019年第9期。

一。所谓由内而外是指，作为"中国先进文化的积极引领者和践行者、又是中华优秀传统文化的忠实传承者和弘扬者"，中国共产党率先以自我革命、自我净化、自我完善的方式推进以价值观为核心的党内政治文化建设，进而推动建设成果溢出文化边界，引领党内政治生态系统正向有序发展的实践逻辑。党的实践表明，持之以恒抓党员干部思想政治教育工作，通过内在地提高党性修养和增强理想信念，以整肃歪风邪气，建设积极健康的党内政治文化，是党内政治生态建设的一大宝贵经验。据统计，建党以来，中国共产党党内集中教育多达17次。① 新民主主义革命时期和社会主义革命和建设时期的思想教育，主要以提升全党的马克思主义理论和修养水平、纠正党内各种非无产阶级思想为目标，以整党整风运动为主要形式，通过周期性的政治运动不断维护党内政治文化的价值内核纯洁性。改革开放以来，通过多次大规模的全党集中教育活动，继续改善新时期党内思想、作风，持续维系党内健康政治生态；进入新时代，党内思想教育主要聚焦正确价值观培育、树立崇高理想信念、坚定正确政治立场、强化责任担当等内容，营造党内政治生态的浓厚文化氛围，厚植党内政治生态的文化土壤。② 随着2019年5月《中国共产党党员教育管理工作条例》的出台和实施，党内政治思想教育在教育对象、教育主题、教育方式、教育程序等方面更加科学化、规范化，推动党内政治生态建设的价值基础日益稳固。

另一方面，由点到面，以制度规矩的根本性立规定向功能的发挥深入系统推进党内法规制度建设，推动建设健康有序的党内政治生态。

---

① 建党以来，我党先后开展了17次党内集中教育，具体如下：1942—1945年的延安整风运动、1947—1949年的整党运动、1950年的整风运动、1951—1954年的整党运动、1957年的整风运动、1983—1987年的整党运动、1999—2000年的"三讲"教育活动、2005—2006年的保持共产党员先进性教育活动、2008—2009年的深入学习实践科学发展观活动、2010—2012年的创先争优活动、2013—2014年的党的群众路线教育实践活动、2015年的"三严三实"专题教育、2016年以来的"两学一做"学习教育、2019年6月—2020年1月的"不忘初心、牢记使命"主题教育、2021年的党史学习教育、2023—2024年的学习贯彻习近平新时代中国特色社会主义思想主题教育、2024年4—7月的党纪学习教育。

② 参见唐皇凤、姚靖：《中国共产党党内政治生态建设的基本经验》，《郑州大学学报（哲学社会科学版）》2020年第3期。

根据唯物辩证法，对复杂事物采取矛盾分析法时，要坚持"两点论"和"重点论"相结合，最终通过抓住"重点"而达成对矛盾各方的辩证把握。而生态学理论也认为，同一生态环境中居于不同生态位的各生态因子具有非等价性，其影响力亦存在差异。因此，应对那些能够引发其他生态因子产生联动、并最终引发整个生态系统变化的主导因子予以精准识别和有力把控。对于党内政治生态的建设路径而言，应通过抓住主导因子率先优化来带动生态系统的正向演化。在党内政治生态系统诸多因子中，制度无疑是最具基础性、稳定性和可操作性的关键因子。党内法规、政治规矩、政治纪律是党内政治生态建设的内在制度性保证。其中，"党章是党的根本大法，是全党必须遵循的总规矩"，居于党内政治制度体系的核心和基准。党内法规制度体系以党章这一根本遵循为基准，由一整套准则、条例、规则、规定、办法、细则、规范性文件和解释答复等不同位阶的党内法规予以明确界定，有一套完善而有力的党内法规制度实施保障机制，展现出制度体系文化的活力。位阶越高的党内法规，权威性越高、约束力越强。政治规矩主要包括国家法律法规和党在长期实践中形成的优良传统、工作惯例、工作纪律，具有成文和不成文两种表现形式。而政治纪律作为成文的、刚性的铁的要求，其核心就是坚持党的领导，在思想上和行动上始终同党中央保持高度一致。①

"经国序民，正其制度。"总体而言，党内制度体系的不断成熟、定型、有效是当前和未来"更多用制度治党、管权、治吏"的前提要件。而现实中一些地方和部门出现的制度"空转"、制度"失灵"、制度"摩擦"现象又反复提醒我们："徒法不足以自行"，仅凭制定一套制度法规并不意味着这一主导因子的激活和优化。正如习近平总书记强调的："强化法规制度意识。在全党开展法规制度宣传教育，引导广大党员、干部牢固树立法治意识、制度意识、纪律意识""形成尊崇制度、遵守制度、捍卫制度的良好氛围""坚持法规制度面前人人平等、遵守法规制度没有特权、执行法规制度

---

① 参见戴焰军：《夯实清正廉洁的思想根基》，《中国纪检监察》2022年第6期。

没有例外"。①党内制度文化是党内政治文化积极健康发展的"制度之基",与党内法规体系相辅相成,是推进依规治党的有力抓手。党内制度的激活需要制度观念和意识的培育、制度信任和责任的强化,只有在全党上下形成信任制度、尊崇制度、严守制度的制度文化,才能奠定良好深厚的党内制度文化土壤和党内政治文化根基。

以制度规约为核心推进党内制度文化建设,需由点及面整体把握。由点及面是指,党内政治生态优化以党内制度文化建设为重点,带动党内政治生态系统整体优化的实践逻辑。制度规约是塑造人类行为转化的另一基本方式,围绕党内法规、规矩、纪律的文化培育是制度治党和党内政治生态建设常态化、规范化的核心支撑。相较于新民主主义革命及社会主义革命和建设时期党内政治生态建设呈现出的集中性、周期性和运动式特征,改革开放以后,特别是党的十八大以来,党内法规体系建设坚持破立并举,内容修订与结构调整统筹兼顾的总体原则,与时俱进进行查漏补缺、适时清理,密织纪律之网,牢固制度铁笼。党内法规建设从碎片化立规走向结构化、集成式建构,党内制度文化建设也由点带面立体地铺陈开来。一方面,以干部人事制度改革和党内廉政建设为重点"抓关键少数""抓重点领域""抓重点环节"。通过注重各项举措的整体推进、细分各项举措的主次位序和优先差别,重点严把选人用人标准、改善选人用人之风,健全干部人事管理法规制度体系,扎实推进"从严治党""从严治吏"。推进党风廉政建设和反腐败斗争常态化,树立规矩意识、狠抓党员作风。习近平总书记指出:"中央提出抓作风建设,反对形式主义、官僚主义、享乐主义,反对奢靡之风,就是提出了一个抓反腐倡廉建设的着力点,提出了一个夯实党执政的群众基础的切入点。"②实践表明,率先抓选人用人、抓"四风"问题,重点突出、效果明显,为改善党内制度文化环境、提升党内政治生态风貌打开有利局面;另一方面,应"把握全局,注意协调,力争最大综合

---

① 《习近平关于全面从严治党论述摘编》,中央文献出版社2021年版,第444页。
② 《习近平关于党的群众路线教育实践活动论述摘编》,党建读物出版社、中央文献出版社2014年版,第17页。

效益，避免畸轻畸重、顾此失彼，避免各行其是、相互掣肘"①，全力推进党内制度文化的全员、全过程、全周期治理。除了对"关键少数"、关键领域、关键环节的精准治理，通过强化"四风"问题及对违反中央八项规定精神问题的常态化治理、一体推进"三不腐"机制，以持续高压反腐、强化党内监督体系建设，以常态化监督推进纪检监察工作高质量发展等，实现将党内制度文化建设从"抓关键少数"走向"管绝大多数"，从"治标"到"治本"、从"惩戒"到"预防与惩戒并重"、从"党内"到"党内带动党外"的重大战略调整。

2.以清正廉洁的权力文化参与过程治理为重要抓手的实践路径

权力是政治的核心议题，权力文化是政治文化的核心要素。中国共产党成立以来的百年发展史，就是以人民为中心建设新型权力文化的过程。本质上，这种新型权力文化是以人民为中心，以始终代表和维护人民利益为价值取向，以团结和依靠人民群众为力量之源，对权力进行约束、监督和规范，确保权力始终用来为人民谋幸福。作为这一人民性的新型权力文化的外显表达，人们常以廉政文化加以指称，即以崇尚廉洁执政、鄙弃贪腐私利为价值取向，融价值理念、行为规范和道德风尚为一体，反映了一种人们对廉洁政治和廉洁社会的总体认识、基本理念和精神追求的文化②。廉政文化与腐败文化相对立，共处于此消彼长的辩证过程中，反映的是两种权力文化观的根本对立。廉政文化通过发挥导向功能、激励功能、凝聚功能和制约功能等，补足"制度的笼子"的局限，旨在运用文化力量建设和巩固廉而有为、廉而有能的政权；而腐败文化中的官本位思想、特权意识、极端个人主义、享乐主义等，是权力腐化蜕变的温床，也是政治生态败坏崩塌的培养基。

要构建风清气正、健康廉洁的党内政治文化，必须继续推进党内新型权力文化建设、加强党内制度文化建设，既要提升并强化权力执行者的权力文化内在自觉，不断厚植全党"促善治"的制度意识，更要使"三不腐"

---

① 《习近平关于全面从严治党论述摘编》，中央文献出版社2014年版，第50页。
② 参见林楠：《论廉政文化建设的三个实践维度》，《学术探索》2012年第3期。

一体推进工作机制扎根于党内政治文化的整体改变，让广大党员干部自觉做到"讲规矩、守纪律"，将依规治党落到实处。对此，除了思想教育和制度规范双管齐下，更重要的是如何使二者"无缝对接"、达到预防和惩治双见效的治理目的。可借助"过程防腐"这一理念和实践①，通过牢固树立民主法治、清正廉洁的权力文化观，破除腐朽陈旧的权力文化观，将健康的党内政治文化融入以政治权力运行为中轴的政治制度过程中，使制度建构与廉政文化统一于党内政治生态过程治理的实践中。这一举措将有助于实现对党内政治过程生态展开动态建构。

一方面，以清正廉洁的权力文化观融入对权力运行的各项制度制约中。作为一种动态的有机整体，公共权力的运行涵盖了权力的授予、执行、惩治等环节，这些既是权力高度集中的领域，也是对权力腐败和权力滥用重点治理的领域。为遏制和预防权力运行过程中"滥用受委托的权力谋取私利"等诸种行为，当前党内政治生态治理的制度法规体系已基本建立，制度活力和效力已日益显现，但仍有不断健全完善的空间。制度设置方面存在的问题主要表现在：某些制度的程序性设计不够紧密、可操作性不强；某些制度之间存在交叉重复、不一致，甚至互相矛盾；党纪与国法衔接的严密性仍有待加强等。在制度执行方面的问题则主要表现在：有的地方和部门存在着制度空置现象，也有对制度条文选择性执行或规避执行的现象等。②以上诸种问题产生的根源，除了在经济社会发展总体进程中制度发展相对滞后等客观因素，腐朽陈旧的权力文化对党内外政治文化的渗透和腐蚀是另一深层原因。从制度层面反映出的这些问题，也是导致当前党和国家事业发展中仍面临"一些党员、干部缺乏担当精神，斗争本领不强，实干精神不足，形式主义、官僚主义现象仍较突出；铲除腐败滋生土壤任务依然艰巨"③"党的建设特别是党风廉政建设和反腐败斗争面临不少顽固性、

---

① 参见张旭、田雪梅：《制度建设、过程防腐与廉政文化——反腐败斗争常态化的三维互动》，《广西社会科学》2019年第9期。
② 参见张旭、田雪梅：《制度建设、过程防腐与廉政文化——反腐败斗争常态化的三维互动》，《广西社会科学》2019年第9期。
③ 习近平：《高举中国特色社会主义伟大旗帜 为全面建设社会主义现代化国家而团结奋斗——在中国共产党第二十次全国代表大会上的报告》，人民出版社2022年版，第14页。

多发性问题"① "党面临的执政考验、改革开放考验、市场经济考验、外部环境考验将长期存在,精神懈怠危险、能力不足危险、脱离群众危险、消极腐败危险将长期存在"②等困难和问题的一个重要原因。

要将廉政文化贯穿于党内政治生态过程治理的始终,用廉政文化浸润清明清正清廉的党内政治生态,抑制、控制权力扩张的内在冲动,确保决策权、执行权、监督权既相互制约又相互协调,使各项权力各归其位、各司其职、依规运行、有序衔接。一是要挖掘我国优秀传统文化中的廉政思想基因和廉洁文化因素,批判性吸收国外廉政文化建设积极成果。深度挖掘和转化实践我国传统文化中的"任人唯贤""为政以德"等廉政思想精华和"知廉耻""守勤俭""修身而后齐治平"等廉洁文化精髓,认真研究传统政治文化中的糟粕和国外腐败文化的表现、类型、生长土壤及其与政治生态的互动关系、治理对策及效果。二是要增强法治理念和制度意识,扎实履行制度执行主体责任。通过抓住党员领导干部建设这一"牛鼻子"在全党全社会形成遵纪守法的"头雁效应",明确责任追究办法、加大责任追究力度,在党内牢固树立鲜明而强烈的法治意识、制度意识和纪律意识,形成依法依规办事、管人和用权的文化约束。三是要始终营造浓厚的廉政文化氛围,夯实"三不腐"的整体思想自觉。坚持重遏制、强高压、长震慑,重点整治权力集中、资金密集、资源富集领域的腐败,同时延伸、拓展、钻深贪腐问题的更多领域,清查惩治新型腐败和隐性腐败,通过媒体及时公布宣传,激浊扬清以匡正社会风气,真正形成不敢腐、不能腐、不想腐的精神导向和行为自觉。

另一方面,将清正廉洁的权力文化观融入对权力运行的各项制度监督中。监督是权力正确运行的根本保证,是党内政治生态过程治理的重要环节。完善权力运行的监督机制,需要牢固树立制度监督的内在自觉和精神动力。首先,要明白权力来源。新型权力文化以马克思主义群众史观为根

---

① 习近平:《高举中国特色社会主义伟大旗帜 为全面建设社会主义现代化国家而团结奋斗——在中国共产党第二十次全国代表大会上的报告》,人民出版社2022年版,第26页。

② 习近平:《高举中国特色社会主义伟大旗帜 为全面建设社会主义现代化国家而团结奋斗——在中国共产党第二十次全国代表大会上的报告》,人民出版社2022年版,第64页。

本出发点，明确说明了人民与权力机关之间的权力授受关系和监督与被监督关系。掌权者只有真正树立"为民服务"的权力观，才能理解人民主权的真正含义并做到权力只用于为人民服务。其次，要搞清权力的二重性及截然不同的后果。是为了公共利益还是为了一己私利，权力的两种指向和目的会导向截然不同的公共效应和个人命运。以"为民服务"权力观和廉政文化观作为导向，才能避免自己因抱着侥幸心理而铤而走险，走在权为民所用的堂堂正道上，从而主动接受监督、自觉接受监督。最后，要领会权力监督的双重意图。权力监督既是对公权力的维护、对权力行使者的限制和制约，亦是对权力行使者的关爱和保护。明确权力监督的深远用意，有助于党员及党员领导干部正确树立权力监督意识并真诚拥护监督、自觉接受监督。

建立健全对权力运行的制度监督，长效化、体系化厚植制度监督的文化土壤。要建立起立体的、可持续的权力运行制度监督长效机制，同时协力将党内监督和法律监督、民主监督、舆论监督、群众监督等多种监督功能贯通起来。①从顶层监督到基层监督贯穿到底，需要广大党员干部在经济社会生活多重逻辑的博弈中牢固树立"四个意识"，做到"两个维护"，在与腐败文化的斗争中牢固树立"权为民赋、利为民谋"的公仆意识，在自我净化、自我完善、自我革新、自我提高的自我革命实践中常怀敬畏之心，常守戒惧之线，最终实现让人民监督权力，让权力在阳光下运行。

---

① 参见焦明江、李沐桐：《增强忧患意识 踔厉奋进新征程》，《党建》2023年第1期。

第四章

政治文化视角下优化政治生态的具体路径

党的二十大报告强调:"全面建设社会主义现代化国家,必须坚持中国特色社会主义文化发展道路,增强文化自信,围绕举旗帜、聚民心、育新人、兴文化、展形象建设社会主义文化强国,发展面向现代化、面向世界、面向未来的,民族的科学的大众的社会主义文化,激发全民族文化创新创造活力,增强实现中华民族伟大复兴的精神力量。"[1]习近平总书记指出:"人无精神则不立,国无精神则不强。没有人民精神世界的极大丰富,没有民族精神力量的不断增强,一个国家、一个民族不可能屹立于世界民族之林。"[2]中国特色社会主义政治文化作为主导政治文化,深刻表现为推动形成优良党内政治生活、净化优化党内政治生态的功能。如何以中国特色社会主义政治文化影响推动党和国家政治生态的良性发展,以及对不同地区、组织、基层、网络等场域政治生态发挥优化净化作用,可以从中国特色社会主义民主政治体系文化、中国特色政治过程文化与民众主流政治文化认同三个维度分别就推动政治生态制度化、推进政治生态环境净化、夯实政治生态的社会认同基础提出具体的政治生态优化路径。

具体来说,在发展中国特色社会主义民主政治体系文化以推动政治生态制度化方面,以权力制约所蕴含的价值理念为核心,提出依据文化同构原则将民主制度文化、法治文化与政治伦理文化一体建设,发展清正廉洁的政治制度文化,弘扬公平正义的法治文化,营造健康良善的政治伦理文化,引领推动政治内生态朝向民主化、制度化、有序化发展的策略。在建设中国特色政治过程文化以推进政治生态环境净化方面,以增强党和政府整合创新政治文化的能力和发展全过程人民民主为着力点,提出发展民主科学的政治决策文化、完善理性认同的网络政治文化、传播清明向善的廉

---

[1] 习近平:《高举中国特色社会主义伟大旗帜 为全面建设社会主义现代化国家而团结奋斗——在中国共产党第二十次全国代表大会上的报告》,人民出版社2022年版,第42—43页。
[2]《习近平文化思想学习纲要》,人民出版社、学习出版社2024年版,第20页。

政文化，影响并推动政治生态环境朝向透明化、洁净化发展的对策。在培育民众政治文化以夯实政治生态的社会认同基础方面，以实现公民权利和增进人民幸福感、推进国家治理体系和治理能力现代化为主旨，提出通过培育参与型政治文化认同、主导型政治文化认同、协同型政治文化认同以分别夯实政治生态的社会心理、社会思想、社会力量基础，推进不同区域、部门、组织和网络等场域的政治生态朝向均衡协调、互动协同化发展的对策。

一、发展中国特色社会主义民主政治体系文化引领推动政治生态制度化

政治文化是政治体系发展过程中所呈现的主体政治精神现象，也是探究政治实践与政治发展规律的重要解释变量。政治文化研究旨在说明隐藏于宏观政治现象与人的政治行为背后所内含的精神结构和文化因素，以昭示一个国家、一个民族政治体系发展的内在规律性。中国作为现代文明国家，政治生态的建设是基于民主政治体系的制度化过程。在一个民主的政治体系中，政权的合法性基础取决于执政者是否能够保障人民的合法权利，是否站在人民的立场进行治国理政，是否合法行使人民赋予的权力，从而获得了人民的广泛认同。民主政治体系的合法性所需要的作为认同基础的文化涉及内在规制国家运行的政治制度文化、国家立法及人民守法所内蕴的法治文化，以及影响和支配政治主体行为方式选择的政治伦理文化三个层面。由此可知，发展民主政治体系文化便是要在制度、观念、体制机制方面努力推动政治制度文化、法治文化与政治伦理文化的一体建设，使民主政治体系文化以政治制度为载体，以法治精神和政治伦理精神为内容，成为一个整体性的、系统性的民主政治文化模式。再则，政治体系也是一个生态学的概念，因为它强调了政治领域内部结构及其与环境之间的相互

作用。[①]因此，民主政治体系文化与政治生态内在结构之间存在着相互作用的关系，具体表现为政治制度文化、法治文化与政治伦理文化对政治生态，特别是政治内生态的影响。

（一）以公正严明的政治制度文化加强对政治内生态的制度规导

特定社会文化情境产生特定的政治制度形态，后者的存在和运行受到文化因素的制约和改造。寻找社会文化环境与政治制度之间存在的结构与功能关系正是政治制度文化研究的主要任务。马克思以政治文化的异化来批判资本主义政治制度和政体结构，认为异化的政治文化比个人自由权利的制度化影响更大。[②]这种文化的异化涉及一个民族群体对制度和政体的主观倾向，而在这一制度结构中，异化的政治文化演变为政治异化的文化，使政治成员进入政治结构的机会和支配政治权力的资格被系统性地剥夺了。因此，他希冀于共产主义制度来破除资本主义政治文化的异化，防范政治异化的文化滋生。韦伯则关注到潜藏于资本主义制度背后具有特殊文化意义的精神力量，认为形而上学领域的"精神动力"在资本主义及其政治制度的发展过程中起到了推动作用。[③]阿尔蒙德直接将政治文化看作一种制度性、体系性的存在，将之塑造成一种内化于民众认知、情感和评价中的政治制度。[④]由此看出，政治文化与政治制度的相互影响是一个连续的、历史的、互动的过程，最终形成的是政治制度中的文化以及政治文化载于其中的政治制度，即政治制度文化这一综合体。

发展民主政治文化，需要对国家权力及其主体进行制衡和约束，加强

---

① 参见[美]加布里埃尔·A.阿尔蒙德、小G.宾厄姆·鲍威尔：《比较政治学——体系、过程和政策》，曹沛霖等译，上海译文出版社1987年版，第4页。

② 参见《马克思恩格斯选集》第1卷，人民出版社1995年版，第55—58页。

③ 参见[德]马克斯·韦伯：《新教伦理与资本主义精神》，于晓、陈维纲等译，生活·读书·新知三联书店1987年版，第37—38页。

④ 参见G.A.Almond and S.Verba, *The Civic Culture: Political Attitudes and Democracy in Five Nations*, Princeton University Press, 1963, p.14.

监督和防止滥用，以保证权力主体做到公正严明、勤政廉洁、为民执政。我国当前的腐败现象具体表现有"一些地方和部门形式主义、官僚主义、享乐主义和奢靡之风屡禁不止，特权思想和特权现象较为严重，一些贪腐问题触目惊心"①。发展公正严明、清正廉洁的政治制度文化，能够有效遏制腐败的滋生，在制度层面促进形成"不敢腐、不能腐、不想腐""三位一体"的制度体系和制度文化氛围，促进形成清明政治、廉洁政治。公正严明、清正廉洁的政治制度文化包含一整套维护社会公共利益、保障组织和个人在政治生活中利益实现的规范体系，有助于优化政治生活方式和探究政治生活的现实意义，为阐释政治生活的实然性与应然性确立制度逻辑。政治制度作为政治生态的核心要件，其"制度—生态"的关系架构设计将社会实践中应然的政治关系和政治行为准则确定为政治生活的基本规范，为政治生活系统的运行提供基础保障；政治制度同时又是政治文化的凝结形态，其"制度—文化"的关系架构设计及其实践运行为实然的政治生活状态和生活方式确定价值体系，提供价值导向。在政治系统中，政治制度文化对政治内生态系统的良性运行具有规导性，进而对政治生态环境的优化具有引领带动性，其通过以制度化的方式确立人们在政治生态系统中的特定生态位，来规范人们从事政治生活的行为，以实现政治体系及其运行的有序化。政治制度文化的规导性和引领带动性通常以显性的制度样态，作为一整套维护社会公共利益和保障组织或个人在政治生活中利益实现的规范体系，呈现在政治生态系统中。

第一，政治制度文化建构和塑造着政治内生态的价值体系。政治制度与政治文化的互动关系直接表现为制度文本、规范条例等外显形式，内化为民众的认知、情感与评价等内在意识和思想观念。政治制度文化通过政治制度这种存在形式与载体，在制度的运行过程中向政治主体宣传与灌输特定的意识形态内容与价值观念，从而影响塑造着人们在认知、情感与价值取向等方面的政治文化因子。同时，社会成员也不断地发挥主体能动性，

---

① 习近平：《高举中国特色社会主义伟大旗帜　为全面建设社会主义现代化国家而团结奋斗——在中国共产党第二十次全国代表大会上的报告》，人民出版社2022年版，第5页。

对于政治内生态所传播和灌输的制度文化因子或全部接受，或加以筛选和过滤，逐步在政治生态系统中生成一种较为稳定的政治心理、政治价值取向和思想观念，完成政治文化的内化过程。这种内化为民众认知、情感、评价和思想观念的政治制度文化具有独特的政治生态意涵，它建构和塑造着政治生态结构中的内在价值体系。从结构上分析，政治内生态呈现为多层级、立体化的生态圈层体系，各生态圈层具有其专属的价值规范和文化性质，从而构成了浸淫着政治制度文化的多维度、全方位的价值体系。政治内生态的圈层体系体现了对政治、社会与自然之间存在关系的一种结构、功能与过程等多维度的反思与建构。马克思主义将这种生态关系归结为人与人的关系、人与社会的关系和人与自然的关系三个范畴，人与世界的相互作用也是基于这三类关系的相互博弈和互动融合。其中，人际社会关系、人与自然关系的根本性命题在于社会成员间的文化关系。"政治—社会—自然"生态圈层体系是以政治生态圈为核心，形成以塑造和谐稳定、良法善治的政治生活为根本目的的价值体系。

第二，政治制度文化引导和影响着政治内生态体系的变迁方向和形态转型。政治制度文化对政治内生态的规导性除了在隐性秩序维度表现为形构生态价值体系，也在显性制度行为维度影响政治内生态的变革与转型，进而引领带动政治生态环境的优化与重塑。一个国家的政治制度，只能是占统治地位的政治制度，该政治制度所凝结的文化，便是主导政治文化。通过对主导政治文化的制度化凝结，凝固成社会成员思想和行为的伦理准则。因此，占统治地位的政治制度文化成为主流政治意识形态的核心价值取向，能够引导和影响政治内生态体系的变迁与转型。人类在不同的发展阶段具有不同的生态理念与价值取向，这决定了政治内生态存在不同的表现形式。在主流政治意识形态影响下，政治内生态的变迁与转型遵循着内在规律性，即围绕着主流政治制度文化这一核心价值取向展开。在政治生态位的文化向度和价值取向上，可以从民主与专制、和谐与冲突、稳定与紊乱、廉洁与腐败等方面作出认知、判断和选择。将政治内生态的文化向度和价值取向固化在特定的政治制度中，促使政治制度文化从根本上引领着政治内生态的发展方向。

当代中国的政治内生态在制度维度的表现，核心内容就是社会主义民主政治核心价值观，并以此作为中国特色社会主义民主政治体系文化建设的根本与灵魂。这样的政治内生态通过民主理念、民主价值的社会认同为保障民主政治制度的运行和稳固创建了支撑条件，通过对民众的心理认知、价值取向与行为方式的影响和导向，为促进政治制度文化的实现和发展培育了主体力量。政治制度文化将民众在民主活动中的权利意识、监督意识和参与意识，以及在公共生活中参与政策制定、政治过程和影响政治结果的规则和技能，以制度化、程序化的形式固化和凝结，成为民主政治体系文化的隐形结构。这样的隐形结构随着中国特色社会主义现代化的进程，不断地在政治制度文化与政治内生态的互动与同构中变革和创新，以充满活力的政治制度文化为政治生态系统的有序运行奠定坚实基础。

（二）以公平正义的法治文化推动对政治内生态的法理形塑

"法"体现了事物发展的秩序性和规律性，孟德斯鸠将"法"视为事物发展的根本理性与各种存在物之间的关联性。① "法"的人性化意义便是人的理性在特定情境中遵从人与人、人与社会、人与自然的内在关系所形成的规范化选择与制度化规定。法律正是基于这种理性选择与社会规范而产生的一般性条文与强制性规则，用以约束规制人们内在的、无序的、自发的行为活动，使其社会活动与政治行为遵循一定的公共规则。与传统的人治文化相比，法治是超脱个人意志而存在、以法律为准绳的一种现代国家治理制度、社会治理制度和具有普遍约束性的法律文化。法治文化是政治文化的重要组成部分，现代政治文化强调法律至上的文化理念、原则与精神在政治领域能够充分实践，注重政治理念和法治观念的关联性。这种法治文化体现了法律在公平、正义等内在价值取向基础上维持政治体系良性、合理性、合规律性运行，法治的规则、理性以及正义的表达都是这一社会

---

① 参见［法］孟德斯鸠：《论法的精神》，欧启明译，译林出版社2016年版，第1页。

关系模式中"法"的精神属性,与国家的政治法律和政体性质密切相关。严格地讲,法治文化是一种制度性的文化,法律是现代人的良性习惯、理性行为与虔诚信仰的文本约定和表达。

在政治体系的良性运行中,法治文化不仅需要法治的彰显,即民众对法律的服从和信仰,也强调良法的制定[①]。一般意义上,法治文化是人们内心对法律的信仰与外在对法律的遵从这一双重法律实践的反映与体现。法治文化的建立,需要通过人与人之间在政治实践中基于法治理念、法治原则而熔铸的法制公约及其对法的价值追求的内在认知和自觉体悟,以及学习法律知识、遵守法律规范、依从法律行动等外在实践这两个过程的双向形塑。当代中国所着力建构的是公平正义的法治文化,这是在马克思主义法治理念基础上,不断扬弃中国传统法律制度中优秀的法治因素和文化基因,批判吸收西方法治文明的优秀成果,在社会主义法治文明建设中形成的以依法治国为根本方略、以公平正义为制度支撑和价值追求的法治文化。法治文化对政治内生态的法理形塑是指,用政治文明与生态文明的理念、原理与方法构筑法治根基和大厦,将生态理性、政治文明、生态文明观念贯穿中国法治社会、法治政府、法治国家的建设过程中,这种法理形塑既包括实体形态的建立,也包括理念意识的培养。

在实体形态层面,依法治国、建立健全完善的社会主义法律体系本身就是一种良好的政治内生态。政治内生态在法律制度层面应形成良法善治,保障人民的合法权益。法治文化对良好的政治内生态建设具有促进作用,良法的制定要求立法主体秉持法律面前人人平等的价值取向与公平正义的伦理品质,善治的实现依靠法律的良性运行与法治精神的有效彰显。而政治内生态的破坏,如权力的腐败、人民权利的缺失、公德意识的缺乏都将影响良法的建立与法治的运行,这就更加需要依赖于法治来重塑政治内生态系统。法治是一种制度形态,也是一种价值取向,同时又是一种治理方式。在实体形态层面,当法治作为一种治理方式时,它是人类实现关怀自己命运和价值的原则和手段,其本质要求在于组合法律的各项制度,以人

---

① 参见[古希腊]亚里士多德:《政治学》,吴寿彭译,商务印书馆2009年版,第199页。

的发展作为社会的本位，以人的权利保障作为法律的本位，全面构筑以人为本的现代法治生态体系。

在理念意识层面，要求法治文化与政治内生态相适应的社会政治主体在实践活动中保持理性化法治思维。法治思维的理性化不仅要求培养社会个体的法治观念，也强调立法机关、执法机关、司法机关等国家法律主体的法治意识和法治思维。概而言之，是在全社会形成有法可依、有法必依、执法必严、违法必究的法治态度、法治理念。一个国家法治生态的高效运行离不开这四者的有机协调，但凡有一个方面或多个方面的滞后都会影响法治生态的平衡，进而影响法治文化建设与政治内生态发展相协同的步调。①

法治文化形塑政治内生态的目的，就是要实现从法律制度以及法治体制机制方面营造社会公平正义的法治生态环境。推进科学立法、严格执法、公正司法、全民守法的法治生态建设，让法治成为国家治理体系与治理能力现代化的基本范式，成为人们的基本生活方式。法治生态建设，不仅包括我国以宪法为核心的社会主义法律体系的完善，也包括以法治文化生态建设为主要内容的制度化发展，如与法治文化相关的各类规范性文件和工作制度等的不断健全和完善。

（三）以健康良善的政治伦理文化推进对政治内生态的道德润化

在传统哲学看来，政治文化强调的是一个民族的"民族性"、一国公民的"国民性"或者一国执政者的个人德性对政治体系及其运行状态的重要影响。例如柏拉图强调以公民的德性贯穿政体②，亚里士多德将正义视为建立城邦制度和政治秩序的文化基础和德性原则③，康德将政体变革归因于民

---

① 参见江必新：《习近平法治思想对法治基本价值理念的传承与发展》，《政法论坛》2022年第1期。

② 参见［古希腊］柏拉图：《理想国》，张莎、刘雪斐、苏焕译，中国纺织出版社2020年版。

③ 参见［古希腊］亚里士多德：《政治学》，吴寿彭译，商务印书馆2009年版。

族性①的迥异，在孟德斯鸠的"文化他者"思想中，政治文化被形容为使政府机制合理运转和发挥功效的影响机理和"行动源泉"②，黑格尔直接从伦理生活中探究政体与一个国家随时间而发展的政治文化结构之间存在的辩证关系③。这种被认定为"民族性"或"国民性"的政治伦理文化，对政治体系的运行状态具有重要影响和制约作用，也对近代思想家关于政治文化的探究烙上历史的痕迹并产生深远的影响。

现代国家的产生、政党政治的发展，使政治伦理文化的内涵与国家、政党等政治组织的伦理价值取向和文化发展目标紧密联系起来，近代传统的以"民族性"为特质的政治伦理文化的内涵已然发生了变化。在当代中国，中国共产党总揽全局、协调各方的领导核心地位，使党内政治文化、国家政治文化与社会文化之间在根本目标上一致、政治伦理和价值取向上一致，党内政治文化对中国特色社会主义政治文化建设和社会文化建设起着重要的引领作用。由此，我们可以对政治伦理文化进行一下界定，政治伦理文化属于社会意识范畴，是一个国家在特定历史时期社会、经济、政治发展与变革过程中逐渐形成的一整套有关政治生活的伦理道德与法治精神的综合，是人们的政治行为与政治关系的准则在伦理规范领域和道德精神世界的投射表达。

健康良善的政治伦理文化必然是站在时代前列，符合历史潮流，继承了既往优秀政治文化与伦理文化的遗产，反映了人类社会的发展规律和必然趋势，蕴含民族生存发展智慧的基本价值理念，符合广大人民群众的根本利益，体现民族精神，并推动社会文明进步和人的全面发展的文化。若将政治伦理文化纳入政治生态的审视视域，需要探讨伦理与生态的内在关联性问题。而从伦理思想发展史来看，"伦理本身就是生态的"④，这决定了

---

① 参见I.Kant and R.Brandt, *Anthropologie in pragmatischer Hinsicht*, Felix Meiner Verlag, 2000, p. 212.
② 参见［法］孟德斯鸠：《论法的精神》，欧启明译，译林出版社2016年版，第18—25、254—258页。
③ 参见［美］迈克尔·布林特：《政治文化的谱系》，卢春龙、袁倩译，社会科学文献出版社2013年版，第97页。
④ 参见唐代兴：《生境伦理的哲学基础》，上海三联书店2013年版，第21—23页。

伦理与生态的实质性关联。由于政治伦理文化的社会效应既有指向政治个体的行为模式，又有指涉政治团体的行动逻辑，因而其对政治内生态的道德润化也同步表现为对政治人（政治生活中的个人和团体）在政治实践、政治关系中的道德社会化功能以及促进政治生态系统的有序化运行。

第一，政治伦理文化指导政治主体在实践中的伦理道德行为。在对政治主体的伦理教化和道德指引上，政治伦理文化并不是钳制个体生命的文化形态，而是内化了的政治行为准则，影响和支配着政治主体对政治行为方式的选择。由于政治伦理文化具有深刻的阶级性、民族性和相对独立性，不同社会阶级（阶层）、不同民族之间坚守的政治伦理规范各有差异，体现出不同的政治规范认同与伦理道德要求。正如海伍德（Andrew Heywood）所言，个人的信仰、符号和价值既在实践层面决定他们的政治行为，也在认知层面影响他们对所在政权的态度，尤其是对该政权正当性与合法性的认识。[①]但一国民众所接纳与内化的政治伦理文化必定是统治阶级所认可和推行的文化形态，并由统治阶级塑造出一种理想的政治目标持久地影响和规范政治主体的政治认知与行为模式。主流的政治伦理文化并不是凭空产生的，而是依据特定历史条件与现实基础的长期政治实践塑造而成，并持续影响着政治主体对政治目标、政治关系、政治现象等的道德情感和伦理操守。由此可以看出，政治伦理文化是在政治主体的伦理道德实践中形成的一个以国家政权为核心，经济、社会与文化生活多层面综合作用下的生态圈层结构，这是洞察现代政治伦理文化对政治内生态发挥基本的道德社会化功能的关键。

第二，政治伦理文化影响着政治内生态的有序化运作。政治体系是一个由政治组织体系、政治制度体系及其相互间的互动关系有机构成的生态结构[②]，不同结构履行不同的生态功能，发挥各自的生态效应。政治内生态的有序运作是在遵从自然与社会客观的生态规则之上，通过对政治体系各

[①] 参见［英］安德鲁·海伍德：《政治学》，张立鹏译，中国人民大学出版社2012年版，第115—116页。

[②] 参见［美］小G.宾厄姆·鲍威尔等著：《当代比较政治学：世界视野》，杨红伟等译，上海人民出版社2017年版，第39—40页。

组成部分的结构、利益、动力、目标和价值取向进行有机协调,凝聚或汇合成一个结构完整、功能完善的"政治—社会—经济—自然"相复合的、生态的、有序的政治运行体系。政治伦理文化的性质深刻地影响着政治体系的有效性、稳定性与持续性。在现实政治生活中,政治伦理文化在维护现存政治制度和政治统治方面往往表现出强大的功能:一方面为政治体系的确立提供合法性说明,为新的政治体系的建立提供思想、意识与心理支持;另一方面为新建立的政治体系的生态化运行提供政治性伦理规范与社会性伦理道德的指引,为政治秩序的稳定有序发展提供深度支持。

当代中国政治内生态的优化必然要求将马克思主义政治伦理思想与中国现代化政治发展实践相结合,形成具有中国特色的社会主义政治伦理生态。政治伦理生态既强调个体的生命价值又重视人类命运共同体意识,包括民主、自由、平等、法治、公平、正义等政治伦理价值范畴;也包括个人权利与国家权力的界限与制约,以及有关政治道德、官员道德、社会制度伦理、国际政治伦理等多种政治伦理类型的有机统一。营造良好的政治伦理生态,不仅是政治文化发挥价值观教育和道德伦理教育功能的重要成果,也是衡量政治文化生态化建设成效的重要标准。

二、建设政治过程文化推进政治生态环境净化

政治过程文化是指在政治体系的运行过程中所体现出的政治文化导向,以及人们在参与政治文化导向过程中所表现出来的价值取向和思想行为模式。①对政治过程文化的理解,不同的学者提供了不同的视角,为我们完善政治过程文化提供了借鉴。以比较有代表性的美国政治学家阿尔蒙德为例,其从"结构—功能"主义出发,认为政治过程文化意即对于政治过程的一

---

① 参见陈义平:《论发展中国特色社会主义政治文化》,《政治学研究》2008年第4期。

整套倾向，主要包括个人对于自己在政治过程中影响力的看法和个人对于自己同其他活动者之间关系的看法。[①]以自身能力为视角，分别提出狭隘观念者、顺从者和参加者三个概念来阐释民众对于政治过程中自身可能产生的影响力的理解。所谓狭隘观念者，是指对政治制度了解甚少，甚至一无所知的人。他们不知道自己对政治制度能够起什么作用，也不知道自己该承担什么责任，对自己和政治过程的关系一无所知。顺从者是组成政治体系的一部分，并且知道政治体系对他们的生命造成的或可能造成的后果。不同于顺从者，参与者展示了一种对社会政治生活的投入过程，这一过程促使他们主动参与政治实践，并且培养了一种积极的心态和主体的觉悟，认为自己可以通过自己的主观努力和实践参与影响政治事务进程。

阿尔蒙德同时提出，人们对其他政治活动者的一系列认识、信念、感情和判断是政治过程文化的另一特征，这里涉及一对观念：信任和敌意。政治信任问题会影响到人民是否愿意与其他人合作以达到政治团结，以及他们是否愿意与其他团体结盟以实现政治目标。在西方学者所谓的精英理论角度看来，信任与疏离会影响到个体与团体之间的协商，要想成为一个政治首领，就必须建立广泛的同盟，争取投票和在国会中占多数，以及获取必要的资源来制定和执行政治决策。精英们的结盟，一方面依赖于各团体在重要政治问题上的立场和谐一致，另一方面，还依赖于他们是否能够共同遵守政治协议，并在谈判中是否诚实。与信任相对的是憎恨与仇视问题，这也是团体与团体、个人与个人之间感情的问题。如果各团体发现彼此之间存在不同的看法，尤其是由于实践体验到矛盾和不公平，那么他们之间就会产生一种强烈的敌对情绪、充满敌意。随着持续不间断的冲突，这些团体之间的敌对情绪和敌意会越来越强烈。很多研究显示，不同团体之间的隔阂和敌对情绪很有可能导致政治上的冲突，甚至使得相对常规的政治决策过程变得困难。

可以看出，阿尔蒙德对政治过程文化作了心理化倾向的界定，把政治

[①] 参见［美］加布里埃尔·A.阿尔蒙德、小G.宾厄姆·鲍威尔：《比较政治学——体系、过程和政策》，曹沛霖等译，上海译文出版社1987年版，第36页。

过程文化归结为在政治过程中产生的政治认知、政治情感、政治评价等基本取向。其思想理论对推动政治过程文化研究具有先导意义，并从总体上勾勒出政治文化研究的基本框架，这一基本框架曾长时间成为该领域研究的一个范式，对我国学者研究政治文化影响至深。但随着对政治文化研究的深入，这一研究范式遭到质疑，越来越多的研究者注意到，阿尔蒙德并未提及政治思想文化层面、政治制度层面和政治行为模式层面的政治文化和政治过程文化，导致其对政治过程文化的理解过于狭窄。多数研究者倾向于认为，政治过程文化应当包含与政治过程相关的不同层面的文化，政治心理层面的政治文化在政治过程中起着潜移默化作用，政治思想层面的政治文化尤其是其中的政治价值观起着支配和规范人的政治行为的主导作用。此外，政治过程文化还包含制度化的政治过程文化，这一制度化的政治过程文化对执政者、参与者的政治行为都具有指导性作用。[1]一方面，它可以将决策者的政治行为纳入程序和环节中进行监督制约，从而使其遵守既定的制度规范；另一方面，通过制度化的政治过程，可以将社会成员的政治参与纳入体制框架，使民众在参政过程中逐步培养情感认知、了解政治过程、理解政治制度、掌握参与技能，从而明晰自己的政治角色、权利与义务，对政治制度的评价趋于客观理性，情感归属基本稳定。[2]

对政治过程文化的理解，兼顾政治心理层面、政治思想层面和政治行为模式三方面的统一，更有助于全面审视政治过程文化的各层面、各环节，也更有助于将其放置于政治文化建设、政治生态优化的大环境、大背景之中。在当代中国，建设政治过程文化以推进政治生态环境净化，需要立足以人民为中心，以发展全过程人民民主为着力点，努力发展民主科学的政治决策文化，完善理性认同的网络政治文化，传播清明向善的廉政文化，以形塑坚定务实的政治作风生态，营造风朗气清的网络政治生态，构建清正廉洁的政治生态氛围。

---

[1] 参见张蕾：《政治文化对公民政治参与行为的影响研究——基于中国视角》，浙江大学硕士学位论文，2017年。

[2] 参见李斌：《论网络政治参与的发展趋势》，《中共福建省委党校（福建行政学院）学报》2008年第2期。

（一）以民主科学的政治决策文化形塑政治作风生态

政治决策与政策的确立和实施日益成为当代政治的中心议题，也是政治结构与过程的终极归宿。由于我国当前"改革发展稳定依然面临不少深层次矛盾，需求收缩、供给冲击、预期转弱三重压力仍然较大，经济恢复的基础尚不牢固，各种超预期因素随时可能发生"[1]，而"科学的宏观调控、有效的政府治理是发挥社会主义市场经济体制优势的内在要求。必须完善宏观调控制度体系，统筹推进财税、金融等重点领域改革，增强宏观政策取向一致性。"[2]可见，政治活动尤其是政治决策和政策的民主科学制定与决断，对全面建成高水平社会主义市场经济体制、基本实现国家治理体系和治理能力现代化以及始终营造风清气正的政治生态都具有重要的意义。因此，提高政治决策的民主化、科学化水平既是在当前条件下提升政治体系效能、增强政治合法性的必然要求，又是建设坚定务实的政治作风生态、维护政治共同体凝聚力的关键所在和有效环节。

民主的政治决策文化是发展全过程人民民主的重要方面。习近平总书记在庆祝中国共产党成立100周年大会上的讲话中指出："践行以人民为中心的发展思想，发展全过程人民民主"[3]。"全过程人民民主"即通过一系列法律和制度安排，真正将民主选举、民主协商、民主决策、民主管理、民主监督各个环节彼此贯通起来，支持和确保人民当家作主，切实体现人民利益，反映人民意愿，维护人民权益，增进人民福祉。[4]在当代中国，发展民主决策是指，在进行决策时应充分考虑决策全体成员的观点和判断，确保民众、各类社会团体、公共政策研究机构都能全面地参与到公共决策的过程中，使民众的根本利益和需求得以体现，并在决策制度和运作中形成民主的制度文化，优化民主的程序文化，整体性营造民主的文化氛围。

---

[1]《中共二十届二中全会在京举行》，《人民日报》2023年3月1日。
[2]《中共中央关于进一步全面深化改革 推进中国式现代化的决定》，《人民日报》2024年7月22日。
[3] 习近平：《在庆祝中国共产党成立100周年大会上的讲话》，《人民日报》2021年7月2日。
[4] 参见鲁品越：《全过程民主：人类民主政治的新形态》，《马克思主义研究》2021年第1期。

一是要在公共决策体系中引入民主机制，营造良好的民主决策文化生态环境。公共决策活动除了包含决策行为，还包括信息收集、方案设计等多个相关环节。信息情报搜集与决策方案设计都是一项非常重要的工作，需要具备多种专业知识的专家通过参与贡献聪明智慧，进而才能对问题进行科学的分析并提出方案，其中的一些专业化、实务性工作是公共决策者无法替代的。①二是要注重集体决策。公共决策是一个复杂的和系统的决策活动，单个决策人员无法做到对各个环节、各种状况进行周密、全面的考虑，因此单个人员决策的效果很难达到最优。为此应坚持每一个重大问题都要进行集体讨论、民主协商，提高决策的可行性和正确性。三是要加强政治生活的透明度。政治生活若失去透明度，党和政府的政策就没有了公众的有效监督，对公共事务的决策也就从集体行动变成了少数人的行为。现代社会对公共政策的制定实施提出了更高要求，公共决策必须充分地反映和实现不同阶层、社会群体和广大社会成员的利益要求，才能在根本利益一致的基础上，妥善处理好各种具体利益要求和利益关系。只有大力倡导政务公开、程序民主、决策民主，加强过程和环节的规范有序，强化决策者对权力与责任的对等认知和担当意识，将公共决策纳入科学的、社会的民主系统中，有效规避自身价值偏好、利益倾向的不良影响，才能力求公共决策过程和目标实现民主化。②公共决策过程中的民主功能的实现，首要的就是充分保障人民群众行使参与决策的民主权利，广泛听取利益各方代表的意见、建议，才能作出符合大多数人根本利益的公共决策。通过营造以政务公开、程序民主、决策民主为主要内容特征的民主决策过程文化，推动坚定务实的政治作风生态建设。

科学的政治决策文化顺应了发展全过程人民民主的时代需要。2019年末，习近平总书记在考察上海长宁区虹桥街道古北市民中心时强调，我们走的是一条中国特色社会主义政治发展道路，人民民主是一种全过程的民主，所有的重大立法决策都是依照程序、经过民主酝酿，通过科学决策、

---

① 参见李恩文：《努力推进我国公共决策的科学化、民主化和法制化管理建设》，《东南大学学报（哲学社会科学版）》2009年第11卷增刊。

② 参见陈振明主编：《政策科学——公共政策分析导论》，中国人民大学出版社2003年版。

民主决策产生的。①公共决策的科学化是指运用科学的理论、程序和方法，进行最优化的政策选择和决策。实现公共决策科学化，有赖于健全的公共政策体系的支持。

一是构建和完善公共决策生态系统。现代公共决策生态系统是由若干个子系统构成的一个有机生态系统，其中决策子系统是主干，参谋子系统、信息子系统和监督子系统为支撑。参谋子系统主要是为决策子系统提供优化选择方案和科学方法，并对决策执行情况进行调查追踪和成效反馈；信息子系统主要是通过专业技术和方法，负责信息的收集、整理分析、传递和储存，为政府决策及时提供有效信息；监督子系统侧重于对流程、效果等方面的程序公正性、合理合规性的审查与管控；决策子系统作为整个系统的主干，侧重于从政治方向把关、社会影响力、决策的社会效益与经济效益双重效果等重点层面综合比较，作出最优决策。在公共决策过程中，一般都比较注重把参谋和决策两个部分进行功能区隔、职责划分，使二者既相互独立，又相辅相成。在参谋子系统、信息子系统和监督子系统等辅助决策的支撑体系中，都比较重视发挥政策研究专家的作用，使之成为政策制定过程中的智力延伸、决策科学化的重要保障。在党政机关、立法机关，基本建有研究与咨询组织，如研究室、研究中心等。应加强其参谋咨询、辅助资政的作用，从法律上确定其地位；继续扩大公共决策过程的开放性，充分发挥社会智库联盟和外部政策研究机构的资政功能、智库作用，与政府内部政策研究组织相互补充，形成强有力的决策咨询支持，构建互动开放的公共决策评估系统。

二是坚持公共决策科学化。科学的公共决策通常遵循五个方面基本原则：第一信息原则，即以真实、完整的信息资源和信息系统作为科学决策的基本依据。第二预测原则，即对社会未来经济形势的预测。第三系统平衡原则，即在宏观上综合平衡各种利益关系和各方面发展需求。第四可行性原则，即制定出来的公共政策切合实际、具可操作性。第五动态原则，即公共政策要具有前瞻性、灵活性，能够适应和把握经济社会发展的新

---

① 参见祝灵君：《推进全过程民主离不开党的领导》，《探索与争鸣》2020年第12期。

趋势。

三是注重提高公共政策专业化水平。公共决策体系队伍的整体素质与专业水平直接影响着决策质量。因此,要加强决策者群体的组织建设和思想政治建设,增强其政治素养、数字智能化技术素养与专业素质,构建科学的选拔任用体系和干部队伍建设机制,优化公共决策的机构设置和程序机制,健全公共决策的制度规范,整体性提高公共决策能力和水平。

(二)以理性认同的网络政治文化营造良好网络政治生态

完善理性认同的网络政治文化,需从政府、社会、个人三个层面多管齐下、形成合力,引导政治认同,促进网络社会共识,培养个体理性认同,从而营造风朗气清的网络政治生态。有学者认为,网络政治文化指的是以计算机技术和通信技术为物质依托,存在于网络之中,以发送、接收信息为核心而衍生出来的人类对于自身政治价值取向、政治生活方式、政治思维方式的反思,是通过网络载体对现代社会条件下的政治生活、政治现象的主体思考和观念表达的总和。网络政治文化的特点在于其存在的基础是现代计算机技术和通信技术,存在的空间主要是网络空间或者网络社会,存在的形式主要是信息,并与现代社会政治生活紧密相连。①这一定义基本描述了网络政治文化的要素、特征和基本结构,但由于网络政治的发展十分迅速,如微博、微信等已经成为网络政治的重要平台,媒体形态、舆论生态和文化业态正在深刻重塑,网络空间已成为政治情感传递、政治认知传播、政治价值观碰撞和政治思想交流的新空间和重要平台,网络政治也与现实政治产生了深刻的互动和相互映照。因此对网络政治文化的研究不应该停留在政治文化加网络平台的模式上。所谓网络政治文化,是在政治体系的运行过程中,人们通过网络平台所明确表达的利益诉求、对政治体系的知识情感以及自己的政治倾向和政治价值观的总和。良好的网络政治文化能通过互联网凝聚和号召人民群众,促进网络政治生态的良性发展,

---

① 参见李斌:《网络政治学导论》,中国社会科学出版社2006年版。

巩固党的执政基础；反之，就会脱离群众并失去人民群众的信任。加之网络传播的快捷、跨界等特点，网络政治文化的负面性会得到迅速广泛的传播，导致网络政治生态易出现不可控性，严重影响党的执政的社会认同基础。如何发展理性认同的网络政治文化，需要我们顺应数字化、网络化、智能化趋势，从政府、社会、个人等多层面大胆实践创新，采取切实有效的举措以推动建设风清气朗的网络政治生态环境。

政府层面以制度约束保证网络政治文化的健康持续发展，秉持互联网思维和客观真实的原则加强信息技术应用，通过双向互动的方式引导公众政治认同。一是转变政府网络治理的理念与职能。政府职能部门在网络治理中要秉承以人为本的理念，摒弃传统的权力意识和官本位思想，将适应互联网思维的公开、客观、民主、法治、服务等政治文化价值理念融入政务活动，重视网络中公众的声音和利益诉求，重视公众参与，积极回应公众，从公众传统思维中的网络"管理者"形象中摆脱出来，塑造网络"治理员""服务员"的新形象，并及时调整政府治理职能与模式以适应角色转换的需要，实现全面彻底的数字化赋能和信息化转型。二是建立网络舆情监测机制和网络回应机制。对于网络空间传播的信息要通过网络技术手段进行智能甄别，获取网络舆论热点信息，构建科学的网络舆情危机预警系统。针对当下活跃度高、使用率广的网络平台，如微博、微信、论坛等，各级政府都应设立相应的政务账号，完善官方的网络信息发布制度，及时有效地回应网络关切，公布客观、全面的信息。对有可能引起网络舆论事件的信息进行高效处置，有效疏导，及时化解矛盾[1]，积极引导网络信息理智扩散。同时从信息化全局出发，打破条块分割，努力实现各相关部门网络资源的共建共享、互联互通和保持互动，让政务平台不仅是政府部门政绩宣传的广告栏，更是真正与公众沟通畅通的桥梁和为公众答疑解惑的园地，从而引导公众政治认同。三是完善网络法规，实现依法治网。网络政治生态治理归根结底还是要走依法治网的道路。自1994年互联网引入中国以来，我国陆续颁布了一系列有关互联网管理的法律法规，虽然从数量上

---

[1] 参见许开轶：《信息化时代我国网络政治生态治理研究》，《理论学刊》2021年第2期。

来看已初具规模,但存在法律位阶低、立法缺乏前瞻性、法律责任不明晰、惩治违法犯罪力度小等不足,亟待完善。因此,应基于民主理性和法治思维的要求,形成以全国人大及其常委会颁布的法律为主体,以其他行政法规、司法解释、地方性法规、部门规章为辅助的格局,保证互联网法律的权威性。在网络立法时须充分考虑和预估到网络社会可能的发展前景,尽可能延长法律的适用时效。同时,我们必须整合现有资源,自主研发并掌握保障信息安全的电子政务产品,加快健全完善网络安全保障体系,保障网络政治文化的信息安全。最后,我国现行互联网法律法规多是从方便政府治理的角度出发,侧重规定管理部门的职责、权限等内容,对如何保护企业、网民在互联网中的权利等还规制不够,对如何界定网络违法行为以及相应的惩治措施规定不够清晰与细致,对网络违法犯罪行为的打击力度不足,需继续加强网络空间法治建设,使互联网始终在法治轨道上健康运行。

社会层面以引导塑造与社会教化并举,促进网络社会共识。一是培育公众良好的网络社会心态。良好的网络社会心态是维护网络社会秩序、解决网络政治生态治理难题、带动积极向善社会风气的基础。政府和相关的社会团体要肩负起教育的责任,协助社会大众纾解社会情绪、缓解社会压力,树立正确的价值观念,以公正、友善、乐观的社会心理参与网络政治生活。二是塑造网民健全的理性人格。通过强化政治文化建设,培育社会主义核心价值观和提高公众理性的精神,使网络社会的理性共识得以实现。加强网络问政平台、政府微博、网络政府新闻发言人平台等平台建设,并且让公众参与得到机制支持,让理性互动成为常态。三是积极引导网民健康的道德情感。网民容易对网络热点事件表现出偏爱抑或偏激,如果没有正确的引导,很容易控制不住自己的情绪,从而导致道德失范。一些在社会政治生活中道德领域的突出问题也易在互联网上发酵,引发强烈反应。政府与社会组织应当对热点事件、对道德领域突出问题建立协同治理机制,进行专业理性的分析,探索分众化、精准化应对机制,澄清原因,传递正确的情绪和伦理信息,在部分民众情绪极端化时进行引导,有效防止情绪的偏激和网络行为失范。

个人层面基于理性自觉,培养个体理性认同。一是增强自我判断能力,避免盲从。网络上信息错综复杂，人们在进行网络政治活动、分析网络政治现象时，首先要增强自身的识别能力，时刻保持警惕和谨慎，不轻易相信网上的谣言。二是遵守网络行为规则，提高自律意识。由于互联网的虚拟性、匿名性等特性，部分网民法律意识薄弱、自律意识缺乏，他们以为在网上谁也不认识自己，因此可以肆无忌惮。为此，应确立主流网络价值判断和行为准则，使广大网友得以遵循；积极倡导网络社会责任感和诚信意识，转变网民对网络道德与行为的认识；构建适应全媒体生产传播的评价体系，着力增强人们的自我约束意识，促使人们遵守网络规则，有序参与网络政治生活，营造风朗气清的网络政治生态环境。

（三）以清明向善的廉政文化浸润政治生态氛围

当代中国的廉政文化是以廉政思想为核心，以廉洁文化为载体，将中华优秀传统文化、革命文化、社会主义先进文化有机地结合起来，形成一套比较完备的廉洁从政制度、价值观、思想道德观念体系，是引导党员干部和人民群众树立廉洁价值观和倡导廉洁生活的文化，是中国特色社会主义政治文化的重要组成部分。加强廉政文化建设、打造廉政文化格局，有利于形成共同的廉政信仰，为党治国理政营造良好的廉洁文化生态和政治生态环境。

习近平总书记在庆祝全国人民代表大会成立60周年大会上提出"抓紧形成不想腐、不能腐、不敢腐的有效机制"[①]，努力营造风清气正的党风政风和社会风气，发展社会主义政治文明。党的二十届三中全会进一步提出："完善一体推进不敢腐、不能腐、不想腐工作机制，着力铲除腐败滋生的土壤和条件。""加强新时代廉洁文化建设。"[②]新时代廉洁文化包括廉洁政治文化等内容，后者以崇尚廉洁、摒弃腐败、倡导积极健康的政治生活为价值取向和行为准则，在廉洁文化建设中起着方向引领、核心价值观引导、

[①]《习近平在庆祝全国人民代表大会成立六十周年大会上的讲话》，《求是》2019年第18期。
[②]《中共中央关于进一步全面深化改革 推进中国式现代化的决定》，《人民日报》2024年7月22日。

制度文化规导、过程文化制约的作用。其一，廉洁政治文化集中反映了构建廉洁政治生态的价值共识和思想认同，体现了新时代党和国家对廉洁政党、清明政治、清廉政府、清洁社会的整体追求，有助于在全党全社会推动"不想腐"机制和氛围的有效实现。其二，廉洁政治文化中包含的制度文化是政治生态健康有序运行的重要保证，其对权力的合理配置和规制的内在价值引导、对制度体系的健全和运行的内在文化软约束力、对政治行为主体在制度框架中的政治社会化机制作用的有效发挥都提供了重要保证，它为政治体系中的各主体行为和权力的运行设置了一个制度伦理界限，起到了预防"不能腐"的作用。其三，廉洁政治文化中规约的主体行为方式和过程激励导向体现了廉洁政治生态发展对主体廉洁政治行为的要求，既制约政治行为主体清晰认知自身角色，从而按照廉洁目标严格遵守良好规则、程序和道德，也约束政治行为主体在正向激励和负面责任清单的双重机制作用下自觉矫正不当或越轨行为，积极创造性地参加政治活动，既能巩固提高主体"不想腐"的意识自觉，又能在全过程中起到"不敢腐"的规制和惩治效果。[①]

实现政治清明是清正廉洁政治生态的发展目标和价值追求。判断一个执政党的政治生态是不是清明廉洁、积极健康的，首要是看其秉持和践行的是为谁执政的宗旨，其次要看治国理政过程和成效所带来的整体性政治生态状况，再就是要看吏治生态状况，以及权力运行的治理生态系统在政治体系和全社会中是否能够形成一条完整的廉洁生态链。执政党若能始终践履执政宗旨并以公平、正义、民主、法治等核心价值观切实保障民众的利益，则其执政过程中所形成的政党政治生态、政府治理生态、吏治生态必然会产生一种良性循环，推动政治生态不断朝着健康清廉、风清气正方向发展。政府清廉是构建一个良好的政治生态氛围的关键所在。政府作为国家行政机关，其行动拥有国家的强制力量支持，对于国家政治、经济、社会、文化等各项事业发展发挥着主导性职能作用，政府也因此成为国家

---

① 参见王雷雨、王立新：《新时代廉洁政治生态建设：动力、机理与路径》，《社会科学》2021年第6期。

公共行政权力的象征、承载体和实际行为体。本质上来说，政府与人民是鱼与水的关系、种子与土壤的关系，人民赋予政府以公共权力，没有民意支持，政府的合法性、合理性就失去了标尺和根基。政府的公共权力的合法性根基只有一条，那就是为人民服务、得到人民的广泛认同，维护国家发展和社会进步，或者如亚里士多德所言的"基于谋求更大的善业"。政府追求"善"的合法性说明政府应当具备与之对应的伦理规范。"德惟善政，政在养民"，善治的一个根本目标和评价标准就是廉洁。因为政治清明，则国家兴盛；政治廉洁，则人民受益；反之，若贪官污吏横行，则民不聊生。

面对新时代营造清正廉洁的政治生态氛围的要求，必须把党风廉政文化建设和新时代廉洁文化建设提升到一个新的历史高度，实现正气充盈、政治清明。对新时代党风廉政文化和廉洁文化进行科学规划，探索其建设和发展的基本规律和科学途径，是优化党内政治生态氛围，以党风政风引领社会风气向好的重要任务。

一是以坚定的理想信念和文化自觉作为廉政文化建设的根本基础。在全面从严治党过程中，通过强化理想信念教育，推进广大党员干部把对党的廉政思想和廉洁文化理论的学思践悟逐步走向政治自觉、思想自觉、行为自觉和文化自觉。一个国家、一个政党组织中，共同的理想和坚定的信仰可以增强政治认同感，形成强大凝聚力。社会的快速发展、多样化社会思潮的传播，使得人们的思想观念日趋多元化，有时会出现一些负面的甚至反动的思想价值观念，与马克思主义意识形态产生碰撞和冲突，也对廉政文化建设提出挑战。因此，党员干部必须在思想上不断进行自我革命，树立廉洁观念，时常正本清源，主动接受廉洁文化熏陶和洗礼，才能抵御利益诱惑、化解思想困惑，[1]始终坚守中国共产党人的理想信念和为人民服务的初衷。

二是整合廉政文化的价值资源以形成廉洁文化建设合力。廉政文化对政治生态涵养具有重要作用和重大意义，从整合廉政文化的价值资源有助

---

[1] 参见陈永华：《全面从严治党背景下廉政文化建设探析》，《学校党建与思想教育》2018年第7期。

于促进文化自觉的角度,探索新时代廉洁文化建设的新路径。廉洁文化建设有助于推进文化强党,其中一个重要步骤就是要对分布各地、各具特色的廉政文化资源进行有效的成体系的整合,特别是挖掘其中作为核心的价值资源,建构一个由廉政建设的观念、思想及其附着存在的载体和场景所综合形成的价值系统。首先,树立以人民为本的价值观。共产党人价值观的培育,就是要抵制那些与崇高理想信念相悖的、与廉政文化格格不入的不良思想文化和价值观念的侵蚀,消除它们的消极影响。为此必须树立和加强以人民为中心的价值理念,将其作为中国共产党人始终保持廉洁政治本色和思想基础的核心,摒弃腐朽思想文化,克服和抵制一切错误的思想倾向,以社会主义核心价值观为灵魂,营造全党的清廉向善风气。其次,将古今廉政文化资源融合,健全廉政文化的价值体系。习近平总书记提出要大力弘扬和践行"忠诚老实、公道正派、实事求是、清正廉洁等价值观"[①],是对党内廉洁价值观的进一步深化和实化,以此教育引导党员干部挺起共产党人的精神脊梁。传统清廉文化中"民本"思想的重民、爱民、抚恤百姓等廉洁内容,以及克己奉公、正心修身、持廉戒贪、清廉自守等廉洁思想和方法,可以作为有益的滋养进行转化吸收,以进一步强化新时代人民利益至上的价值观念。中国共产党人一贯重视廉洁的优良传统,俭以养廉、精准治理腐败、标本兼治、自我革命等理念、方法和举措,有助于全党坚持和加强马克思主义信仰,加固干部党员坚守理想信念、严守清廉的思想道德防线。[②]第三,对廉政文化的教育载体进行深入挖掘和创新。廉政工作是否能够取得预期成效、是否能够使廉政文化深入人心,如何选用教育载体是一个重要环节。要充分利用教育基地、文化广场、主题公园、廉政公益广告等传统载体,同时充分认识到运用新型媒介进行廉洁文化宣传的优势,以互联网思维主导资源配置,利用微博、微信、短视频等新兴传播媒介,创造类型多样、丰富多彩的廉政文化教育实体和应用场景,讲好、展示好、传播好廉政故事,把廉政文化全方位、立体化渗透到人民群

---

① 习近平:《增强推进党的政治建设的自觉性和坚定性》,《求是》2019年第14期。
② 参见董蕾:《政治生态视域下中国共产党廉政建设研究》,大连理工大学博士学位论文,2019年。

众的"日用而不觉"中,营造良好的廉政文化教育氛围。

三是以健全的廉政文化制度保障和监督体系巩固和完善廉洁文化建设长效机制。无规矩不成方圆。廉政制度建设的根本目的和任务就是扎牢不敢腐、不能腐、不想腐的笼子,构建一整套内容完善、标准健全、运行科学、保障有力的廉政制度体系,形成廉政文化建设的坚强保障和长效机制,保证廉政文化建设的规范化运行。[①]首先,建设廉政制度体系是一项循序渐进的工作。随着发展目标的更新和提高,廉政制度包括廉政文化制度也需要不断地完善,以适应时代和形势的变化。其次,建立健全权力监督机构的合力贯通机制。腐败现象的一个重要成因是没有对权力运行的全过程各环节进行有效的监督和约束。因此加强对权力运行的制约与监督,关键在于能否贯通各监督机制、形成多位一体的合力监督体系,这是推动全面从严治党的一种刚性约束。在实践中已逐步建立健全以监督制度体系为统领,以党内监督为带动,人大监督、民主监督、行政监督、司法监督、审计监督、群众监督、舆论监督贯通的多位一体的合力监督体系,使各类监督更加协同有效。

四是抓好"关键少数"以发挥其示范引领作用。示范和引领在廉政文化建设中能够起到关键作用。党的十八大以来,作风建设之所以能够取得显著成效,其中一个重要原因就是以习近平同志为核心的党中央身体力行、率先垂范、带头转变工作作风,形成了巨大的"头雁效应"。这也为廉政文化建设积累了经验。全面从严治党实践证明,建立健全廉政文化建设长效机制,需要把政治生态建设作为基础性、经常性工作,抓好"关键少数",加强对领导干部的廉政文化教育。首先是从筑牢政治铸魂体系着手,聚焦忠诚、干净、担当,使领导干部坚定自觉地坚持"两个确立"、做到"两个维护",增强政治能力。其次是从提高工作水平、积极担当着手,推动调查研究之风,强化求真务实工作作风,提高发现问题和解决问题能力,在带领推动事业发展中展现新作为。最后是从持续反对和惩治腐败行为着手,

---

① 参见黄甫中主编:《把权力关进制度的笼子里——与领导干部谈权力监督与制约》,红旗出版社2013年版。

激励领导干部争当建设廉洁文化、净化政治生态的表率,通过持续正风肃纪,不断实现干部清正、政府清廉、政治清明、社会清朗。

三、增进政治文化认同,夯实政治生态的社会基础

我们在基于政治文化视域下,探讨优化政治生态的具体路径时,除了需要考量民主政治体系文化和政治过程文化建设对于国家和民族政治生态优化的重要价值,也要高度重视作为民主政治体系和政治过程之基本载体的社会大众的政治文化认同问题。这是因为,一方面,从政治学的基本逻辑来看,社会大众的政治文化建设,尤其是他们对政治文化的认同,始终是我们在形塑一定社会政治生态实践中不可忽视的基本环节和核心议题。另一方面,就一定历史条件下国家、民族或者政治实体的政治文化建设的运行机制而言,无论是民主政治体系文化还是政治过程文化的建设实践,归根结底,都需要落实于如何有效应对社会大众的政治文化认同问题。

理解政治文化认同,首先需要明晰认同的含义。所谓认同,从词源学来看,它既是一个哲学术语,也是一个心理学概念。按照有关学者的界定,作为哲学术语,认同是一种对于差异之上的同一性的辩证思考[①],即对事物自身、事物与其他事物之间差异性的同一性确认[②]。而在心理学范畴上,认同更倾向于一个认知、情感和评价掺杂的心理过程,指的是"个人向另一个人或团体的价值、规范与面貌去模仿、内化并形成自己的行为模式的过程"[③]。基于以上解析,我们可知,心理学意义上的认同,较为细致地分析了我们在阐释哲学意义上的认同过程中所提及的"同一性"的来源。诚然,

---

[①] 参见林华开:《思想政治教育认同研究》,华中师范大学博士学位论文,2020年。
[②] 参见白苏婷、秦龙等:《认同概念的多学科释义与科际整合》,《学术界》2014年第11期。
[③] 梁丽萍:《中国人的宗教心理——宗教认同的理论分析与实证研究》,社会科学文献出版社2004年版,第12页。

这种"同一性"是建立在"事物自身、事物与其他事物之间差异性"的基础上的。

在梳理了哲学和心理学意义上的认同的内涵后,我们再来从政治学或社会学维度去界定认同之要义便显得较为容易。这是因为,不论从哪个维度来看,认同概念的本质属性是不变的,即人们对于这种建基于差别性基础上的同一性的认可与接受是一致的。基于此,我们认为政治学或社会学意义上的认同,指的是一定个体或者群体中的成员,对于"自我"或本群体相对于"他者"或其他群体的一种唯我的身份认定意识和归属感。也就是说,政治学或社会学维度的认同,致力于解决的是"你认为自己是什么样的人以及你归属于哪个群体的问题"[①]。对此,德国学者尤尔根·哈贝马斯(Jürgen Habermas)也曾作过说明,他将认同"归于相互理解、共享知识、彼此信任、两相符合的主观际相互依存",并认为,这种认同是以"对可领会性、真实性、真诚性、正确性这些相应的有效性要求的认可为基础"[②]。从上述关于认同本质属性以及政治学或社会学意义上的认同概念的解读,我们可以看出,带有明显思想意识色彩和情感倾向的认同实践,同政治文化之间的密切关联是显而易见的。我们知道,早在20世纪50年代,美国政治学家阿尔蒙德在明确提出政治文化这一概念时,便将其归结为一种"政治系统"(也有译为"政治制度"),并认为此系统是"被内化(internalized)于该系统居民的认知、情感和评价之中的"[③]。在其后的研究中,阿尔蒙德进一步丰富了对政治文化的理解,认为其是在一个民族的历史和当下的社会、经济、政治活动进程中所形成的"在特定时期流行的一套政治态度、信仰和感情"[④]。

结合我们此前关于认同概念的阐释,可以判断,作为一种具有明显思

[①] 韩震:《论国家认同、民族认同及文化认同——一种基于历史哲学的分析与思考》,《北京师范大学学报(社会科学版)》2010年第1期。

[②] [德]尤尔根·哈贝马斯:《交往与社会进化》,张博树译,重庆出版社1989年版,第3页。

[③] [美]加布里埃尔·A.阿尔蒙德、西德尼·维巴:《公民文化:五个国家的政治态度和民主制》,徐湘林等译,华夏出版社1989年版,第16页。

[④] [美]加布里埃尔·A.阿尔蒙德、小G.宾厄姆·鲍威尔:《比较政治学——体系、过程和政策》,曹沛霖等译,上海译文出版社1987年版,第26页。

想意识和情感倾向的实践活动，认同本身便具有文化的向度。而认同实践这种属性的现实存在，也为我们进一步去理解和分析政治文化认同问题提供了条件。据此，我们对政治文化认同的理解是，所谓政治文化认同，是指一定个体或者群体里的成员对于特定政治系统的接受和认可。在通常情况下，这种接受和认可一般表现为乐于接近或者愿意加入该政治系统，进而享受权利和承担义务的政治态度、情感体验和价值选择。

由政治文化认同的含义，我们可知，首先，对于特定个体或者国家、民族而言，政治文化认同无疑是一种由主观而见之于客观的心理和思想活动，具有鲜明的内心取向性和实践指向性。正如有学者所言："我的认同是由提供框架和视界的承诺和身份规定的，在这种框架和视界内我能够尝试在不同的情况下决定什么是好的或有价值的，或者什么应当做，或者我应当赞同什么或反对什么。换句话说，这是我能够在其中采取一种立场的视界"[①]。其次，政治文化认同作为一种情感体验和价值选择，不可能一蹴而就，而是产生于人们的社会交往中，因而具有一定的渗透性和扩散性。比如，在一定的政治系统之中，"如果人们感到，掌握权力的那些人所提的要求不公正，他们的贡献没有得到充分酬报，那么，这些人就都会有一种受剥削的经验，他们便有可能互相传递自己的愤怒、挫折及被侵犯的感情"[②]。由此可见，在一定程度上，社会大众的政治文化认同，还与其所在政治系统存续的正当性、合法性及这个政治系统运行机制的公正性、合理性相关联。此外，就其内容、指向及发展变化而言，政治文化认同也具有多样性和动态发展性。其多样性，主要是指政治文化认同的指向是多元的。具体而言，它既可以指向一定政治系统的规则与秩序，也可以指向其中的意识形态和价值观，还可以指向政治系统中权利与义务的配置和主体与客体的关系等。政治文化认同的动态发展性，则是指社会大众对于一定政治系统的认知评价、政治态度和情感倾向并非恒定不变，而是处于不断发展变化

---

① [加]查尔斯·泰勒：《自我的根源：现代认同的形成》，韩震等译，译林出版社2001年版，第37页。

② [美]彼德·布劳：《社会生活中的交换与权力》，孙非、张黎勤译，华夏出版社1988年版，第26页。

和形塑养成的过程之中。"政治是大多数人生活的外围方面,而对这一特殊领域的满意可能在一夜之间上升或下降"①。上述美国学者沃伦的言辞,虽然有些许感情色彩,但其表达的关于大众政治文化认同的流变属性,则是非常形象的。

基于社会大众政治文化认同的特定内涵及其属性特征,我们可知,它对于特定国家、民族或社会实体的政治生态建设实践,具有重要的作用。这种作用首先体现在它有助于特定政治个体或群体从情感和心理上对所在政治系统的制度架构、政治体制和社会运行机制的认知、理解和接受,从而在一定意义上促进该政治组织及其制度机制获得合法性,以维护政治系统的稳定祥和。其次,社会大众的政治文化认同,有利于从思想意识和价值认定层面,推动特定政治个体或群体对所在政治系统中处于主流和主导地位的政治思想及意识形态的认知、理解和接受,从而在一定程度上助力该政治系统中的所有成员确立起共同奋斗目标和核心价值体系,以凝聚人心,增强所在政治组织或机构的向心力和战斗力。再次,社会大众的政治文化认同,还能够有助于从组织渠道,加快特定政治个体或者社会群体对于所在政治系统现行或即将推行之路线、方针及政策的理解、悦纳和践行,从而增强相应组织或机构人员的协同性和行动力,进而推进该政治系统相关政策及规划的落地,确保政治系统相关政治议程的有效推进,并最终实现预期政治目标。

在中国特色社会主义进入新时代这一宏阔时期,我们从政治文化的视角出发,探讨优化政治生态的具体路径,需要高度重视并积极探讨社会大众的政治文化认同问题,目的是在社会大众中间寻求尽可能多的实际举措来培育和增进尽可能广泛的政治文化认同,从而构筑中国特色社会主义良好政治生态的社会心理基础、社会思想基础、社会力量基础,加快我国社会主义治理体系和治理能力现代化建设的时代步伐,为早日实现社会主义现代化强国建设目标提供坚实的社会条件。

---

① [美]马克·E.沃伦编:《民主与信任》,吴辉译,华夏出版社2004年版,第99页。

（一）培育参与型政治文化认同，夯实政治生态的社会心理基础

培育广泛的政治文化认同，首先需要厘清这种认同的主体问题。在西方学者看来，从臣民向臣民与公民之混合体的转化，乃是西方社会政治文化认同主体之演变的基本逻辑。1962年，美国政治学家阿尔蒙德在和西德尼·维巴合著的《公民文化：五个国家的政治态度和民主制》中首次提出了"公民文化"的概念。作者着重研究政治文化与政治发展的关系，利用政治认知、政治情感、党派信仰、公民责任感、公民能力感、臣民能力感等指标，大规模抽样调查了美国、英国、墨西哥、意大利、西德五国居民的政治态度，最后总结认为，"公民文化适合于保持一种稳定的和有效的民主政治过程"①。在他们看来，西方现代意义上的公民文化，是由三种基本类型，即地域型政治文化、顺从型政治文化和参与型政治文化相互交汇、杂糅和复合而成，有的人在其中扮演积极的公民角色，有的人充当较为消极的臣民角色，有的人混杂了公民角色和臣民角色，也有的参与者扮演的角色是臣民角色和村民角色的叠加。此外，这种复合型政治文化还表现在政府本身权力与责任的平衡，精英与大众在公民主动性、被动性和能力感方面的平衡，公民群体功利性取向与情感性取向的平衡，政治一致与政治歧见的平衡，等等。就其实质而言，西方现代意义上的公民文化，可以说是适应资本主义制度条件的公民认知、情感、态度和评价的汇总，是一种内化于西式民主制度中的政治文化。②与此相对应，西方社会的政治文化认同，便是对于这种植根于西方文化土壤中的政治系统的接受和认可，并进而通过一整套政治态度、政治情感和价值观念呈现出来。

相较于西方社会现代意义上的公民政治文化及其认同实践而言，中国特色社会主义政治文化及其认同，不仅具有鲜明的时代意义，更具不可辩

---

① ［美］加布里埃尔·A.阿尔蒙德，西德尼·维巴：《公民文化：五个国家的政治态度和民主制》，徐湘林等译，华夏出版社1989年版，第541页。
② 参见张华青：《公民文化对政治现代化的意义——一种非制度条件的分析视角》，《社会主义研究》2004年第6期。

驳的广泛性和强大的生命力,是对中华民族悠久政治文化传统的批判性继承和创造性吸收,也是对于新中国成立以来,广大人民群众日趋丰富的政治理论认知和政治实践经验的科学总结。就目前我国政治文化建设工作以及政治文化认同实践而言,一方面,我们要尊重传统,正确认识和理性对待长达数千年的封建专制历史及与之相对应的主从型政治文化形态,坚持运用马克思主义的基本原理和方法,去伪存真,实现对中华优秀传统文化的创造性转化和创新性发展。另一方面,我们也要立足于现实,深刻认识到中国特色社会主义政治文化的建设与发展同我国国情和社会发展状况间的紧密关联。具体而言,新时代中国政治文化的建设与发展,除了担负起培育社会大众对国家政治体系、政治过程及自身角色的认知、情感、价值评价、思想观念、政治行为取向等方面的任务,也应该担负起培育社会大众突出以权利为核心内容的权利意识、权利效能感等方面的任务,从而进一步夯实人民当家作主的政治地位,将以人民为中心的方略落到实处。那么,我们在实践中又如何去贯彻落实党和国家的这项战略部署呢?我们认为,对于我国人民当家作主的政治权利意识、权利效能感及其能力的培育,可以从培育和形塑社会大众参与型政治文化认同的实践来予以保障。所谓参与型政治文化认同,简而言之,即指特定政治个体或社会群体中的成员,对于参与一定政治系统进而享受权利和承担义务的实践所表现出来的,一种较为积极的、正面的和富有倾向性的政治态度、情感体验和价值选择。从社会心理学的视域来看,培育我国社会大众的参与型政治文化认同,需要遵循人类认知的内在逻辑和基本规律,按照由知而情、循情达意、以意导行的具体路径有条不紊地推进。

1.认知参与型政治文化认同的心理机制

就其内在的逻辑而言,全面而充分的政治认知,可谓成就我国社会大众参与型政治文化认同的基本前提。根据相关学者的界定,政治认知可理解为"政治主体对于政治生活中各种人物、事件、活动及其规律等方面的知识、判断和评价,即对各种政治现象的认识和理解"[1]。这是一般意义上的

---

[1] 王浦劬等:《政治学基础》,北京大学出版社2006年版,第237页。

政治认知的内涵。我们认为，对参与型政治文化认同这一语境下的"认识和理解"，可以进一步具体理解为，一定政治个体和社会群体中的成员对于接近或者参与特定政治系统的具体路径及其在此政治系统中所享受的具体权利和所承担的具体义务的知晓和接受。之所以作此诠释，主要基于以下三个方面的考虑。

首先，政治权利与政治义务构成了社会大众政治生活的核心内容，也是中国特色参与型政治文化认知中的核心内容。在西方学者的视域中，所谓的公民权与公民资格与传统的天赋人权理论最大的区别在于，强调公民权的来源属于现代国家，而非城邦的天性、基督神祇或自然状态。因此国家既成为公民权利的来源与保障，又往往会侵犯公民，从而在政治学意义上，公民与国家发生了一系列权利义务关系。西方国家公民理论的核心，也是权利与义务关系。比如，德裔美籍学者莱因哈特·本迪克斯（Reinhard Bendix）便认为，现代国家的一个关键因素是从法律上厘定公民的权利义务关系。从义务上说，公民一般有对国家忠诚、服从法律、保卫国家、依法纳税等义务。现代公民之所以不同于传统臣民，正是因为在历史过程中产生了一系列对国家的制约性权利。对此，英国学者T.H.马歇尔（Tomas Humphrey Marshall）在《公民身份与社会阶级》一书中分析指出，在西方社会，公民权利的内涵演绎经历了三个重要的发展阶段：从18世纪的民事公民资格如法律面前人人平等、言论思想和信仰自由权、财产权、个人的自由权，到19世纪以选举权和担任公职权为核心的政治权利，再到20世纪发展起来的社会福利权。三重维度的权利都以公民与国家的契约关系为主线，以权利对权力的有效制约、权力有效因应权利诉求为主体，展示了现代国家公民的内在价值。在当代中国，随着社会主义建设一系列伟大成就的相继取得，国家一切权利属于人民的宪法精神得到了更有说服力的证明。人民在丰富多彩的社会政治生活中，在充分行使当家作主基本权利的过程中，认识和理解了自身所拥有的政治权利与政治义务，这一认识和理解成为当代中国社会大众参与型政治文化认知中的最核心要素。

其次，社会大众对于其政治权利层面的认知，主要涵摄对其政治权利意识、行使政治权利的能力以及政治权利效能感的认识与理解等。在西方学者的视域中,现代意义上的公民权利意识,一般包括公民对权利(特别是与政治生活相关的权利)的认知、情感、态度、评价以及公民因权利而形成的价值取向和信念;公民权利效能感则包括:公民权利意识所影响的公民在政治生活中的权利行为取向,对权利实现的责任感、能力感、抗挫折感。根据这一划分,公民权利意识主要是静态讨论公民对政治权利所代表的公民与国家关系的心理模式,既包括从现行政治法律制度出发对基本公民政治权利的认知,也包括在现实政治运行中对公民权利实现状况的感知、认识和评价,还反映公民对理想公民政治权利的设想。后者则侧重于实际政治运行中对政治权利的解读:是否感知自身政治权利对于个人利益、国家利益的重要性;是否对自己行使政治权利有充分的信心,能够评价自己行使政治权利对政治体系和自身利益所带来的影响。对于当代中国参与型政治文化主体的人民群众来说,其对政治权利层面的认知主要包括明晰自身所应该享受的具体政治权利及其能力,了解正处于伟大复兴历史进程中的国家和民族为保证人民群众享有政治权利所提供的可靠保障。这对于切实增强人民群众在社会政治生活中的获得感与幸福感,进而提升其政治效能感具有重要意义。

最后,有效增强我国人民在日常社会生活中的政治权利意识、政治权利自觉性以及政治权利效能感,是中国特色社会主义政治文化建设实践中需要着力解决的一个根本问题。基于封建传统的影响和现实生活中种种主客观因素的制约,在当代中国,社会大众在政治生活中的权利意识、权利自觉性和权利效能感等方面还存在一些不尽如人意的状况。具体来说,这种不足主要表现在:第一,对政治权利的内涵和作用认识不足,认为政治权利无关紧要。两千多年的皇权专制统治,几乎泯灭了公众的权利意识,在民众心理上造成对政治的惧怕,对权力的服从。这一影响对当代社会的部分民众来说仍在一定程度上存在着。第二,政治效能感低,认为政治权利实现的途径不足。有的民众认为在一些基层选举中,竞争性较弱,个体参与环节少;基层协商、社会听证、上访信访等权利保障途径从实际效果上看,所起到的监督作用不大,很难达到影响公共政策的效果。因而一部分民众认为政治权利在宪法和法律上是正当的,对其表示认可;但对行使政治权利所带来的实际效果，特别是在保护自身合法权益、反映自身正当利益诉求的效能感等方面，存有疑虑。

发展具有中国特色的社会主义政治文化，首先应该有效增强我国社会大众的政治权利意识、政治权利自觉性以及政治权利效能感等，同时也应提升社会大众的民主法治信念、责任观念等。由于我国两千年的封建专制主义传统影响，长期以来，我们过多地强调人们在社会政治生活中的义务，而对人们的政治权利无论在理论上还是在实践中都强调不够。因而，也导致在我国的社会大众政治文化的研究和实践中对人们政治权利这部分内容重视不够。参与型社会大众政治文化的发展，有助于提高民众的政治心理承受力和支持力，有助于提高民众的政治效能感和权利意识，有助于提高民众自身的政治理论水平，有助于直接影响和匡约民众的政治行为方式。众所周知，政治文化的一大功能就是维系政治体系的稳定与运转，参与型政治文化是建立在对国家的理性认同、积极参与、有效合作基础上的现代政治文化，可以转变传统社会对权力的盲目崇拜。参与型政治文化既是政治现代化的内在支撑，对于现代化进程中的中国来说，制度的完善、体制的变革、社会结构的变迁无一不需要参与型政治文化的支持。参与型政治文化又是助推器、稳压器。一些发展中国家的经验教训已经明示：政治参与与政治体系的发展状况、经济社会发展需求之间具有强关联性，当政治参与度超出了现有政治体系的承受度或落后于经济社会发展的需求时，都会导致社会震荡或社会不满，不利于社会稳定发展。在社会转型的关键期，当代中国如何在积极推进政治参与的同时，适度引导社会大众的理性参与，是发展参与型政治文化的一个重要课题。

综上所述，我们认为，努力增强社会大众对于参与型政治文化的认识与理解，帮助其熟练把握参与型政治文化认同的心理机制，不仅有利于继续有效增强我国人民投身参与型政治文化建设的积极性与主动性，而且是我们现今解决社会矛盾、化解社会风险的重要对策，也是发展中国特色社会主义民主政治、建设中国特色社会主义政治文化的一项重要任务。

2.理解参与型政治文化认同的情感逻辑

根据社会心理学的发展逻辑，在培育社会大众政治文化认同的实践中，形成政治认知是其基本前提和重要基础。在此环节之后,我们便进入培养政治情感和形塑政治态度的阶段。无论是对于现实社会政治生活中生存和发展的个体来说,还是对于建基于集体生活逻辑之上的社群而言,正是由于他们对社会政治生活领域的认知和理解,他们的思想意识和主观感受才会发生积极或消极的变化,进而产生一定程度的情绪变化和感情波动。这种发轫于人们政治实践的情绪和感情,便是政治情感。从理论上说,依据相关学者的阐释,政治情感通常可以理解为"政治主体在政治生活中对政治体系、政治活动、政治事件和政治人物等方面所产生的内心体验和感受,是伴随人的政治认知过程所形成的对于各种政治客体的好恶之感、爱憎之感、美丑之感、亲疏之感、信疑之感等心理反应的统称"①。就其表现形式而言,政治情感一般分为政治情绪和政治感情两个层级。其中,政治情绪属于一种暂时性的主观体验,一般基于特定政治个体或者社会群体依据政治期待的实现程度而生发,层次较低。政治感情则属于一种稳定的和持续性的心理体验,通常源自政治个体或社会群体对于自身所处的政治环境和政治关系的政治认知和政治判断,层次较高。

诚然,不管是政治情绪还是政治感情,归根结底都属于政治主体对于特定政治系统和政治生活范式的一种内在意识和情感体验,是基于自身认知与价值取向而形成的心理倾向和态度立场。在参与型政治文化认同的语境中,社会大众对于所处政治系统的政治情感也是极为重要的。这是因为,在一定政治系统的运行过程中,这种表征为积极的情绪体验和心理倾向的思想意识往往能够起到凝聚人心的作用,从而保障该政治体系在获得其组成成员之广泛情感认同的基础上,进一步获得维持其存在及发展壮大的充沛的生命力。这将帮助该政治体系以强大的战斗力和向心力,去有效增强全体成员的热忱和忠诚。

在参与型政治文化认同的语境中,我们同样不能忽略作为这种情感之主体的政治个体或社会群体。就政治情感的基本逻辑而言,置身于这种参与型政治文化认同实践中的政治个体或社群,在现实的生活中,不仅是奉

---

① 王浦劬等:《政治学基础》,北京大学出版社2006年版,第237页。

公守法、明晰政治权利和政治义务的优秀成员或良善群体，同时也是态度积极、满怀赤诚，时刻愿意同他人或其他群体进行不同程度的团结合作，以推进既定政治议程或政治实践的主动型成员或团队。在通常情况下，对于特定政治系统、政治关系或者政治实践拥有较为积极明确且强烈的政治情感的政治个体或社群，往往比那些没有确定政治情感或者政治情感不太强烈的政治主体，更为乐意介入政治实践和政治传播过程，并在其中扮演一定角色，比如主动了解已发生或正在发生的政治事件，并及时表达自己的看法或诉求等。

在现代意义上的民族和国家的政治发展进程中，这种基于明确政治情感的驱动而产生的政治个体或社会群体的政治行为倾向和实践模式的现实存在，不仅是我们建构一定社会公民理性和公共精神的客观需要，也是我们在现实社会政治生活中，有序推进一定政治系统或者政治实体之基本运行体制日益走向民主化的重要条件。现代民主政体的确立，在人类文明史上首次实现了主政者正当性同政治体制正当性之间在良性互动基础上的分离，并进而将一定政治系统的正当性与合理性，建基于获得其所统治和管辖下的政治个体或社会群体的信任和支持的基础之上。这种信任和支持，在现实的社会政治生活中，通常表现为社会大众的积极而有序的政治参与。在西方学者看来，社会大众的这种参与型政治文化认同是十分重要的。比如，美国学者卡尔·科恩（Carl Cohen）在《论民主》一书中便提出了"民主决定于参与——即受政策影响的社会成员参与决策"的论断。在卡尔·科恩看来，特定政治系统或政治实体之运行和发展的民主化程度，在一定意义上是由构成该系统的社会成员参与决策的范围和程度所决定的。具体而言，"受政策影响的社会成员中实际或可能参与决策的比率"，决定了"民主的广度"；"参与者参与时是否充分"，决定了"民主的深度"。而"有关公众在哪些问题上享有最后决定权"，则决定了"民主的范围"。① 同属美国学术阵营的另一位政治学者塞缪尔·P.亨廷顿将政治系统或政治实体的民主化标准进一步提升。他指出，政治现代化最基本的方面，是整个社会的各

---

① 参见［美］科恩：《论民主》，聂崇信、朱秀贤译，商务印书馆1988年版，第12、21、25—26页。

种社会集团在村镇以上层次参政,以及发展了诸如政党那样的新的政治体制以组织参政。①根据塞缪尔·P.亨廷顿的界定,我们可知,在一定政治系统或政治组织的运行实践中,衡量该政治系统或者政治组织民主化和现代化的重要标准有两个方面:一个方面是判断其是不是涵摄基层社会公众在内的有组织的政治参与,另一个方面是评估这种有组织的社会公众政治参与的组织程度和参与程度。可见,无论是卡尔·科恩还是塞缪尔·P.亨廷顿,对于民主的界定均基于社会公众的有序的政治参与。而这种政治参与,毫无疑问是建立在社会公众对参与这种政治实践的积极的态度、强烈的情感和坚定的意志基础之上的。

习近平总书记在党的十九大报告中明确指出:"我国社会主义民主是维护人民根本利益的最广泛、最真实、最管用的民主",强调要"扩大人民有序政治参与,保证人民依法实行民主选举、民主协商、民主决策、民主管理、民主监督……巩固基层政权,完善基层民主制度,保障人民知情权、参与权、表达权、监督权"。②习近平总书记在党的二十大报告中进一步明确指出:"人民民主是社会主义的生命,是全面建设社会主义现代化国家的应有之义。全过程人民民主是社会主义民主政治的本质属性,是最广泛、最真实、最管用的民主。""我们要健全人民当家作主制度体系,扩大人民有序政治参与,保证人民依法实行民主选举、民主协商、民主决策、民主管理、民主监督,发挥人民群众积极性、主动性、创造性,巩固和发展生动活泼、安定团结的政治局面。"③要实现此目标,一方面需要社会公众具有参与社会政治实践的基本素养和能力;另一方面,也是更为重要的方面,需要广大人民群众具有对于这种参与型政治实践的积极的态度、较为强烈的情感及渐趋坚定的意志和决心。诚然,正如政治素养和政治能力的形塑需要基于实践一样,社会大众的政治态度、政治情感和政治意志的培养,

---

① 参见[美]塞缪尔·P.亨廷顿:《变动社会的政治秩序》,张岱云等译,上海译文出版社1989年版,第40页。
② 《习近平谈治国理政》第三卷,外文出版社2020年版,第28、29页。
③ 习近平:《高举中国特色社会主义伟大旗帜　为全面建设社会主义现代化国家而团结奋斗——在中国共产党第二十次全国代表大会上的报告》,人民出版社2022年版,第37页。

也需要植根于这种以参与型为特征的广泛的政治文化实践之中。

3.明晰参与型政治文化认同的实践模式

在一定国家、民族的政治系统和政治实践进程中,我们对参与型政治文化认同的心理机制和情感逻辑的认知和理解,归根结底,需要落脚于对其实践模式的探索与把握中。西方学者通常将公民政治文化理解为一种独特的文化范式,认为它是一种"建立在沟通和说服基础上的多元文化",一种"一致性与多样性共存","允许变革,但必须有节制地进行"①的文化,以对于民主的信念、浓厚的参与意识以及较为鲜明的权责观念为其构成要件。在一定意义上,西方社会公民政治文化的这种要素系统及其相互间的互动关系,既是西方国家所追求的现代化的内在机理,又是其实现现代化进程的内在动力和外在的保障。诚然,就其本质而言,鲜明的阶级性,是民主政治的本质特征。对此,马克思主义经典作家们作过明确的说明。根据马克思主义的阶级分析方法,我们可知,在阶级社会,处于统治地位的阶级或者特定政治集团,不仅是作为政治和经济权力的掌握者,对整个社会进行统治,而且还"调节着自己时代的思想的生产和分配"②。在这里,所谓思想的生产和分配,一般是指统治阶级实现其对于整个国家、社会的政治统治所需的意识形态认同,并将其用于塑造所在整个社会的全体成员的思想意识,并进而稳固其统治基础的实践过程。从政治学的维度来说,这一过程,其实就是推进社会公众在特定政治体系中逐步实现政治社会化,孕育、形成和最终实现政治文化认同的过程。当然,这种政治文化认同目标的实现,是离不开社会公众对于整个政治系统或政治组织之政治进程的有序而深入的政治参与的。

在世界范围内,自二战结束特别是20世纪70年代以来,在全球化的冲击下,一些发展中国家效仿西方发达国家模式纷纷开启所谓的民主化转型,有的带来了沉痛的教训。还有一些新兴国家走上自主探索现代民主国家发展道路,积极改革政治体制,有序扩大公民合法有效的政治参与,实现了

---

① [美]加布里埃尔·A.阿尔蒙德,西德尼·维巴:《公民文化:五个国家的政治态度和民主制》,徐湘林等译,华夏出版社1989年版,第8页。

② 《马克思恩格斯选集》第1卷,人民出版社1995年版,第99页。

经济社会的有序发展。就我国而言，自改革开放以来，随着民主法治意识的增强和受到利益格局变革的影响，社会公众的政治参与无论在深度，还是在广度上均获得了长足发展，不断推动实现国家治理体系和治理能力现代化。诚然，我们也不能为此盲目乐观。客观地说，现阶段我国社会公众的政治参与能力和水平，在总体上还不够成熟、不够完善，与社会主义民主制度的本质要求以及我们建设和优化中国特色社会主义政治文化生态的目标相比，还存在一些差距，需要我们在发展社会主义民主的政治实践过程中，有意识地组织和引领广大社会公众有序的政治参与。在其参与政治实践的过程中，注重普及政治常识，训练政治技巧，学习政治规则，在增强对中国特色社会主义制度的政治认知基础上，激发政治情感，提升政治效能感，循序渐进地深化其参与型政治文化认同意识。就其实质而言，参与型政治文化及认同的形成，是一个渐进的过程，社会大众参与意识的形成、参与技术的普及以及政治体系对公众参与的开放与认同等，都离不开社会公众政治参与的丰富而具体的实践。

我们认为，在当代中国推进社会大众合法有序的政治参与的总要求是：在社会主义民主制度体系框架下，以发展全过程人民民主为目标，推进公众政治参与制度化、健全政治参与的有序性和监督功能、扩大政治参与的社会性，不断培育广大人民的主体意识、参与意识、权利义务观念、自由平等观念，不断增强民众的民主与法治的理想信念和精神、遵纪守法的习惯，以及宽容、协商的态度和胸怀，从而逐步培育出理性而成熟的政治文化，形成具有中国特色和风格的社会大众参与型政治文化认同。其具体实践模式主要包括以下三个方面。

首先，新时代我国公众政治参与的发展，必须是在中国特色社会主义民主政治的总格局中的发展。社会主义民主政治制度的本质是人民当家作主，这也决定了社会主义国家必须最大程度实现广大人民群众广泛的政治参与。但政治参与的实现程度与一定的社会历史发展条件相适应，社会历史条件往往制约着民众政治参与的深度和广度。这样的社会历史条件通常包括政治体制及其运行机制的完善程度，以及民众整体的政治素质。我国民众政治参与实践中存在着客观的矛盾，即政治制度的本质要求与特定社会历史条件下的政治参与实现程度之间，存在着需要调和的现实矛盾，有一个度的适当与平衡问题。当民众的政治参与超过了适度，参与层次和范围上的过度会导致政治体制及其运行机制的吸纳能力和问题处理能力难以跟上，对人们的利益诉求难以有效整合，广大民众政治参与的效能感就会降低，有时会引发破坏性参与，导致政治不稳定，政治发展停滞不前乃至出现倒退。国外一些国家和地区已有的经验教训也表明，能否解决好转型期社会公众的政治参与问题直接关系到现代化的成败。基于此，必须对社会大众的政治参与进行协调，引导和规范社会大众进行适度的政治参与。也就是说，要把握社会大众政治参与的运行方向，促进良性发展以实现既定的政治目标。对于我国这样一个正在进行社会主义现代化建设的国家，除了要对人民群众的政治参与有一个适度和平衡的要求，还要求必须遵循一个基本原则，那就是政治参与必须符合政治总格局的要求。对此，我国学者王惠岩指出："政治总格局是指一个国家中代表各阶级、阶层以及其它群体的政治组织之间与国家政权的相互关系及其运行机制。换言之，是指代表各阶级、阶层及其它利益群体的政治组织在国家政权中的地位及其相互作用的机制。"[1]政治总格局反映了一个国家政治发展的本质属性要求，体现了一个国家政治参与发展必须遵循的原则性。我国政治参与的发展不能改变这个政治总格局，改变就意味着社会主义政权性质的改变。苏联东欧社会主义国家后期之所以发生剧变，都是因为打破了维护社会主义政权性质的政治总格局。在政治总格局内进行调整完善是可以的且要持续进行，这是政治参与的发展所要坚持和研究的重要方面。

其次，必须在坚持社会主义性质的前提下，优化和落实我国民众政治参与基本格局。当代中国的政治参与发展，就是要在遵循中国特色社会主义民主政治总格局的前提下，坚持中国共产党领导和社会主义道路，发展全过程人民民主，健全人民当家作主制度体系，发展完善宪法和法律规定的各项政治参与权利，扩大人民有序政治参与。[2]为此，一是，我们要依据

---

[1] 王惠岩：《当代政治学基本理论》，天津人民出版社1998年版，第126页。
[2] 参见习近平：《高举中国特色社会主义伟大旗帜 为全面建设社会主义现代化国家而团结奋斗——在中国共产党第二十次全国代表大会上的报告》，人民出版社2022年版，第37—38页。

宪法和法律的规定，增强人民当家作主的制度保障，支持和保证人民通过人民代表大会行使国家权力，保证各级人大都由民主选举产生、对人民负责、受人民监督，切实保证人民依法实行民主选举、民主协商、民主决策、民主管理、民主监督。二是，我们要把全面发展协商民主作为实践全过程人民民主的重要形式，不断丰富完善协商民主体系，推进协商民主多样、多层、制度化发展。三是，我们要把积极发展基层民主作为全过程人民民主的重要体现，健全基层党组织领导的基层群众自治机制，发挥各群体性政治团体和基层组织的民主参与和民主监督作用，拓宽有序参与基层治理渠道，保障人民依法管理基层公共事务。

最后，在引领广大民众实现积极政治参与的基础上，努力培育参与型政治文化，形塑参与型政治文化认同。我们知道，在社会大众的日常政治实践中，参与型政治文化的构建，还需要以疏通和拓宽社会参与渠道以及与时俱进地变革政治参与方式等发展参与主体的意识和能力。具体来说，落实方法主要有三个方面。一是正面引导和积极增强社会大众政治参与的愿望与要求。通过教育宣传，积极提高民众的政治参与素养，特别是增强政治认知、培育政治情感、培育参与技能、形成正确的政治态度和政治观念；同时积极引导民众增强对国情的认知，增进对政治参与度的认识，了解政治参与与政治稳定、社会安全的关系。二是积极拓展政治参与的渠道，实现社会大众政治参与的日常化和生活化。主要措施包括：拓宽已有的政治参与渠道，特别是适应新技术、新媒体发展的需要，不断丰富网络政治参与、电子投票等渠道和形式，从而有利于及时凝聚社会共识，推动国家治理体系和治理能力现代化。制度化吸纳新的社会阶层和社会群体参与政治生活，及时为他们提供法律和制度保障。畅通社会大众政治参与的各环节，避免因中间环节过多导致信息传递失真和变异。三是规范引导广大人民群众的政治参与行为。根据政治参与与政治发展、社会稳定的关系原理，特定的政治体系会根据自身的承受能力和政治、经济、文化发展水平状况，通过制定法律、法规和制度，积极引导、合理吸纳社会群体和成员的政治参与，也会对参与的目标和范围、方式和方法进行制度化规定。这一举措控制和避免了非制度性参与，有效引导了政治参与主体合理、有序的制度化参与，使之逐渐成为具有较高政治理性和较为明确的政治主体意识、平等意识、政治权利意识和契约意识的，能够当家作主的，积极投身中国特色社会主义事业的参与者和实践者。

（二）增强主导型政治文化认同，夯实政治生态的社会思想基础

从社会心理学的维度来看，在一定社会的政治系统或政治组织中，人们的政治心理可谓其政治思想赖以存在的必备基础和必要前提，也在一定程度上表征特定民族和国家中政治个体对于日常政治现象和政治实践的感性认识，并通过具有明确阶级属性的政治情绪、政治情感、政治意志和政治习俗得以体现。在政治个体或者社会群体的政治发展过程中，一旦人们的政治认知达到这种具有强烈感性色彩的社会心理体验阶段，并渐趋稳定成形之后，便会形成一定的政治态度和政治价值取向，在此基础上进而逐渐形成稳定的政治价值观。一般认为，政治价值观是"指人们对政治世界的看法，包括看待、评价某种政治系统及其活动的标准，并由此形成政治主体的价值观念和行为模式的标准"[①]。就现代意义上的民族和国家的民主政治建设实践而言，民主政治的发展和完善，不仅要依靠法律和制度上的建构和设计，而且还要有以民主政治理念、普遍的参与意识以及权利义务观念为要素的社会大众的政治文化认同来予以保证。在一个政治系统或政治组织中，当一种具有鲜明政治倾向和价值选择标准的，为广泛的社会大众群体所接受和认同的政治文化，逐步渗入该政治系统或政治组织的公共政治活动之中，并进而成为整个社会主导性的价值倾向时，该政治系统和政治组织的凝聚力和向心力也将相应地大大增强。

对于上述特定国家和民族中，那些基于主导价值认同而形成的政治文化倾向，马克思主义经典作家们都已经给予了明确的肯定和详尽的分析。

[①] 陈义平：《政治人：模铸与发展——中国社会转型期的公民政治分析》，安徽大学出版社2002年版，第175页。

比如，早在19世纪中叶，马克思便分析了这种主导型政治文化认同在一定社会形态中的地位及其基础，他指出："在不同的占有形式上，在社会生存条件上，耸立着由各种不同的、表现独特的情感、幻想、思想方式和人生观构成的整个上层建筑。整个阶级在它的物质条件和相应的社会关系的基础上创造和构成这一切"①。恩格斯后来进一步指出这种主导型政治文化的表现形式和历史作用："经济状况是基础，但是对历史斗争的进程发生影响并且在许多情况下主要是决定着这一斗争的形式的，还有上层建筑的各种因素：阶级斗争的政治形式及其成果——由胜利了的阶级在获胜以后确立的宪法等等；各种法的形式以及所有这些实际斗争在参加者头脑中的反映；政治的、法律的和哲学的理论，宗教的观点以及它们向教义体系的进一步发展。"②到了20世纪20年代，列宁更进一步指出："政治文化、政治教育的目的是培养真正的共产主义者，使他们有本领战胜谎言和偏见，能够帮助劳动群众战胜旧秩序，建设一个没有资本家、没有剥削者、没有地主的国家。"③

马克思、恩格斯及列宁对一定政治系统或政治实体中主导型政治文化之重要功用的肯定和强调，一再提醒我们，在日常的政治生活实践中，必须高度重视对这种主导型政治文化认同的认知、理解和实践性建构。这种主导型政治文化又是如何"确定基调和方向"④的呢？众所周知，在人类文明的长河中，作为人们生存与发展之重要载体的政治社会，并不是许多政治个体的松散集合，而是一个彼此契合、相辅相成的利益共同体。在人类社会的政治生活实践中，不同的政治个体之所以能够实现融自洽与协同为一体的发展状态，离不开主导型政治文化及其作用机制。具体而言，这种发展状态的形成，依赖于政治系统和政治实体中客观存在的主导型政治文化，它不仅描绘了政治组织的美好未来，还坚持共同的信念，特别是这种主导型政治文化对政治系统中各种亚文化形态的引领和整合，使得政治生

---

① 《马克思恩格斯选集》第1卷，人民出版社1995年版，第611页。
② 《马克思恩格斯选集》第4卷，人民出版社1995年版，第696页。
③ 《列宁选集》第4卷，人民出版社1995年版，第306页。
④ [美]戴维·伊斯顿：《政治生活的系统分析》，王浦劬等译，华夏出版社1999年版，第232页。

活中客观存在的多元价值取向之间能够在一定程度上保持着合理张力。这样在强调和维护社会主流价值观念的前提下，逐步实现了凝聚共识、保持社会活力和有序发展的根本要求。

我们知道，世界各民族都有自己特定的政治文化，这些文化在本民族共同体的历史背景和现实结构中以其独特的表现形式和价值取向，区别于其他民族的政治文化。对于新中国而言，56个民族组成中华民族大家庭。一方面，每个民族都拥有本民族独特的政治文化倾向，在政治认知水平、政治情感表达方式、政治价值取向等方面展现出各自的特色。另一方面，生活在中华民族大家庭中的56个民族的每一个成员，根本利益是一致的，都享有当家作主的政治权利，都是国家政治生活的主人，也都怀有作为中华民族一员的深刻自信、自豪与文化价值认同。诚然，在新时代的中国，面对实现中华民族伟大复兴和建设社会主义现代化强国的历史重任，建构具有鲜明民族特色和彰显主流文化价值观的主导型政治文化认同，是我们在推进中国特色社会主义政治文化生态建设的历史征程中，必须首先关注并积极实践的紧迫任务。

1.诠释中国价值的"源"与"流"

早在170多年前，马克思和恩格斯在探讨生产力与生产关系、经济基础与上层建筑辩证统一的基本规律时，便已完成了对人类社会基本结构的理论建构。在马克思主义者看来，作为人类社会重要表现形式的文化结构，不仅是上层建筑的重要组成部分，而且关乎人类思想的进步和文明发展的水平。而在人类社会的文化结构之中，政治文化毫无疑问是最为重要的组成要素之一。尤其是在阶级社会，政治文化的作用更为明显。具体说来，在阶级社会中，政治文化之所以能够发挥出巨大的社会历史作用，主要是因为它能够引导政治个体和社会群体的思想意识并塑造他们的价值观。对此，马克思强调指出："统治阶级的思想在每一个时代，都是占统治地位的思想。"[①]纵观我国从尧舜时代开始，历经夏、商、周、秦、汉、魏晋南北朝、隋、唐、宋、元、明、清，直至近现代以来的中华文明发展史，尤其

---

① 《马克思恩格斯选集》第1卷，人民出版社1995年版，第98页。

是自秦汉以来2000多年的阶级社会发展史，如果没有为所有中华儿女认同和践行的"中国价值"的支撑、熏陶、引领和凝聚，不仅不可能成就人类历史长河中唯一一个从未断绝过的中华文明之形态，而且也不可能铸就中国社会长期政治历史发展进程中客观存在的治大于乱、兴长于衰的大一统的中华民族的伟大荣光。

就其渊源而言，在中华文明的历史长河中，关于价值的探讨起源于尧舜时期基于禅让制道德实践和政治伦理的朴素思考，以及先秦时期以儒墨道法等学派为代表的关于社会治理的"百家争鸣"，但就其对中国社会政治发展进程产生的深远影响而言，以孔孟为代表的儒家价值观念，自汉代以来即被官方认可并大力维护和推广，无疑成为贯穿于整个传统中国社会乃至近现代中国发展历史的中国价值的重要思想营养和文化土壤。其历史作用，南宋哲学家朱熹曾言，"天不生仲尼，万古如长夜。"①根据学界相关学者的划分，以儒家价值理念为核心要素的中国价值观念系统的历史演变，大致可以分为五个阶段。

其一是先秦儒家价值观诞生时期。这一时期的中国社会，政治风云激荡，思想空前活跃，思想家、政治家辈出。仅就儒学学派来说，就诞生了孔子、孟子和荀子等思想大师，在他们共同努力下，先秦儒学应运而生。就其价值体系而言，先秦儒家学派主要致力于构建以"仁"为核心的道德规范和道德理想，从理论上阐释"仁、义、礼、智、信、孝"等伦理规范作为社会生活、人生目标基本价值追求的必要性、可能性和现实途径性。②

其二是秦汉时期儒家价值观的官方化。我们知道，自公元前221年，秦始皇统一六国，建立起中国历史上第一个封建专制王朝以来，为了维护其政治统治，处于社会上层的阶级，迫切需要在主流意识形态和核心价值层面实现统一。正是在此背景下，汉儒董仲舒提出的"罢黜百家，独尊儒术"被汉武帝采纳。由此，儒学彻底脱离原来游离江湖与庙堂之间的道德说教生存状态，嬗变成为统治阶级服务的政治意识形态，德政合一，以德统政，

---

① 参见吴育林：《当代中国价值问题与价值重构》，人民出版社2014年版，第124页。
② 参见吴育林：《当代中国价值问题与价值重构》，人民出版社2014年版，第124页。

在原有的"仁、义、礼、智、信、孝"的基础上,新儒学构建了以皇权为核心的"三纲五常"的政治道德价值体系,这套价值体系成为以后历代统治者推崇的核心政治道德价值观。①

其三是隋唐儒家价值观发展时期。在此阶段,中国社会思想文化和政治意识形态版图上出现了历史上少有的,以儒家价值观为正宗,把仁义道德视为治国的根本,儒、道、佛"三教"鼎立并存的局面,②以儒家价值观为核心的中国价值体系显示出其强大的吸引力、渗透力和改造力。

其四是宋元明新儒家价值观形塑时期。我们知道,在中国思想发展史上,宋元明时代是儒学发展的又一黄金时代,史称新儒学,其代表性的思想流派是程朱理学和陆王心学。在此时期,中国价值观念更加主张伦理道德的升值和强化。道学家们把儒家的道德价值绝对化,提高到"天理"的高度,以"存天理,灭人欲"的价值标准,确定价值目标,选择价值对象。③

其五是清末及其以后儒家价值观由衰落逐渐走向新生。晚清以降及至整个近现代,随着西方帝国主义列强的入侵和中国封建统治阶级的没落和蜕变,在半殖民地半封建的旧中国,作为政治上层建筑重要组成部分的以儒学为代表的"三纲五常"价值观受到了来自西方的以民主与科学为核心内容的现代文明价值观的激烈冲击而走向衰落。④

新中国成立以来,代表着广大人民群众根本利益的中国共产党人,在带领全党全国人民建设中国特色社会主义政治文化的历史实践中,逐步确立了批判继承中国传统价值观念和价值体系的基本原则,即运用马克思主义基本原理来分析和对待中国传统价值系统,并致力于在推进马克思主义基本原理同中国社会主义政治文化建设实际有机结合的过程中,促进中国传统价值观念和价值体系的创造性转化和创新性发展,来充分发挥其形塑华夏儿女全球意识、家国信念和民族情怀,凝聚全党全国人民对中国特色

---

① 参见吴育林:《当代中国价值问题与价值重构》,人民出版社2014年版,第124页。
② 参见吴育林:《当代中国价值问题与价值重构》,人民出版社2014年版,第124页。
③ 参见吴育林:《当代中国价值问题与价值重构》,人民出版社2014年版,第124页。
④ 参见吴育林:《当代中国价值问题与价值重构》,人民出版社2014年版,第125页。

社会主义政治制度和人民当家作主政治体制的认同感和归属感。同时，这也为发展具有鲜明中国特色的社会主义核心价值体系和社会主义核心价值观，提供丰富的精神营养、文化素材和思想意识土壤。

2.把握中国价值的"根"与"魂"

正如我们之前讨论的，对于特定政治系统和政治组织而言，在社会生活中居于主导地位的主流政治意识形态和主导价值观，在其政治文化体系中占据了核心地位。在一定意义上，这种意识形态和价值观不仅反映了该政治系统和政治组织根本价值取向，也体现了其主流政治文化的阶级属性。大家知道，随着新中国的成立，特别是1956年基本完成对农业、手工业和资本主义工商业的社会主义改造之后，社会主义制度得以确立。在随后探索社会主义建设的过程中，人民当家作主和拥有广泛的政治参与权利为内容的政治制度逐步建立和发展，中国特色社会主义民主政治体系日益丰富和完善。这表明，特定历史时期经济基础和社会结构的深刻变革，必然会在一定程度上对与之相应的政治和意识形态的上层建筑产生根本性影响。

从政治意识形态的维度来看，新旧制度的更替不仅引发经济、社会、政治等层面的利益格局发生变化，也必然导致政治个体乃至于整个社会群体心理意识、思想观念和价值取向的转变。总体而言，自新中国成立至今，在社会主义政治文化建设的实践过程中，虽然由于种种历史和现实的、主观和客观因素的多重影响，发生过一些失误，出现过一些曲折，但我们在坚持和捍卫马克思主义在中国政治和社会生活中的指导思想地位，维护和坚持中国共产党在国家政治和社会生活中的核心领导地位方面，始终是坚定不移的。这也是我们从长期的革命、建设和发展中总结出来的基本经验，也是自新中国成立以来，一直秉持至今的基本价值立场和利益出发点，它们构成了新中国成立以来中国价值的基石。

一方面，在探索中国特色社会主义发展道路的过程中，我们对马克思主义根本指导思想和中国共产党全面领导地位的坚持，是由社会主义的本质特征和马克思主义的性质所决定的。众所周知，社会主义国家的一切权力属于人民，而人民当家作主的政治地位，本质上是由党所领导的社会主义政治制度和政治体制来保障的。就其政治使命而言，我们党始终坚持以人民的利益为自身的利益和根本追求，坚持以人民为中心、以全心全意为人民服务为宗旨，没有任何私利。基于此，党的十九大明确提出："中国特色社会主义最本质的特征是中国共产党领导，中国特色社会主义制度的最大优势是中国共产党领导"①。党的二十大进一步明确提出："我们全面加强党的领导，明确中国特色社会主义最本质的特征是中国共产党领导，中国特色社会主义制度的最大优势是中国共产党领导，中国共产党是最高政治领导力量，坚持党中央集中统一领导是最高政治原则，系统完善党的领导制度体系"②。

另一方面，在长期的中国革命、社会主义建设和改革开放的伟大征程中，我们之所以能够在党的领导下取得一系列辉煌胜利，是因为我们党是由马克思主义这一科学的理论武装起来的革命政党。就其内容体系而言，马克思主义的科学性不仅在于它对于自然界、人类社会和人类思维运行变化发展规律的深刻解读，还在于其对于资本主义社会必然灭亡和社会主义共产主义社会必然胜利的历史发展趋势的客观揭示，从而指导我们透过现实社会的层层迷雾，看清和找到社会发展的必然归宿和美好未来，为我们持之以恒的奋斗提供不竭的思想动力和精神导引，也为我们在推进社会主义现代化建设和改革开放的伟大实践中，及时总结和凝练时代精神的中国价值新内涵提供了启示。2006年10月，党的十六届六中全会的召开，以及"社会主义核心价值体系"的提出，是我们党在马克思主义科学理论指导下，建设有中国特色社会主义政治文化实践中取得的重要理论成果，也是我们党在新时期中国价值建设实践中取得的新成就。

在党的十六届六中全会通过的《中共中央关于构建社会主义和谐社会若干重大问题的决定》中明确指出："马克思主义指导思想，中国特色社会主义共同理想，以爱国主义为核心的民族精神和以改革创新为核心的时代精神，社会主义荣辱观，构成社会主义核心价值体系的基本内容"，并提出要"坚持把社会主义核心价值体系融入国民教育和精神文明建设全过程、

---

① 《习近平谈治国理政》第三卷，外文出版社2020年版，第16页。
② 《高举中国特色社会主义伟大旗帜 为全面建设社会主义现代化国家而团结奋斗——在中国共产党第二十次全国代表大会上的报告》，人民出版社2022年版，第6页。

贯穿现代化建设各方面"①。社会主义核心价值体系提出之后，在中国价值观念的引领下，中国特色社会主义政治文化建设取得了长足发展。在党的十七大政治报告中，向全党和全国人民提出了"提高国家文化软实力"，"兴起社会主义文化建设新高潮"②的要求。更为令人鼓舞的是，2012年11月党的十八大召开时，党中央在政治报告中进一步向全党全国人民提出了"倡导富强、民主、文明、和谐，倡导自由、平等、公正、法治，倡导爱国、敬业、诚信、友善，积极培育和践行社会主义核心价值观"③的时代命题。这一命题，从国家、社会和公众个人层面，系统地提出了需要培育和实践的具体价值标准，对于规范广大人民群众的道德行为，提升其精神境界，丰富中国特色社会主义政治文化的时代内涵，构建中华民族共有精神家园，已经发挥并正在发挥着极其重要的引领作用。

3.谱写中国灵魂与世界视野的时代交响

进入新时代以来，随着我国改革开放的不断深化，经济建设取得了巨大成就，政治和文化事业也迎来了难得的发展机遇。在此背景下，社会主义核心价值体系和社会主义核心价值观的相继提出，为中国特色社会主义政治文化建设的实践注入了强大的动力，也帮助我们充分利用中国特色社会主义进入新时代的有利的历史条件，有效加快以新时代的中国价值为内核的主导型政治文化建设步伐，增强广大人民群众对于主导型政治文化的认同，奠定了扎实基础。

在新时代的中国，为了实现切实增强广大社会公众对主导型政治文化的认同，首先必须明确诠释这一主导型政治文化的确切内涵和丰富的内容体系。根据党中央对于中国特色社会主义文化发展道路的战略部署，以及新时代维护国家文化安全和推进社会主义意识形态建设，实现社会主义文化繁荣兴盛的实际需要，我们所要建设的有中国特色的社会主义主导型政治文化，应该是以马克思主义为指导，坚持中国共产党领导，保障人民当家作主的政治权利和国家安定团结，以弘扬社会主义核心价值观、坚定"四个自信"和

---

① 中共中央文献研究室：《十六大以来重要文献选编》下，中央文献出版社2008年版，第661页。
② 《胡锦涛文选》第2卷，人民出版社2016年版，第639页。
③ 《胡锦涛文选》第3卷，人民出版社2016年版，第638页。

践行"两个维护"为主线，以人民日常生活为基础，融合古今中外优秀政治文化资源，通过宣传教育、榜样引领和实践培养等方法，形成民族的、科学的、大众的社会主义主流文化。基于此，在广大人民群众的日常政治生活实践中，凡是有利于推进主导型政治文化建设实践的活动，我们都应该支持和鼓励，以加快中国特色社会主义政治文化建设的步伐。

其次，在增进人民群众对主导型政治文化认同的实践中，必须采取有效措施，以实现和深化我国主导型政治文化的社会化。一方面，要积极推进主导型政治文化的通俗化，采用为广大人民群众喜闻乐见的生活化的语言来阐述具有一定理论深度、同人民利益关系密切的话题，使抽象理论具体化、形象化，以促进政治个体和社会群体从感性认知到理性认识再到实践运用的顺利转化。另一方面，要努力推动主导型政治文化的普及化，使这种政治文化形态在社会政治生活的各领域发挥影响力，从而使得不同政治个体、不同职业领域和不同社会群体中的人都能够受到主导型政治文化的熏陶，推动社会主流意识形态向广大人民群众的政治心理顺利转化，进而逐步形成社会公众对主导型政治文化的认知、认同和实践。

最后，在增进人民对主导型政治文化认同的实践中，我们还要注重运用马克思主义的辩证唯物主义及历史唯物主义，坚持去粗取精、去伪存真、由此及彼、由表及里的基本原则，做好对古今中外政治文化资源的归集、整理、批判继承以及转化创新。大家知道，作为人类文明历史演进过程中产生的宝贵精神财富，无论是中华优秀传统政治文化，还是西方现代意义上的具有人文主义色彩的政治文化传统，均涵蓄了一些体现和彰显人类社会政治实践的普遍性的、规律性内容，对此要进行批判性吸收。同时，结合中国革命政治文化和社会主义先进政治文化，发展和完善新时代中国主导型政治文化的核心内容体系，使之成为推进主导型政治文化认同的重要载体和丰富思想资源。在形塑和增进社会大众主导型政治文化认同的实践中，我们要坚持运用马克思主义的立场、观点和方法，坚持以习近平新时代中国特色社会主义思想为指导，结合中国特色社会主义政治文化建设实践，做好对西方政治文化的批判性借鉴、对中华优秀传统政治文化的创造性转化和创新性发展，以助力广大人民在增强认知、培育情感、塑造价值观、树立理想信念等多层面对于中国特色社会主义主导型政治文化的认同，提升人们整体政治素养和文明水平，培育具有中国灵魂与世界视野、德才兼备的社会主义事业建设者和接班人，为构建中华民族美好精神家园凝聚强大精神力量、提供可靠思想保证、奠定坚实文化基础。

（三）厚植协同型政治文化认同，夯实政治生态的社会力量基础

文化嵌入社会结构，成为一种潜在的间接社会力量，文化的社会力量来自并实现于社会成员的认同。对于政治系统或者政治组织而言，形成尽可能广泛的政治文化认同是建构良好的政治生态必不可少的前提条件之一。从社会心理学的视域来看，无论是注重广泛参与和深度介入的参与型政治文化认同，还是注重主从关系和阶级本质的主导型政治文化认同，其思想意识的形塑和政治行为模式的选择，均离不开政治个体及社会群体间的交流与互动，尽管这些交往和互动带有明显的政治属性和意识形态倾向，不同于普通的人际交往和群体互动。作为一种本质上的政治实践方式，它对于通过交流和互动可能获得的良好的社会效益的期待和强调，与个体或群体成长与发展的基本方向是相一致的。基于此，我们可以对这种协同型政治文化认同进行初步的界定。所谓协同型政治文化认同，是指在一个特定的政治系统或者政治组织之中，基于实体意义上的不同政治个体和不同区域、部门、组织、层级的社会群体之间以及网络社会系统中的不同参与个体和群体之间的交流和互动实践，而形成的政治个体和社会群体对于该政治系统或政治组织的接受和认可，即乐意加入该政治系统或政治组织，参与其中的内外交往与互动，信奉其主流价值观，享受权利并承担义务的一种积极的政治态度、情感体验和价值选择。

协同型政治文化认同的基本特征主要有广泛性、妥协性和实践性等。具体来说，首先，这种协同型政治文化认同既涉及每一个政治个体，又涉及不同区域、部门、组织、层级的社会群体；既关涉社会公众的日常社会政治生活实践，又关联信息时代网络社会个体及群体的交往与互动，具有

影响面广、波及面大的属性。其次，这种协同型政治文化认同是以政治个体和社会群体之间的交往与互动为主要实践方式，这就需要参与交往的政治个体和群体之间要建立一种基于某种共同遵守的规则或标准的妥协趋同模式，以保证这种交往与互动顺利开展，从而实现一定的政治目标。再次，这种协同型政治文化认同，在本质上是一种思想意识层面的认知和理解活动，它源于特定政治系统或政治组织中的政治个体和社会群体的政治实践，而在其形成之后，又反过来指导人们的政治实践，是以人们的社会政治实践为基础的主观见之于客观的精神状态和思维方式。根据其含义和基本特征，我们可知，厚植协同型政治文化认同，不仅是特定政治系统或政治组织维持自身稳定和顺利发展的现实需要，也是其中每一个政治个体和社会群体成长和发展的内在要求。特别是对于我们社会主义国家中的社会公众而言，集体主义的主流意识形态和价值标准、家国情怀和大一统的民族意识的客观存在，使得我们对于这种协同型政治文化认同的建构更有自信。

1.阐释协同型政治文化认同的时代价值

在知识经济、数字化和人工智能时代，随着网络技术和载体的日益普及以及经济全球化、政治多极化趋势，开放和共享已经逐渐成为人类文明的一种新的表现方式和价值取向。新中国成立以来70余年的快速高质量发展，特别是正在经历的高水平改革开放和社会主义现代化强国建设的伟大实践，广大人民群众的物质生活水平大幅提升，政治素养和精神面貌也发生了翻天覆地的变化，中华民族由此迎来了实现伟大复兴的千载难逢的历史性机遇。同时我们也应该看到，数千年的封建专制传统及其对于中国社会大众思想意识、人格特征、思维模式、行为倾向等方面的影响依然不同程度地存在，面对我国社会总体不平衡、不充分的发展现状，从广大人民群众对于美好生活日益强烈的期待来看，从中国特色社会主义政治发展要求来看，广大人民群众的政治生活实践模式仍需要优化，社会的政治生态环境还有待于通过国家治理体系和治理能力现代化建设来改善。因此，在广大人民群众中培育和建构协同型政治文化认同变得尤为迫切。

具体而言，一方面，就其对内的价值来说，培育和建构协同型政治文化认同，有利于形塑新时代中国包容、理性、坦荡和开明的国民精神。我们知道，基于历史的和现实的诸般原因，时下的中国正处于社会转型发展的关键时期，利益固化现象一定程度客观存在，利益分配格局有待不断优化，城乡之间、地区之间、行业之间的收入差距较为显著，不可否认的是一些深层次矛盾和问题逐渐显现。同时，经济全球化背景下多元政治思潮的冲击，也造成不同个体、不同社群、不同阶层以及不同领域之间的观点分歧、思想碰撞乃至理念对立。这些思想意识层面的分歧、碰撞与对立，在一定程度上对于不同社会成员和群体之间在政治情感、政治态度、政治价值取向等层面的交往与互动产生障碍，也会在一定程度上影响不同社会成员之间以及政府与民众之间在重要问题上达成共识。因此，在新时代开展包容、理性、坦荡和开明的国民精神的培育，加快培育和建构全社会的协同型政治文化认同，不仅必要，更是一项紧迫的政治任务。

另一方面，就其对外的价值而言，虽然世界范围内冷战格局早已终结，政治多极化趋势日渐明朗，和平与发展已成为时代的主题，成为越来越多国家和人民的政治共识。然而，不可否认的是，基于历史和现实的种种原因，还存在着一些始终固守早已不合时宜的冷战思维和两极对立意识的政治人物和社会势力，他们有意识地利用手中所掌握的政治、军事和意识形态资源，蓄意制造摩擦，散布谣言，炮制虚假消息，以诋毁、破坏、扭曲像中国这样致力于构建人类命运共同体的社会主义新兴大国的形象。在南北国家之间，或者围绕着商品和资本的输入输出，或者围绕着地缘政治利益的博弈，或者基于域外势力的干预与反干预，也会产生这样或者那样的矛盾和冲突。就总体国际局势而言，面对着百年未有之大变局所带给我们的难得的历史性机遇，要统筹应对各种矛盾和挑战，以维护世界和平，促进共同发展，最终完成构建人类命运共同体的时代使命。这不仅需要党员干部和人民群众基于维护国家利益的立场，积极传递中国声音、传播中国价值，而且需要新闻媒体、文化娱乐和思想理论领域的社会机构和成员在广泛的国际交流、交往与互动中，积极"向世界展现一个真实的中国、立体的中国、全面的中国"[①]。这需要官方的、大规模的、理直气壮的、大手笔

[①]《习近平关于社会主义文化建设论述摘编》，中央文献出版社2017年版，第205页。

的大国外交、地区外交和周边外交，以在国际和外交场合表述中国价值立场，捍卫国家利益，维护国家形象，也需要众多非官方的公众性团体、民间组织、学术社团以及网络社会的广泛参与，共同讲好中国故事，传递中国作为一个文明之邦和礼仪之邦的真诚和善意，积极澄清国际社会对于中国的种种误读，回应种种质疑，充分展示民主的、进步的与和平的社会主义中国的强大魅力。而这一切，都需要我们基于日常政治生活实践，循序渐进地培育和建构公众的协同型政治文化认同，切实增强国家和民族的凝聚力、协同性和向心力，确保国家发展和民族振兴伟大目标的顺利实现。

2.创新协同型政治文化认同的培育机制

在新时代，培育和建立广大社会成员的协同型政治文化认同，既是对内团结和凝聚各阶层、各领域和各行业社会成员，协调和处理社会发展进程中的各种矛盾纠纷和利益冲突的现实需要，也是对外有效增强国家认同和民族认同，应对国际风云变幻，在捍卫国家、民族和人民利益的同时，讲好中国故事，传播好中国声音，形塑中国良好形象的重要条件，其时代价值和社会作用是显而易见的。因此，顺应时代的要求和现实的需要，结合政治文化认同的内在机制和规律，立足广大人民群众的社会政治实践，有步骤、有计划地建立、完善和优化协同型政治文化认同机制显得尤为重要。

从教育学、政治学和社会心理学的维度来看，在新时代创新和优化协同型政治文化认同的培育机制，既需立足于个体的政治认知、政治心理及政治实践活动的自主设计和自我发展，也需立足于家庭、学校和社会等思想文化和意识形态教育阵地的规范引领和集中规制；既需发挥传统教育载体和育人模式的集团作战、成熟系统和有序灌输的优势，也需关注、学习和把握网络、新媒体等新兴信息传播载体和教育模式的特色、功能及实施路径，积极贯彻落实，以潜移默化地引领个体和群体对于协同型政治文化认同的认知、理解和接受，达到全面渗透和无声润物的效果，增强协同型政治文化认同。

首先，培育协同型政治文化认同，依赖于社会成员对于个体成长和群体发展的自我认知、主动规划和内在驱动。依据马克思主义基本原理，事物发展的内因和外因相辅相成、不可分割，共同作用于事物发生和发展的全过程。诚然，就二者的关系而言，相较于外因，内因是更为决定性的因素。因此，在实践中尊重个体或群体成长和发展基本规律的同时，有意识地激发其主观能动性、促进其内在动能的转化，便是培育协同型政治文化认同的重要方法。对当代中国的每一个社会成员而言，宪法赋予的当家作主的政治地位，日益丰富和便捷的政治权利的行使机会，以及建基于爱国主义和集体主义、以团结互助为特征的新型社会主义人际关系，都为其主观能动性的发挥，提供坚实基础和强大助力。

其次，培育协同型政治文化认同也依赖于家庭和学校等传统思想文化和意识形态教育阵地的有计划、有步骤和有组织的教化与指导。我们知道，家庭是社会的细胞，也是我们人生成长的第一站，是个体政治社会化的起点。对于每一位社会成员来说，父母可谓首任政治导师。在家庭环境中，父母的人格化权威是自然形成的，并借由种种无意识和非正式的渠道，直接或者间接地塑造着子女的政治心理和价值取向，进而在子女未来的人生历程中潜移默化地影响其政治立场、政治态度和行为模式。在新时代，家庭教育模式也需因时而新。父母应致力于培养孩子的独立思考能力、责任和担当意识、爱国守法的政治情怀及现代公民观等。学校作为系统政治文化熏陶和思想意识锻造的场所，担负着培育政治情感、传授政治知识、塑造政治人格、倡导政治担当和培养政治忠诚的使命。新时代的学校教育还应培养学生的参与精神、民主意识和革新理念，为有序推进中国特色社会主义民主政治建设、发展全过程人民民主培育合格人才。

再次，培育协同型政治文化认同需要依赖政党、政府、社区、社会团体、大众传媒和网络载体等各种社会机构、平台与社会力量的共同参与。就其本质和形成规律而言，特定社会个体或群体政治文化认同的养成可谓一项系统工程，既不可能一蹴而就，也不能仅靠单打独斗，它需要各种社会力量的深度参与和协同合作。在各种社会力量之中，政党和政府无疑是拥有最大影响力的机构。在培育协同型政治文化认同的实践中，政党和政府可以基于自身的政治属性及功能，持续不断地将一些社会成员、社会政治团体整合入特定的政治教育机构，通过一系列政治教化和业务培训，引导社会成员认知和把握政治实践规则，同时培养政治骨干和后备力量，以推进政治议程和政治目标的实现。社区、社团和公益组织,是又一重要的政治社会化机构,是社会成员习得并逐步增强当家作主的政治意识的教育训练基地,也是增强公民政治参与的舞台。在实践中,社区、社团和公益组织一方面要顺应时代要求和人民的期待,加强民主化、专业化和透明化建设;另一方面,要积极创造条件,稳步推进专业机构和社会公众对于自身活动和社会实践过程的全面参与和监督,以促进协同型政治文化认同的建构,并有效提高本组织的社会认同度和美誉度。在新时代,随着信息技术的普及和全过程人民民主的推进,大众传媒和网络载体已成为社会公众参与党和国家政治生活和社会管理的重要渠道和阵地。就协同型政治文化认同的培育和建构来说,大众传媒和网络载体可以为社会公众提供平等的协商讨论及意见交流的平台。在合法合规和理性的基础上,这些全新的平台超越了时间和空间的限制,促进了不同社会成员和群体之间的交流与互动,有利于政治文化信息的传播以及主流意识形态和政治价值观的塑造,这对于发展中国特色社会主义政治文化、构建积极健康的政治生态、凝聚共识、整合力量具有重要作用。

3.优化协同型政治文化认同培育效果的评估和完善机制

作为一项实践性和过程性的社会政治活动,协同型政治文化认同的培育和建构,不仅事关社会公众参政议政思想意识和政治能力的塑造,而且与特定政治系统或者政治组织的成长与发展密切关联。因此,为了确保这种政治文化认同在思想意识和价值理念方面的培育工作持续有效,并取得理想成效,我们必须建立并不断完善这种社会政治实践活动的评估和优化机制。那么,何谓政治文化认同的评估和优化呢?理解这一概念,我们先要从政治评价说起。从政治学的视域来看,所谓政治评价,是指在一定政治系统或政治组织中,社会成员个体或群体对于特定政治组织、政治制度、政策方针、政治过程及其成效的一种价值判断。这种评价通常表现为社会成员个体或群体对于特定政治立场与政治价值的认同,以及对于一定政治行为的选择。明晰了政治评价的含义后,我们再来解释政治文化认同评估的含义。所谓政治文化认同评估,是指在一定政治系统或政治组织中的社会成员个体或群体,基于本阶级或者本组织的政治立场和政治价值取向,对某种政治态度、政治思想、意识形态或政治选择所作出的是与非、优与劣以及善与恶的价值判断。

由上述概念出发,我们进而对协同型政治文化认同培育效果的评估和完善机制进行简要的界定。就其实施的基本程序来说,所谓协同型政治文化认同培育效果的评估机制,是指按照某种既定的标准和参照系统,对于一定政治系统或政治组织中的所有社会成员个体或群体,基于交往和互动实践而产生的对于该政治系统或政治组织接受和认可的程度,同教育和引导社会成员个体或群体以产生这种政治文化认同之实践间的关联程度进行评定和衡量的操作规程。按照此定义,在付出了同样的教育和引导下,社会成员个体或群体对于所在政治系统或政治组织的接受和认可程度越高,培育效果就越好。反之,效果就越差。由此,我们认为,所谓协同型政治文化认同培育的完善机制,是指根据这种协同型政治文化认同培育效果的评估结果,结合政治文化认同的产生机理和运行逻辑,来对培育和建构协同型政治文化认同的实践模式进行选择和优化的具体操作规程。基于以上我们对于协同型政治文化认同培育效果的评估和完善机制的厘定可知,在日常社会政治生活实践中,要顺利完成协同型政治文化认同培育效果的评估并进而建立更完善的培育机制,以优化社会成员个体或群体对协同型政治文化认同的培育工作,推进良好的政治生态建构,需要我们从以下三个方面进行实践探索。

首先,探索确立评定和衡量社会成员个体或群体协同型政治文化认同培育效果的具体标准和参照系统。在建设中国特色社会主义现代化国家进程中,广大人民群众当家作主的政治地位既有法律依据,又有制度保障,从而为全体社会成员建构协同型政治文化认同提供了重要条件。诚然,数千年封建专制统治遗留的官本位思想、特权意识等庸俗的政治文化传统以及植根于长期自给自足自然经济土壤中的小农意识和思维习惯,仍在一定程度上对社会成员之间的交往、交流与互动带来消极影响。基于此,如何根据我国民主政治建设的现实国情,消除传统政治文化负面影响,同时满足现代文明发展需求,能够充分保障人民群众当家作主政治权利,建构具有中国特色的社会成员协同型政治文化认同之培育效果的衡量标准和价值参照系统,是我们面临的一项现实课题和急迫任务。

其次，分析探究社会成员个体或群体协同型政治文化认同的思想意识和价值理念的产生机理和运行逻辑。从社会心理学的视域来看，培育协同型政治文化认同，一方面不仅需要明晰不同社会历史时期和发展阶段的社会成员个体或群体的阶级属性、阶层特点及其价值取向，而且要把握社会成员个体或群体的交流、交往和互动中产生的思想意识、情感倾向和政治价值观念；另一方面，还需要梳理、整合和形塑认同主体和认同客体之间思想意识和价值信息输入、消化和输出的运作模式，进而深入认知和理解政治认同主体之间、主客体之间基于政治交往和互动实践而形成的政治认知、政治情感、政治态度、政治意志，并最终形成特定政治行为模式的政治实践过程，规范和引导协同型政治文化认同的基本范式和发展方向。

最后，创造性建构社会成员个体或群体培育协同型政治文化认同的良性机制，推动整个社会政治生态的良性发展和不断优化。人类文明的发展是永无止境的，在时代发展、社会进步和实践稳步深化的新时代，培育和建构社会成员个体或群体协同型政治文化认同机制的社会政治实践活动，也需要与时俱进和发展创新。那么，如何实现这种创新呢？我们认为，一方面要坚持实事求是的基本原则，客观分析和科学评估在新时代培育和建构协同型政治文化认同的必要性与可能性、有利因素与不利因素、现有机制和实施现状；另一方面要秉持创新意识，富有创造性地开展工作，在充分尊重现状的基础上，坚持在党和国家的坚强领导下，从维护和保障广大人民群众之根本利益的立场出发，大胆吸收和借鉴古今中外社会政治生活中关于培育社会大众协同型政治文化认同的有益经验，并结合政治文化认同实践的基本规律及新时代中国特色社会主义民主政治建设的实际需要，坚持在具体实践中，勇于迎接挑战，大胆探索创新，最终走出一条富有新时代气息、彰显中国特色、坚持以人民为中心、充分显示我国社会主义政治制度优越性的社会政治实践新路，为促进政治生态优化和建设高度的社会主义政治文明作出贡献。

附录一：村民政治文化与村庄选举政治生态调查问卷[①]

调查地点： 省 市（县） 乡（镇） 村

一、基本信息（定位村民所在阶层）

Q1：您的性别：1.男（68.8%）2.女（31.2%）

Q2：您的年龄：1.18—45周岁（38.1%）2.46—60周岁（36.8%）3.61岁以上（25.1%）

Q3：您的政治面貌是：1.中共党员（28.6%）2.民主党派（0.6%）3.群众（70.8%）

Q4：您目前主要的职业为：

1.务农（64.4%）2.务工（13.4%）3.私营企业主（4.0%）4.专业技术人员（2.1%）5.公务员（1.0%）6.无工作（8.2%）7.其他（6.8%）

Q5：您的文化程度为：1.小学及以下（26.3%）2.初中（48.6%）3.高中或中专（17.6%）4.大专（4.7%）5.大学本科及以上（2.9%）

二、村民政治文化状况

Q6：您认为村干部最主要的职责是：

1.带领大家致富（82.5%）

[①] 王思琴：《村民参与民主选举的行为研究》，安徽大学硕士学位论文，2019年。这是作者指导的研究生，当时她积极参与了调研问卷设计，并在毕业论文中对部分成果进行了研究和吸收。

2. 做好村庄的日常管理服务工作（7.9%）

3. 办理政府交办的各种事务（1.3%）

4. 做好村庄基础设施建设（5.1%）

5. 其他：_____（0.9%）

6. 不清楚（2.3%）

Q7：您了解村委会干部候选人是怎么确定的吗？

1. 非常了解（38.3%）

2. 了解（38.2%）

3. 一般了解（9.2%）

4. 不了解（14.3%）

Q8：您参加投票是：

1. 自己积极主动参与的（85.4%）

2. 被动员或组织要求的（9.3%）

3. 因为有补贴或奖励才去的（0.3%）

4. 大家都去我也去（5.1%）

Q9：您觉得村委会干部候选人应由谁来提名产生？

1. 我们村民自己来推荐（82.6%）

2. 上级党和政府来推荐（5.2%）

3. 原村委会来推荐（5.1%）

4. 不清楚（7.1%）

Q10：您认为村里的事主要是：

1. 我们自己的事，每个人都应该参与（79.1%）

2. 村干部的事（9.2%）

3. 党和政府的事（5.4%）

4. 不清楚（6.3%）

Q11：您会主动到村委会参加选民登记吗？

1. 会（87.1%）

2. 不会（12.9%）

Q12：您愿意联名推荐村委会干部候选人吗？

1. 愿意（79.9%）

2. 不愿意（20.1%）

Q13：您最终是如何投票的？

1.前期进行深入了解，慎重做出选择（67.5%）

2.按候选人顺序（11.2%）

3.根据和自己的关系来确定（2.2%）

4.先问问别人选谁，再做决定（2.2%）

5.根据当时简要的了解，做出选择（9.1%）

6.无所谓，随便选（5.9%）

7.我没有参加投票（1.9%）

Q14：您对本次村委会选举的总体评价是？

1.很满意（70.4%）

2.基本满意（19.8%）

3.不太满意（3.4%）

4.很不满意（1.4%）

5.不清楚（5.0%）

三、村庄政治生态状况

Q15：本村村民代表大会（包括会议）每年的召开次数？

1.零次（0.0%） 2.一次（0.0%） 3.二至三次（12.5%）

4.四至五次（44.6%） 5.五次以上（42.9%）

Q16：您家中是否有人参加过村民小组会议或村民代表会议？

1. 经常参加（45.6%）

2. 偶尔参加（24.4%）

3. 很少参加（18.9%）

4. 从未参加（11.1%）

Q17：您见过或听说过以下哪些文本：（可多选）

1.《中华人民共和国村民委员会组织法》（20.5%）

2.《××省/市选举工作指导方案》（6.4%）

3.《本村选举工作办法》（15.6%）

4. 本村选举公告（68.1%）

5. 都没见过/听说过（14.9%）

Q18：在本届选举中，有哪些领导干部来到本村？（可多选）

1. 上一届村干部（86.4%）

2. 乡镇干部（67.7%）

3. 区县干部（46.3%）

4. 市级以上干部（24.5%）

5. 不清楚（8.1%）

Q19：本届选举中您可以参加以下哪些环节：（可多选）

1. 村民代表改选（26.0%）

2. 选民登记（46.6%）

3. 提名候选人（25.7%）

4. 候选人竞选（16.8%）

5. 实际投票（64.9%）

6. 其他：_____（8.4%）

Q20：您认为当前村委会选举中最大的问题是：（可多选）

1.候选人提出环节不透明（18.2%）

2.选举宣传不足（12.4%）

3.候选人介绍不足（12.0%）

4.竞争性不足（20.0%）

5.其他：_____（18.8%）

6.不清楚（35.7%）

Q21：如果选举日当天您需要在外地上班，您打算怎么做？

1.放弃选举投票的权利（5.5%）

2.口头联系村委会传达投票意愿（8.1%）

3.委托他人代为书面投票（68.1%）

4.请假后主动回村投票（15.2%）

5.不清楚（3.1%）

Q22：您认为本届换届选举实际竞争激烈情况是？

1.非常激烈（5.4%）2.比较激烈（46.4%）3.一般（39.3%）

4.不太激烈（7.1%）5.很不激烈（1.8%）

Q23：您是否听说过本村换届选举中存在贿选的情况？

1.经常听说（2.1%）

2.偶尔听说（10.5%）

3.很少听说（20.1%）

4.从未听说（67.3%）

Q24：在您看来，本村突出问题有哪些？（多选题）

1.村民收入不高（56.3%）　　2.空心村问题（25.0%）

3.本村缺乏农村发展急需人才（43.8%）4.乡村环境卫生问题（31.3%）

5.村社会治安问题（6.3%）　　6.农村基础设施建设问题（37.5%）

7.村民土地流转纠纷（0.0%）　8.村民养老保障问题（37.5%）

9.村民赌博问题（0.0%）　　10.村民整体思想观念落后（12.5%）

11.其他（请注明：_____）（0.0%）

四、村民政治文化对村庄政治生态的影响机制

Q25：如果你觉得选举中有不规范甚至不合法的地方，你是否会向有关组织反映？（可多选）

1.会向现任村干部反映（75.4%）

2.会向村选举委员会反映（56.5%）

3.会向村务监督委员会反映（34.2%）

4.会向乡镇政府部门反映（10.1%）

5.会向社会新闻媒体反映（3.2%）

6.不会反映（5.4%）

Q26：您可以通过哪些方式影响选举结果？（可多选）

1. 主动参加选举各个程序，通过投票影响结果（56.7%）

2.在选举过程中有需要的话，愿意给村里帮忙（66.8%）

3.持无所谓态度，等着村干部通知并配合工作（21.6%）

4.通过拉票、贿选等方式，改变选举结果（1.5%）

Q27：有的村民没有参加投票，您认为主要原因是：（可多选）

1.对候选人不了解（24.6%）

2.认真投了也决定不了最后的结果（17.6%）

3.没有想选的人（3.9%）

4.与自己没关系，不感兴趣（10.2%）

5.对选举程序不满意（4.6%）

6.外出务工或有其他事情，无法到场（50.3%）

7.不清楚（15.3%）

Q28：您认为如何才能提高大家投票的积极性？（可多选）

1.给予每个投票者一定的补贴（76.3%）

2.加大对于候选人的宣传力度（23.1%）

3.组织大规模的现场竞选活动（43.2%）

4.加强对村民的政治思想教育（63.2%）

5.完善选举的制度并优化程序（68.6%）

6.其他：_____

Q29：您认为本次选举结果对村庄发展的影响程度是？

1 （0.0%）	2 （5.0%）	3 （2.5%）	4 （12.5%）	5 （27.5%）	6 （30.0%）	7 （22.5%）
没有影响						极大影响

Q30：您认为以下哪种村庄选举成效较好？（可多选）

1.村庄A：村内无集体经济，村庄大多是老人、妇女和儿童（21.1%）

2.村庄B：村内有集体经济，村中以青年人、中年人为主（67.5%）

3.村庄C：村内同宗同族居多，各阶层人口分布均匀、经常往来（52.1%）

4.村庄D：村内党员人数居多，党组织与群众保持密切联系（88.4%）

Q31：您希望村委会往哪一种方向发展？

1.村委会行政化，归乡镇政府直属（23.1%）

2.加强村两委干部一肩挑，党政合一（44.5%）

3.村委会弱化，更多让村民大会发挥作用（21.4%）

4.加强村务监督委员会、村民委员会的作用（11.0%）

Q32：您更愿意称呼当地村干部为？

1."父母官"（5.2%）

2.领头羊（34.4%）

3.自家兄弟（35.6%）

4.办事员（6.3%）

5.陌生人（15.3%）

6.其他：　（3.2%）

附录二：访谈提纲

1. 请问您知道本村哪一天选举吗？
2. 请问您对一票选举制度了解吗？您认为本次选举成功有困难吗？
3. 请问您家中有几位选民？目前有几位在家？
4. 请问您对村委会主任了解吗？
5. 请问本村的路大概是什么时候修好的？
6. 您认为本村居民收入上升有哪些原因？
7. 请问您清楚村委会换届选举几年一次吗？
8. 请问您都清楚村委会成员是哪五个吗？
9. 请问您对村里的工作都还满意吗？
10. 请问您清楚一票选举有效的"双过半"原则吗？
11. 请问您认为选举重要吗？
12. 如果选民登记漏掉您，您会很生气吗？您会怎么做？
13. 请问本村土地流转金大概是多少？
14. 请问您认为流转企业的经营好坏对本村的发展重要吗？
15. 村民代表大会一年开几次？
16. 如果村里有大事没有召开村民大会，村民会同意吗？
17. 选举日外出工作人员会回来吗？
18. 村里面女性干部有多少名？
19. 对于现在的村干部，您有什么意见或者建议？
20. 请问您对这届村委会干部的工作还满意吗？
21. 请问您对于本村的进一步发展有哪些意见和建议？

参考文献

[1]《马克思恩格斯选集》第1—4卷，人民出版社2012年版。

[2]《列宁选集》第1—4卷，人民出版社2012年版。

[3]《毛泽东选集》第1—4卷，人民出版社1991年版。

[4]《毛泽东文集》第6—8卷，人民出版社1999年版。

[5]《邓小平文选》第1—2卷，人民出版社1994年版。

[6]《邓小平文选》第3卷，人民出版社1993年版。

[7]《江泽民文选》第1—3卷，人民出版社2006年版。

[8]《胡锦涛文选》第1—3卷，人民出版社2016年版。

[9]《习近平谈治国理政》第一卷，外文出版社2018年版。

[10]《习近平谈治国理政》第二卷，外文出版社2017年版。

[11]《习近平谈治国理政》第三卷，外文出版社2020年版。

[12]《习近平谈治国理政》第四卷，外文出版社2022年版。

[13]习近平：《决胜全面建成小康社会 夺取新时代中国特色社会主义伟大胜利——在中国共产党第十九次全国代表大会上的报告》，人民出版社2017年版。

[14]习近平：《高举中国特色社会主义伟大旗帜 为全面建设社会主义现代化国家而团结奋斗——在中国共产党第二十次全国代表大会上的报告》，人民出版社2022年版。

[15]《习近平总书记系列重要讲话读本》，学习出版社、人民出版社2016年版。

[16]《习近平文化思想学习纲要》，人民出版社、学习出版社2024年版。

［17］中共中央文献研究室编：《习近平关于社会主义政治建设论述摘编》，中央文献出版社2017年版。

［18］中共中央文献研究室编：《习近平关于全面从严治党论述摘编》，中央文献出版社2016年版。

［19］中共中央纪律检查委员会、中共中央文献研究室编：《习近平关于严明党的纪律和规矩论述摘编》，中央文献出版社、中国方正出版社2016年版。

［20］中共中央纪律检查委员会、中共中央文献研究室编：《习近平关于党风廉政建设和反腐败斗争论述摘编》，中央文献出版社、中国方正出版社2015年版。

［21］中共中央党史与文献研究院编：《习近平关于依规治党论述摘编》，中央文献出版社2022年版。

［22］中共中央文献研究室编：《习近平关于全面依法治国论述摘编》，中央文献出版社2015年版。

［23］中共中央文献研究室编：《改革开放三十年重要文献选编》（上），中央文献出版社2008年版。

［24］中共中央党史和文献研究院编：《十九大以来重要文献选编》（上），中央文献出版社2019年版。

［25］中共中央文献研究室编：《十八大以来重要文献选编》（中），中央文献出版社2016年版。

［26］中共中央党史和文献研究院编：《十八大以来重要文献选编》（下），中央文献出版社2018年版。

［27］《中共中央关于党的百年奋斗重大成就和历史经验的决议》，人民出版社2021年版。

［28］《中共中央关于加强党的政治建设的意见》，人民出版社2019年版。

［29］《中共中央关于坚持和完善中国特色社会主义制度 推进国家治理体系和治理能力现代化若干重大问题的决定》，人民出版社2019年版。

［30］王沪宁：《行政生态分析》，复旦大学出版社1989年版。

[31] 王沪宁主编：《政治的逻辑：马克思主义政治学原理》，上海人民出版社2004年版。

[32] 王沪宁：《当代中国村落家族文化》，上海人民出版社1991年版。

[33] 王沪宁：《比较政治分析》，上海人民出版社1987年版。

[34]《中国大百科全书：政治学》，中国大百科全书出版社1992年版。

[35] 王邦佐等编著：《中国政党制度的社会生态分析》，上海人民出版社2000年版。

[36] 林尚立：《当代中国政治：基础与发展》，中国大百科全书出版社2017年版。

[37] 林尚立：《当代中国政治形态研究》，天津人民出版社2000年版。

[38] 林尚立：《中国共产党与国家建设》，天津人民出版社2017年版。

[39] 李慎明等：《苏联亡党亡国的根本原因、教训与启示》，当代中国出版社2024年版。

[40] 邴正：《马克思主义文化哲学》，吉林人民出版社2007年版。

[41] 欧阳英：《马克思政治哲学思想探析：历史、变迁与价值》，中国社会科学出版社2018年版。

[42] 俞可平主编：《治理与善治》，社会科学文献出版社2000年版。

[43] 丛日云主编：《当代西方政治文化复兴》，东方出版社2018年版。

[44] 陈义平：《政治人：模铸与发展——中国社会转型期的公民政治分析》，安徽大学出版社2002年版。

[45] 陈义平、王建文：《当代中国政治文化论》，安徽人民出版社2014年版。

[46] 陈元中：《中国共产党执政文化建设研究》，人民出版社2012年版。

[47] 戴木才：《中国特色政治伦理：中国共产党对执政正当性的探索》，商务印书馆2019年版。

[48] 顾海良总主编：《马克思主义中国化史》第1—4卷，中国人民大学出版社2018年版。

[49] 丁俊萍、骆郁廷主编：《中国共产党与现代中国政治》，武汉大学出版社2002年版。

［50］张旭东：《文化政治与中国道路》，上海人民出版社2021年版。

［51］傅华：《当代中国先进文化及其传播路径研究》，中央文献出版社2007年版。

［52］葛荃：《中国政治文化教程》，高等教育出版社2006年版。

［53］葛奎等：《政道通源：传统政治文化与中国特色社会主义政治发展道路》，天津人民出版社2020年版。

［54］洪向华主编：《党内政治文化：新时代中国共产党成功的基因》，人民出版社2018年版。

［55］杨东柱、张永路编：《哲学与政治：哲学经典中的政治生活论说》，天津社会科学院出版社2018年版。

［56］胡献忠：《当代中国政治文化与执政党政策选择》，黑龙江人民出版社2009年版。

［57］李安增：《中国共产党现代化理论研究》，陕西人民出版社2008年版。

［58］李新、孙梦真、刘琳：《政治生态视域下当代中国民主政治建设研究》，吉林人民出版社2018年版。

［59］程竹汝：《政治发展的中国逻辑》，经济科学出版社2020年版。

［60］牟成文：《中国特色社会主义政治发展道路研究》，华中师范大学出版社2019年版。

［61］卢少求编著：《延安时期中国共产党执政文化建设研究》，安徽大学出版社2009年版。

［62］卢少求：《中国共产党执政文化建设史论》，人民出版社2017年版。

［63］马德普主编：《中西政治文化论丛》第1辑，天津人民出版社2001年版。

［64］马庆钰：《告别西西弗斯——中国政治文化分析与展望》，中国社会科学出版社2002年版。

［65］杨增崇：《社会生态视角下当代中国马克思主义认同研究》，人民出版社2020年版。

［66］田华、史卫民：《中国政治文化研究：不同公民群体的政治认同

比较》，中国社会科学出版社2019年版。

［67］荣跃明、郑崇选、饶先来：《当代中国文化发展的逻辑》，上海人民出版社2019年版。

［68］童世骏：《文化软实力》，重庆出版社2008年版。

［69］赵立永、张玉芳：《中国共产党党内优良政治生态构建路径研究》，中国社会科学出版社2018年版。

［70］汪洋：《党内文化新论》，中共中央党校出版社2006年版。

［71］彭楚筠：《新形势下党内政治生活指南》，湖南人民出版社2017年版。

［72］尹铂淳：《政治话语的认知研究》，光明日报出版社2023年版。

［73］崔浩等：《政治生活中的公民政治参与研究》，人民日报出版社2021年版。

［74］中国延安干部学院编著：《延安时期的党内政治生活》，党建读物出版社2020年版。

［75］张树华：《新民主观与全面政治发展》，中国社会科学出版社2018年版。

［76］王乐理：《政治文化导论》，中国人民大学出版社2000年版。

［77］胡鹏：《政治文化新论》，复旦大学出版社2020年版。

［78］田鹏颖：《新时代中国特色社会主义文化自觉论》，辽宁人民出版社2022年版。

［79］王韶兴主编：《政党政治论》，山东人民出版社2011年版。

［80］李正华：《新中国政治发展论略》，当代中国出版社2020年版。

［81］徐志栋：《营造山清水秀的政治生态》，光明日报出版社2017年版。

［82］吴彦：《心智与政治秩序》，商务印书馆2023年版。

［83］江必新：《党内政治文化建设》，国家行政学院出版社2018年版。

［84］肖红：《新时代党内政治生态建设路径研究》，人民出版社2023年版。

［85］上海社会科学院政治与公共管理研究所：《中国政治发展进程2022年》，时事出版社2024年版。

［86］谈火生、张君编著：《比较政治制度：现代政治制度的完整知识图景》，清华大学出版社2023年版。

［87］周淑真主编：《世界政党政治发展研究报告（2022—2023）》，当代世界出版社2023年版。

［88］尹彦：《党内高层民主的设计：列宁晚年政治思想研究》，厦门大学出版社2015年版。

［89］殷啸虎主编：《中国共产党党内法规通论》，北京大学出版社2016年版。

［90］孙岳兵：《马克思主义文化建设思想的继承与发展》，中国政法大学出版社2018年版。

［91］袁贵仁、韩震主编：《新世纪中国共产党的价值观》，人民出版社2003年版。

［92］常晨、常光民：《新时代党内政治生活》，党建读物出版社2021年版。

［93］赵理富：《政党的魂灵——中国共产党政党文化研究》，武汉大学出版社2008年版。

［94］郑师渠主编：《中国共产党文化思想史研究》，中共中央党校出版社2007年版。

［95］杨俊：《加强和规范党内政治生活研究》，江西人民出版社2019年版。

［96］祝灵君：《中国共产党人的党性与党性修养》，人民出版社2016年版。

［97］吴育林：《当代中国价值问题与价值重构》，人民出版社2014年版。

［98］徐志栋：《大力营造风清气正的政治生态》，中国言实出版社2018年版。

［99］申可君：《城市社区居民参与机制研究》，中国传媒大学出版社2016年版。

［100］王寿林：《社会主义国家权力制约论》，东北财经大学出版社1993年版。

［101］胡赣栋等编著：《政治学导论：政治生活与政治知识》，北京大

学出版社2023年版。

［102］王亚南：《中国官僚政治研究》，中国社会科学出版社1981年版。

［103］武经伟、高萍美：《公民社会的人文发展：中国公民社会的道德文化与政治生态》，上海三联书店2012年版。

［104］周飞舟：《以利为利：财政关系与地方政府行为》，上海三联书店2012年版。

［105］周黎安：《转型中的地方政府：官员激励与治理》，格致出版社、上海人民出版社2008年版。

［106］何增科、[德]海贝勒、[德]舒伯特主编：《城乡公民参与和政治合法性》，中央编译出版社2007年版。

［107］杨华基：《台湾族群问题与政治生态》，福建人民出版社2013年版。

［108］于建嵘：《抗争性政治：中国政治社会学基本问题》，人民出版社2010年版。

［109］徐勇：《非均衡的中国政治：城市与乡村比较》，中国广播电视出版社1992年版。

［110］李建华：《国家治理与政治伦理》，湖南大学出版社2018年版。

［111］王俊敏：《乡村生态社区的衰变与治理机制：理论与个案》，科学出版社2013年版。

［112］陈潭等：《治理的秩序——乡土中国的政治生态与实践逻辑》，人民出版社2012年版。

［113］于建嵘：《岳村政治：转型期中国乡村政治结构的变迁》，商务印书馆2001年版。

［114］费孝通：《乡土中国 生育制度》，北京大学出版社1998年版。

［115］徐勇：《乡村治理与中国政治》，中国社会科学出版社2003年版。

［116］刘娅：《解体与重构：现代化进程中的"国家—乡村社会"》，中国社会科学出版社2004年版。

［117］房宁、郭静主编：《政治发展比较研究：亚洲调研》，中国社会科学出版社2023年版。

［118］贺雪峰：《乡村治理的社会基础：转型期乡村社会性质研究》，

中国社会科学出版社2003年版。

［119］贺雪峰：《乡村治理与秩序——村治研究论集》，华中师范大学出版社2003年版。

［120］仝志辉：《选举事件与村庄政治》，中国社会科学出版社2004年版。

［121］原玉廷、张改枝主编：《新中国土地制度建设60年回顾与思考》，中国财政经济出版社2010年版。

［122］高林远等：《制度变迁中的农民土地权益问题研究》，科学出版社2010年版。

［123］刘宗洪主编：《时代性：让党内政治生活充满活力》，中共中央党校出版社2023年版。

［124］陈之骅、吴恩远、马龙闪主编：《苏联兴亡史纲》，中国社会科学出版社2024年版。

［125］史卫民、田华：《中国政治文化研究：政治文化指数的变化》，中国社会科学出版社2019年版。

［126］田坤：《清风廉韵：新时代涵养良好政治生态的路径探析》，首都经济贸易大学出版社2023年版。

［127］李昌祖等：《网络政治生态场域研究：以网络反腐作为样本分析》，光明日报出版社2022年版。

［128］万生更、付建成：《延安时期党内政治生态建设研究》，陕西人民出版社2022年版。

［129］卢福营等：《冲突与协调：乡村治理中的博弈》，上海交通大学出版社2006年版。

［130］张静：《基层政权：乡村制度诸问题》，上海人民出版社2007年版。

［131］谭同学：《楚镇的站所：乡镇机构生长的政治生态考察》，中国社会科学出版社2006年版。

［132］李强等：《协商自治·社区治理：学者参与社区实验的案例》，社会科学文献出版社2017年版。

[133] 曾凡木、赖敬予主编:《睦邻·自治·社区治理：上海嘉定区案例集》，社会科学文献出版社2017年版。

[134] 陈伟东等:《中国和谐社区：江汉模式》，中国社会出版社2010年版。

[135] 潘小娟:《中国基层社会重构——社区治理研究》，中国法制出版社2004年版。

[136] 董小燕:《公共领域与城市社区自治》，社会科学文献出版社2010年版。

[137] 陈伟东:《社区自治：自组织网络与制度设置》，中国社会科学出版社2004年版。

[138] 黎熙元、陈福平、童晓频:《社区的转型与重构：中国城市基层社会的再整合》，商务印书馆2011年版。

[139] 夏建中:《中国城市社区治理结构研究》，中国人民大学出版社2012年版。

[140] 于燕燕:《社区自治与政府职能转变》，中国社会出版社2005年版。

[141] 樊红敏:《县域政治 权力实践与日常秩序——河南省南河市的体验观察与阐释》，中国社会科学出版社2008年版。

[142] 陈戈:《一手遮天：18名县委书记垮掉的警示》，新华出版社2006年版。

[143] 周庆智:《中国县级行政结构及其运行：对W县的社会学考察》，贵州人民出版社2004年版。

[144] 王潜:《县域生态市治理与建设中的政府行为研究》，东北大学出版社2014年版。

[145] 何俊志:《制度等待利益：中国县级人大制度模式研究》，重庆出版社2005年版。

[146] 权文荣主编:《中国县域科学发展研究——神木的创新路径》，人民出版社2012年版。

[147] 罗骥:《郡县治 天下安：县级政府化解社会矛盾应对策略探研》，

人民日报出版社2017年版。

［148］张志红：《当代中国政府间纵向关系研究》，天津人民出版社2005年版。

［149］孙立平：《转型与断裂：改革以来中国社会结构的变迁》，清华大学出版社2004年版。

［150］桑玉成：《政府角色：关于市场经济条件下政府作为与不作为的探讨》，上海社会科学院出版社2000年版。

［151］张真继、张润彤：《网络社会生态学》，电子工业出版社2008年版。

［152］王浦劬、［美］莱斯特·M.萨拉蒙：《政府向社会组织购买公共服务研究：中国与全球经验分析》，北京大学出版社2010年版。

［153］何增科：《公民社会与第三部门》，社会科学文献出版社2000年版。

［154］常杰、葛莹编著：《生态学》，高等教育出版社2010年版。

［155］张雪萍主编：《生态学原理》，科学出版社2011年版。

［156］朱光磊：《当代中国政府过程》，天津人民出版社2006年版。

［157］杨宏山：《当代中国政治关系》，经济日报出版社2002年版。

［158］杨海蛟等撰：《政治关系论》，山西教育出版社2001年版。

［159］刘京希：《政治生态论——政治发展的生态学考察》，山东大学出版社2007年版。

［160］夏美武：《当代中国政治生态建设研究：基于结构功能分析视角》，社会科学出版社2014年版。

［161］秦强主编：《净化党内政治生态：新时代共产党人应当这样做》，法律出版社2019年版。

［162］叶海涛：《绿之魅：作为政治哲学的生态学》，社会科学文献出版社2015年版。

［163］孙立平：《重建社会》，社会科学文献出版社2009年版。

［164］李一：《网络行为失范》，社会科学文献出版社2007年版。

［165］孙景仙、安永勇：《网络犯罪研究》，知识产权出版社2006年版。

［166］李永刚：《我们的防火墙：网络时代的表达与监管》，广西师范大学出版社2009年版。

［167］唐守廉主编：《互联网及其治理》，北京邮电大学出版社2008年版。

［168］史达：《政府网络与网络政治：多维视角的研究》，东北财经大学出版社2011年版。

［169］赵云合：《政务信息生态系统理论及其应用研究》，中国社会科学出版社2012年版。

［170］［美］周永明：《中国网络政治的历史考察：电报与清末时政》，伊松波、石琳译，商务印书馆2013年版。

［171］［美］乔尔·S.米格代尔：《强社会与弱国家：第三世界的国家社会关系及国家能力》，张长东等译，江苏人民出版社2012年版。

［172］［美］阿图尔·科利：《国家引导的发展：全球边缘地区的政治权力与工业化》，朱天飚等译，吉林出版集团有限责任公司2007年版。

［173］［德］托马斯·海贝勒等主编：《"主动的"地方政治：作为战略群体的县乡干部》，刘承礼等译，中央编译出版社2013年版。

［174］［美］阿西莫格鲁、罗宾逊：《国家为什么会失败》，李增刚译，湖南科学技术出版社2015年版。

［175］［英］戴维·米勒、韦农·波格丹诺：《布莱克维尔政治学百科全书》，邓正来译，中国政法大学出版社2002年版。

［176］［英］A.麦肯齐、A.鲍尔：《生态学》，孙儒泳译，科学出版社1999年版。

［177］［美］塞缪尔·亨廷顿、劳伦斯·哈里森主编：《文化的重要作用：价值观如何影响人类进步》，程克雄译，新华出版社2010年版。

［178］［美］戴维·伊斯顿：《政治生活的系统分析》，王浦劬译，华夏出版社1999年版。

［179］［英］安东尼·吉登斯：《历史唯物主义的当代批判：权力、财产与国家》，郭忠华译，上海译文出版社2010年版。

［180］［美］西达·斯考切波：《国家与社会革命：对法国、俄国和中国

的比较分析》,何俊志、王学东译,上海人民出版社2007年版。

［181］［美］道格拉斯·C.诺思:《制度、制度变迁与经济绩效》,刘守英译,生活·读书·新知三联书店上海分店1994年版。

［182］［美］丹尼尔·A.科尔曼:《生态政治:建设一个绿色社会》,梅俊杰译,上海译文出版社2002年版。

［183］［德］汉斯·萨克塞:《生态哲学》,文韬、佩云译,东方出版社1991年版。

［184］［俄］А.И.科斯京:《生态政治学与全球学》,胡谷明等译,武汉大学出版社2008年版。

［185］［英］安德鲁·多布森:《绿色政治思想》,郇庆治译,山东大学出版社2012年版。

［186］［美］塞缪尔·P.亨廷顿:《变动社会的政治秩序》,张岱云等译,上海译文出版社1989年版。

［187］［美］罗伯特·D.帕特南:《使民主运转起来:现代意大利的公民传统》,王列、赖海榕译,中国人民大学出版社2015年版。

［188］［日］野村浩一:《近代中国的政治文化》,文婧译,生活·读书·新知三联书店2023年版。

［189］［美］克里斯汀·罗思-艾:《莫斯科的黄金时代:苏联建立的传媒帝国如何在文化冷战中落败》,蓝胤淇、陈霞译,商务印书馆2016年版。

［190］［美］弗朗西斯·福山:《政治秩序与政治衰败:从工业革命到民主全球化》,毛俊杰译,广西师范大学出版社2015年版。

［191］［美］罗伯特·哈里曼:《权力与风格:西方政治文化的修辞研究》,覃万历译,东方出版中心2023年版。

［192］［法］托克维尔:《论美国的民主》,董果良译,商务印书馆1988年版。

［193］［英］安东尼·吉登斯:《第三条道路及其批评》,孙相东译,中共中央党校出版社2002年版。

［194］［美］玛莎·C.努斯鲍姆:《政治情感:爱对于正义为何重要?》,陈燕、卢俊豪、李晶译,中国人民大学出版社2022年版。

［195］［美］朱迪丝·N.施克莱：《乌托邦之后——政治信仰的衰落》，王籍慧译，钱一栋校，上海人民出版社2023年版。

［196］［英］安东尼·吉登斯：《民族-国家与暴力》，胡宗泽等译，生活·读书·新知三联书店1998年版。

［197］［英］戴维·赫尔德：《全球大变革：全球化时代的政治、经济与文化》，杨雪冬等译，社会科学文献出版社2001年版。

［198］［美］利普塞特：《政治人：政治的社会基础》，刘钢敏、聂蓉译，商务印书馆1993年版。

［199］［美］加布里埃尔·A.阿尔蒙德、小G.宾厄姆·鲍威尔：《比较政治学——体系、过程和政策》，曹沛霖等译，上海译文出版社1987年版。

［200］［丹］约恩森主编：《全球生态学》（导读版），科学出版社2012年版。

［201］［英］伍德沃德主编：《生态网络》（导读版），科学出版社2012年版。

［202］［英］梅、麦克莱恩主编：《理论生态学：原理及应用》，陶毅、王百桦译，高等教育出版社2010年版。

［203］［英］大卫·福特：《生态学研究的科学方法》，肖显静、林祥磊译，中国环境科学出版社2012年版。

［204］［美］皮克林等编著：《深入理解生态学：理论的本质与自然的理论》，赵设等译，科学出版社2014年版。

［205］［澳］罗宾·艾克斯利：《绿色国家：重思民主与主权》，郇庆治译，山东大学出版社2012年版。

［206］［美］保罗·罗宾斯：《政治生态学：批判性导论》，裴文译，江苏人民出版社2019年版。

［207］习近平：《时刻保持解决大党独有难题的清醒和坚定，把党的伟大自我革命进行到底》，《求是》2024年第6期。

［208］习近平：《在庆祝中国共产党成立95周年大会上的讲话》，《求是》2021年第8期。

［209］习近平：《在党的十八届六中全会第二次全体会议上的讲话（节

选）》,《求是》2017年第1期。

［210］习近平：《增强推进党的政治建设的自觉性和坚定性》,《求是》2019年第14期。

［211］陈义平、王友叶：《政治文化与政治生态耦合的四重维度》,《安徽大学学报（哲学社会科学版）》2021第4期。

［212］丛日云、王辉：《西方政治文化理论的复兴及其新趋向》,《政治学研究》2000年第1期。

［213］马庆钰：《近50年来政治文化研究的回顾》,《北京行政学院学报》2002年第6期。

［214］佟德志：《政治文化学的理论与方法》,《政治学评论》2022年第2期。

［215］杨阳：《观念史研究的政治思想史与政治文化意义》,《天津社会科学》2024年第2期。

［216］卢春龙：《中国政治文化研究的进步及其问题》,《政治学研究》2023年第3期。

［217］陈天林：《论生态政治学思维方式的拓展》,《甘肃理论学刊》2005年第4期。

［218］胡鞍钢、杨竺松：《中国政治生态的独特性及四大制度要素》,《人民论坛（学术前沿）》2013年第Z1期。

［219］陈朋：《政治生态建设的中国语境与逻辑理路》,《马克思主义研究》2019年第5期。

［220］孙枝俏：《我国当代政治生态体系架构分析》,《理论视野》2023年第11期。

［221］苏晓伟、杨雪：《政治生态系统的理论渊源及其特性》,《知与行》2016年第11期。

［222］李永祥：《政治生态学研究述评》,《民族研究》2019年第4期。

［223］李斌雄、张银霞、兰洁：《重构当代中国政治生态的政治生态学智慧吸纳——基于近30年来中国学术界对政治生态学的理论探索》,《广州大学学报（社会科学版）》2016年第6期。

［224］信元：《论中国共产党有机整体的政治生态体系》，《湖南社会科学》2021年第6期。

［225］李惠斌：《建立稳定政治生态平衡》，《南风窗》2014年第5期。

［226］俞可平：《破除官本位观念 净化政治生态》，《学习时报》2015年3月24日。

［227］刘汉俊：《政治生态关乎党的兴衰存亡》，《人民日报》2015年7月9日。

［228］刘艳：《优化基层党内政治生态：价值意蕴、问题检视与实践进路》，《中州学刊》2022年第3期。

［229］蒋来用：《如何始终保持风清气正的政治生态》，《中国党政干部论坛》，2023年第2期。

［230］侯松涛：《中国共产党政治生态建设中的"开放包容"特质》，《求索》2024年第1期。

［231］陈义平：《政治文化两种基本形态及其结构分析》，《理论建设》2015年第1期。

［232］何怀远：《意识形态的内在结构浅论》，《江苏行政学院学报》2001年第2期。

［233］朱士群：《政治存在、政治价值和政治话语——试论作为公共哲学的政治哲学》，《学术界》2000年第3期。

［234］朱春全：《生态位态势理论与扩充假说》，《生态学报》1997年第3期。

［235］夏美武：《当代中国政治生态建设研究》，苏州大学博士论文，2014年。

［236］桑玉成：《关于政治学的主题与政治学基本问题的思考》，《政治学研究》2017年第5期。

［237］陈朋：《政治生态建设70年：历史经验、内在逻辑与前景展望》，《科学社会主义》2019年第5期。

［238］禹辉映：《中国共产党净化党内政治生态的历史考察》，湖南师范大学博士论文，2019年。

[239] 孙成武:《党内政治文化与党的政治建设：逻辑、问题与路径》，《北京交通大学学报（社会科学版）》2020年第1期。

[240] 郭丹、陈兰馨:《中国共产党党内政治文化建设的历史演变》，《理论与改革》2017年第6期。

[241] 程美东:《党的政治生态建设历程及经验》，《北京日报》2019年8月8日。

[242] 牛先锋:《大党独有难题的表现、成因及破解之道》，《求知》2023年第9期。

[243] 王春玺:《习近平关于新时代党的政治建设重要论述的创新性贡献》，《马克思主义研究》2020年第11期。

[244] 王永浩:《改革开放以来党的作风建设的历史回顾与基本经验》，《马克思主义研究》2019年第1期。

[245] 王伟国:《习近平法治思想中的马克思主义政党制度建设理论》，《法治现代化研究》2023年第1期。

[246] 关海庭:《中国共产党政治生态建设述论（1949—1978）》，《贵州省党校学报》2021年第5期。

[247] 原宗丽、牛君:《党内政治生态研究述评》，《当代世界与社会主义》2020年第2期。

[248] 罗平汉:《为什么说"文化大革命"是错误的》，《文摘报》2021年6月8日第6版。

[249] 刘先春、敖小茂:《党内政治生态的生成逻辑与系统治理》，《理论探讨》2017年第4期。

[250] 刘舒怀、杜昊年:《加强党内政治生态建设》，《新西部（下旬刊）》2018年第11期。

[251] 孙杰:《加强政德建设 净化党内政治生态》，《实践（思想理论版）》2018年第5期。

[252] 王培洲:《社会转型时期中国共产党人价值观建设问题研究》，中共中央党校博士学位论文，2017年。

[253] 王遐见:《论新时代净化党内政治生态的综合考评机制》，《理论

与改革》2018年第6期。

［254］肖光文、蔡春燕：《关于党内监督制度科学化的若干思考》，《理论导刊》2017年第11期。

［255］张静、王华彪：《营造风清气正的"赶考"环境》，《人民论坛》2017年第33期。

［256］陈静：《加强党的政治建设：党内政治生态根本好转的关键》，《观察与思考》2018年第10期。

［257］胡运锋：《中国特色社会主义制度与苏联社会主义制度的历史关联》，《科学社会主义》2014年第6期。

［258］李慎明：《苏联亡党亡国的根本原因、教训与启示（上）——写在苏维埃社会主义共和国联盟成立100周年之际》，《世界社会主义研究》2022年第9期。

［259］刘克明：《苏联社会主义由盛转衰的根源》，《世界历史》1996年第4期。

［260］宋玉波：《苏联社会主义失败的三点教训》，《俄罗斯研究》2001年第4期。

［261］刘显忠：《中国的苏联历史研究七十年》，《世界历史评论》2019年第3期。

［262］郭德钦：《苏联解体：马克思主义意识形态建设上的沉痛教训》，《红旗文稿》2018年第2期。

［263］程春华：《苏联解体30年：极端民族主义的滋生、演化与后果》，《政治学研究》2021年第5期。

［264］熊辉、李琳琳、谭诗杰：《苏共政治信仰塑造的嬗变及启示》，《广西社会科学》2019年第1期。

［265］郭洁：《东欧的政治变迁———从剧变到转型》，《国际政治研究》2010年第1期。

［266］宋义明：《新时代党内政治生态建设的举措与特点》，《人民论坛》2019年第15期。

［267］胡凯、杨竞雄：《苏联社会主义意识形态管理之失及其对我国的

启示》,《南华大学学报(社会科学版)》2014年第4期。

［268］尤国珍:《再论苏联意识形态建设的历史教训与现实启示》,《中共石家庄市委党校学报》2018年第8期。

［269］吴玉龙、吴芳:《苏联信仰危机对当代社会主义国家信仰建设的启示——纪念十月革命100周年》,《河北青年管理干部学院学报》2017年第4期。

［270］叶书宗:《苏共思想教育工作的失策与苏联剧变》,《探索与争鸣》2006年第9期。

［271］刘积高:《"人道的、民主的社会主义"是一股反马克思主义的思潮》,《四川社科界》1992年第2期。

［272］杨增岽:《苏联解体前后青年价值观教育的实践反思与历史启示》,《高校马克思主义理论研究》2019年第1期。

［273］吴玉军、刘娟娟:《国家认同视域下的苏联解体原因探析及启示》,《南通大学学报(社会科学版)》2018年第5期。

［274］秦维宪:《苏联社会价值观演变的历史教训》,《浙江社会科学》2001年第4期。

［275］郭正林:《卷入民主化的农村精英:案例研究》,《中国农村观察》2003年第1期。

［276］王友叶、陈义平、徐理响:《竞而不争:村级选举的政治生态及其困境——基于安徽省村委会换届选举的调查》,《中国农村观察》2021年第4期。

［277］刘京希:《构建现代政治生态必须祛魅贤能政治》,《探索与争鸣》2015年第8期。

［278］舒练:《自愿认同:政治权威建构的意蕴与逻辑探赜》,《湖北社会科学》2022年第5期。

［279］任剑涛:《政治生态的中国现状与结构优化》,《理论与改革》2018年第2期。

［280］陈明明:《发展逻辑与政治学的再阐释:当代中国政府原理》,《政治学研究》2018年第2期。

[281] 王立峰、潘博:《党内政治文化对党员角色冲突的调适功能》,《理论探索》2018年第3期。

[282] 骆正林:《中国乡村政治文化变迁的主要脉络——家族势力、国家权力、民间力量的相互盈缩》,《探索》2008年第6期。

[283] 胡晓利、李兆友:《中国差序政府信任生成的政治文化机理》,《学习与实践》2018年第12期。

[284] 王卫兵:《党内政治文化的生成逻辑与发展趋向》,《中国特色社会主义研究》2017年第3期。

[285] 吴毅:《制度引入与精英主导:民主选举规则在村落场域的演绎——以一个村庄村委会换届选举为个案》,《华中师范大学学报(人文社会科学版)》1999年第2期。

[286] 仝志辉、贺雪峰:《村庄权力结构的三层分析——兼论选举后村级权力的合法性》,《中国社会科学》2002年第1期。

[287] 郭圣莉、王颖颖:《支配与依附:村庄主从权力结构研究——基于村庄精英角色的分析》,《行政论坛》2017年第6期。

[288] 靳志强:《论政治生态及其治理路径》,《理论月刊》2017年第6期。

[289] 景跃进:《转型、吸纳和渗透——挑战环境下执政党组织技术的嬗变及其问题》,《中国非营利评论》2011年第1期。

[290] 林尚立:《轴心与外围:共产党的组织网络与中国社会整合》,《复旦政治学评论》2008年。

[291] 谢平:《政治生态变异分析与重构逻辑》,《江苏社会科学》2017年第6期。

[292] 谢金峰:《论政治生态修复与净化的路径》,《探索》2018年第1期。

[293] 夏美武:《政治生态建设的困境与出路——基于当代中国政治现实的生态视角分析》,《苏州大学学报(哲学社会科学版)》2012年第1期。

[294] 董江爱、郝丽倩:《新时代实施村党组织书记"一肩挑"的困境及出路》,《社会主义研究》2021年第2期。

[295] 黄承伟:《以深化改革激发农业农村发展活力》,《中国党政干部论坛》2024年第5期。

[296] 杨东广、田丽:《村干部选拔培养长效机制探析》,《治理现代化研究》2019年第3期。

[297] 李斌雄、姜向红:《当代中国构建廉洁政治生态的价值、问题和对策——学习习近平总书记关于净化政治生态的重要论述》,《广州大学学报(社会科学版)》2015年第1期。

[298] [美] J.海华德:《政治生态学的含义》,康立伟译,《世界哲学》1996年第C1期。

[299] [俄] 雷日科夫:《雷日科夫谈苏联解体、苏共失败的原因》,李俊升、张树华译,《政治学研究》2008年第4期。

[300] 习近平:《紧紧围绕坚持和发展中国特色社会主义 深入学习宣传贯彻党的十八大精神》,《人民日报》2012年11月19日。

[301] 习近平:《在党的群众路线教育实践活动总结大会上的讲话》,《人民日报》2014年10月9日。

[302] 习近平:《历史使命越光荣奋斗目标越宏伟 越要增强忧患意识越要从严治党》,《人民日报》2014年10月9日。

[303]《习近平李克强张德江刘云山分别参加全国人大会议一些代表团审议》,《人民日报》2015年3月10日。

[304]《关于新形势下党内政治生活的若干准则》,《人民日报》2016年11月3日。

[305]《习近平李克强张德江俞正声刘云山张高丽分别参加全国人大会议一些代表团审议》,《人民日报》2017年3月9日。

[306]《中共二十届二中全会在京举行》,《人民日报》2023年3月1日。

[307]《中共中央关于进一步全面深化改革 推进中国式现代化的决定》,《人民日报》2024年7月22日。

[308] 习近平:《在庆祝中国共产党成立100周年大会上的讲话》,《人民日报》2021年7月2日。

[309] Archie Brown, Jack Gray, *Political Culture And Political Change In Communist States*, London: The Macmillan Press Ltd, 1979.

[310] Lucian W. Pye, Sidney Verba, *Political Culture And Political*

Development, Princeton: Princeton University Press, 1989.

［311］Wenfang Tang, *Populist Authoritarianism: Chinese Political Culture And Regime Sustainability*, New York: Oxford University Press, 2016.

［312］Zhaohui Hong, *The Price Of China's Economic Development*, Lexington: The University Press Of Kentucky, 2015.